Filósofos modernos

F488　　Filósofos modernos / Christopher Belshaw, Gary Kemp e
　　　　colaboradores ; consultoria, tradução e supervisão: José
　　　　Alexandre Durry Guerzoni. – Porto Alegre : Artmed, 2010.
　　　　262 p. ; 23 cm.

　　　　ISBN 978-85-363-2281-0

　　　　1. Filosofia moderna. I. Belshaw, Christopher. II. Kemp, Gary.

CDU 101"654"

Catalogação na publicação: Renata de Souza Borges CRB-10/1922

Filósofos modernos

CHRISTOPHER BELSHAW + GARY KEMP + COLABORADORES

Consultoria, tradução e supervisão desta edição:
José Alexandre Durry Guerzoni
*Mestre em Lógica e Filosofia da Ciência
e Doutor em Filosofia pela UNICAMP.*

2010

Obra originalmente publicada sob o título *12 Modern philosophers*
ISBN 987-1-4051-5262-4
© 2009 Blackwell Publishing Ltd

All Rights Reserved. Authorised translation from the English language edition published by Blackwell Publishing Limited. Responsibility for the accuracy of the translation rests solely with Artmed Editora S.A. and is not the responsibility of Blackwell Publishing Limited. No part of this book may be reproduced in any form without the written permission of the original copyright holder, Blackwell Publishing Limited.

Capa
Tatiana Sperhacke

Fotos da capa
Autorizadas pela Blackwell Publishing Ltd.

Preparação do original
Paulo Ricardo Furasté Campos

Leitura final
Márcia da Silveira Santos

Editora Sênior – Ciências Humanas
Mônica Ballejo Canto

Projeto e editoração
Armazém Digital® Editoração Eletrônica – Roberto Carlos Moreira Vieira

Reservados todos os direitos de publicação, em língua portuguesa, à
ARTMED® EDITORA S.A.
Av. Jerônimo de Ornelas, 670 – Santana
90040-340 Porto Alegre RS
Fone: (51) 3027-7000 Fax: (51) 3027-7070

É proibida a duplicação ou reprodução deste volume, no todo ou em parte, sob quaisquer formas ou por quaisquer meios (eletrônico, mecânico, gravação, fotocópia, distribuição na Web e outros), sem permissão expressa da Editora.

SÃO PAULO
Av. Embaixador Macedo de Soares, 10.735 – Pavilhão 5
Cond. Espace Center – Vila Anastácio
05095-035 – São Paulo – SP
Fone: (11) 3665-1100 Fax: (11) 3667-1333

SAC 0800 703-3444

IMPRESSO NO BRASIL
PRINTED IN BRAZIL

AUTORES

Christopher Belshaw (org.) é professor (*Senior Lecturer*) de filosofia e tutor (artes) na Open University.

Gary Kemp (org.) é professor (*Senior Lecturer*) no Departamento de Filosofia da Universidade de Glasgow

---

A. R. Lacey foi professor de filosofia no Bedford College, Londres (1954-84) e no King's College Londres (1984-2001).

A. W. Moore é professor de filosofia na Universidade de Oxford.

Alan Malachowski é professor honorário (*Honorary Lecturer*) em filosofia na Universidade de East Anglia

Alexander Bird é professor de filosofia na Universidade de Bristol.

Catherine Wilson é professora (*Distinguished Professor*) de filosofia no Centro de Pós-Graduação da City University of New York.

Ernie Lepore é professor de filosofia na Universidade de Rutgers.

Jacob Ross é professor assistente de filosofia na Universidade do Sul da Califórnia.

José Luis Bermúdez é professor de filosofia na Universidade de Washington em Saint Louis.

Kirk Ludwig é professor de filosofia na Universidade da Flórida.

Lori Gruen é professor associado de filosofia e estudos feministas, de gênero e sexualidade na Universidade Wesleyan.

Marie McGinn é professora de filosofia na Universidade de York.

Sonia Sedivy é professor associado de filosofia na Universidade de Toronto.

Thomas Baldwin é professor de filosofia na Universidade de York.

AGRADECIMENTOS

São muitas as pessoas a quem devemos agradecer: a Nick Bellorini, Gillian Kane e Liz Cremona, da editora Wiley-Blackwell, que sempre mantiveram um acurado senso do que era melhor e do que era pior para esse projeto, juntamente com um não menos acurado senso, sentimo-nos satisfeitos de dizer, dos prazos. Desde o início, recebemos o encorajamento de filósofos dos Estados Unidos e do Reino Unido, sem os quais teríamos desanimado. Cada um de nós gostaria de agradecer ao outro, já que nenhum teria ido muito longe sozinho. E, obviamente, nossos agradecimentos mais profundos vão para os colaboradores, que forneceram esses capítulos e toleraram comentários e sugestões dados por nós, algumas vezes meticulosos, e tornaram o livro mais que possível.

A editora reconhece com gratidão a permissão, concedida pelas fontes listadas a seguir, para reproduzir as fotografias nas páginas seguintes:

- 26: Foto de Adele Skinner, cortesia de Douglas Quine.
- 44: Alec Rawls.
- 64: © Ena Bodin.
- 85, 104: © Sijmen Hendricks.
- 125, 225: Steve Pyke / Getty Images.
- 163: Robert P. Matthews / Office of Communications, Universidade de Princenton.
- 183: Martha Holmes / Time and Life Pictures / Getty Images.
- 240: © Rune Hellestad / CORBIS.

SUMÁRIO

Introdução 11
Christopher Belshaw e Gary Kemp

1   **Quine** 26
      A. W. Moore

2   **Rawls** 44
      Thomas Baldwin

3   **Davidson** 64
      Ernie Lepore e Kirk Ludwig

4   **Williams** 85
      Catherine Wilson

5   **Rorty** 104
      Alan Malachowski

6   **Fodor** 125
      José Luis Bermúdez

7   **Nagel** 144
      Sonia Sedivy

8   **Kripke** 163
      Alexander Bird

9   **Nozick** 183
      A. R. Lacey

10   **Parfit** 202
      Jacob Ross

11   **McDowell** 225
      Marie McGinn

12   **Singer** 240
      Lori Gruen

Índice 259

INTRODUÇÃO

CHRISTOPHER BELSHAW E GARY KEMP

Nossa ideia era simples. A filosofia, tal como a praticamos, não é bem compreendida. Temos esposas, bons amigos e colegas em outros departamentos que não apenas desconhecem o que fazemos, como também quase temem perguntar. O tema esconde a sua face pública e, frequentemente, parece intimidante, hermético e deliberadamente obscuro. Assim, nossa ideia foi a de convidar um grupo de filósofos para discutir o pensamento e os escritos de outro grupo, a fim de apontar a importância e a relevância de seu trabalho e dirigir o discurso para uma audiência não inteira, ou mesmo não prioritariamente, de iniciados. Este livro, esperamos, ajudará a dar à nossa área de estudos o reconhecimento e o *status* que merece.

Aqui estão representados 12 filósofos, todos de língua inglesa e todos ativos no último terço do século XX. Alguns estão mortos agora, outros aposentados e ainda outros com muitos anos pela frente. Todos são figuras muito importantes na filosofia atual: amplamente lidos, influentes iniciadores de debates. São eles os 12 filósofos mais importantes de nosso tempo? Obviamente não pretendemos afirmar isso. Porém, se alguém fornecesse uma lista, digamos, dos 20 autores-chave, provavelmente esses 12 estariam entre eles. Não forma um bloco monolítico. A filosofia contemporânea é consideravelmente mais diversificada do que era meio século atrás e do que comumente se pensa que é. Os escritores representados aqui, embora selecionados principalmente pelo mérito e não tanto pela variedade, lidam em conjunto com uma variedade de subdisciplinas. Qualquer um que conheça algo sobre a maioria ou sobre todos eles conhecerá um pouco melhor o campo de estudos tal como é tratado em nossos dias.

Se, como asserimos, a filosofia é pouco compreendida, onde as pessoas erram? Muitos pensam que ela lida ou com lógica e argumentos ou que se volta para certos problemas, tentado resolvê-los. Obviamente, muitos pensam, correta e arrazoadamente, que esses aspectos coincidem e que se lança mão da razão, da lógica e de argumentos para resolver, ou tentar resolver, esses problemas específicos. Pensam, generosamente, que esse procedimento é útil e que os problemas para os quais se volta são grandes e importantes (e poderiam pensar isso mesmo sem conhecer qualquer detalhe sobre métodos e conteúdos envolvidos), ou, menos generosamente, que sua preocupação com a lógica é obsessiva e seus problemas triviais, rasteiros, mero jogo de palavras. Esse misto de intuições, meias-verdades e percepções manifestamente errôneas não pode ser simplesmente desconsiderado. Pensamos que há certa obrigação em explicar o que fazemos e apontar para o valor disso que fazemos.

O PASSADO

Retornando a seus primórdios, a Anaximandro e Tales, Sócrates, Platão e Aristóteles, Epicuro e Zenão, se um filósofo era então um amante da sabedoria, ele era assim sob muitos aspectos indistintos, preocupado com o que há no universo, como as coisas funcionam e como deveríamos viver melhor no universo e com as coisas. Seus temas eram contínuos com o que agora reconhecemos como, por um lado, ciência e, por outro, a religião, bem como com o adestramento de cavalos, a culinária, a crítica teatral e a etiqueta. O cristianismo freou as coisas e filtrou toda inquirição por meio de Deus ou, pelo menos, dos bispos, e o segundo período de grandeza da filosofia seguiu-se, após um prolongado hiato, na sequência da Reforma e da Renascença. Questões acerca do mundo natural foram permitidas e reclamadas e, enquanto Descartes pôde ter tido a pretensão de responder muitas delas por conta própria, Locke contentava-se em se ver como um trabalhador subalterno, trabalhando juntamente com Boyle, Huygens, Newton e outros membros da Sociedade Real em um empreendimento cooperativo bem adequado a uma era crescentemente burguesa e meritocrática. A ciência começava então a se separar da filosofia; aquela era uma investigação empírica, que reclama o concurso das mãos, sobre como o mundo funciona, e esta, mais nitidamente focada na investigação conceitual. "O que é o flogisto?" poderia ser uma questão para a primeira, enquanto "O que é conhecimento", uma preocupação da última. Hume, entrando em cena um século depois, levou isso mais um passo adiante. Aparentemente um cético e um ateu, em uma sociedade inegavelmente mais secular, ele pede que voltemos nossa atenção filosófica para nós mesmos, olhemos dentro e construamos uma ciência do homem. Antes de nos ver como seres racionais, apenas contingentemente encarnados, feitos à imagem de Deus, Hume vê a mente humana como uma parte da natureza a ser explorada por meios similares, operando de acordo com leis similares. No entanto, isso não permanece por muito tempo como uma nova província da filosofia, pois assim como as questões acerca do mundo externo separaram-se da filosofia para se tornarem ciência, essa sondagem da paisagem interna deu lugar muito brevemente para a subsequente disciplina da psicologia. A filosofia é fecunda, mas sem grandes preocupações familiares: seus filhos estão preparados para trilharem seu próprio caminho no mundo e assim o fazem com sua bênção. A filosofia de língua inglesa – e isso talvez seja predominantemente filosofia, se não na Inglaterra somente, mas principalmente nas Ilhas Britânicas – tendo pelo menos ajudado a dar origem a um espectro de outros temas de estudo – economia, linguística, ciência política – foi purificada e reduzida, engajando-se em um domínio de questões cada vez mais restrito e de maneiras mais limitadas.

Houve, no entanto, certa pausa, na qual a filosofia mostrou-se uma genitora mais possessiva, pois, se Hume via a mente humana como ela própria parte da natureza, Kant, ao final do século XVIII, sustentou que a mente – em um sentido que continua a ser debatido pelos estudiosos de Kant – contém a natureza: deve ser a fonte das leis mais abstratas da natureza, deve conhecer algo. Foi novamente atribuído um lugar para a filosofia como a Rainha das Ciências, e filósofos "idealistas" de inspiração kantiana dominaram a Alemanha e, em menor extensão, a Grã-Bretanha, até o alvorecer do século XX. Mas os arrazoados kantianos são tão intensamente densos que, atualmente, mesmo não havendo uma refutação definitiva disponível, há poucos kantianos "de carteirinha" e estão em extinção (o que não significa que haja poucos estudiosos de Kant). E o kantismo nunca chegou próximo de ganhar a disputa na Grã-Bretanha. Isso se deve, parcialmente, ao esforço árduo exigido para dominar a sua formidável complexidade; também, porque sempre houve outros pontos de vista sendo expressos, especialmente nos temas relativamente práticos, como moralidade e sociedade. Por exemplo, para cada T. H. Green ou cada A. C. Bradley, havia também um John Stuart Mill ou um Henry Sidgwick.

Alguns desenvolvimentos-chave

Porém, ainda mais decisivo, o alvorecer do século XX viu surgir um novo e contrário movimento na Grã-Bretanha e, em menor extensão, na Alemanha, que veio a se autodenominar filosofia analítica. Os filósofos analíticos acusaram os idealistas de serem, quase que literalmente, capturados por sua própria linguagem. Para Bertrand Russell, G. E. Moore e seus seguidores, um novo ideal de clareza antes que profundidade tornou-se a palavra de ordem, e isso trouxe consigo uma nova espécie de otimismo acerca do que poderia ser alcançado – e não simplesmente proclamado – na filosofia.

Todavia, ainda que paradoxalmente, esse movimento contribuiu, em alguns aspectos, para a perda de popularidade da filosofia, pois uma das coisas que afasta as pessoas da filosofia é a própria dificuldade de muitos de seus escritos; e essa queixa frequentemente é acompanhada pelo protesto de que não há necessidade disso – por que o filósofo simplesmente não expõe o que tem a dizer, em uma linguagem simples, em vez de usar o seu jargão tortuoso? Tal linguagem não estaria, na verdade, apenas mascarando o empobrecimento de ideias? Pois, e isso é questionado tanto por membros da comunidade quanto por espectadores, se há questões genuinamente filosóficas a serem formuladas, por que ainda não foram respondidas? De onde advém a acusação de que, privada de seus rebentos, a filosofia não é mais que uma série de notas de rodapé a Platão, além da imagem ainda persistente do filósofo: Oxbridge*, formal e sobranceiro, apesar disso, insiste reiteradamente que o que as pessoas dizem é precisamente o que querem dizer e que o que querem dizer é, do ponto de vista de seus interesses filosóficos, em sua maioria, confuso ou vazio. Muitos profissionais atuais ouviram dizer, em seus dias de graduação, que a filosofia era um *videogame*. Não é de se admirar que o tema tenha relativamente poucos amigos.

Há uma refutação simples para isso, embora não silencie ninguém. Um autor de artigos sobre, digamos, matemática ou bioquímica também poderia escrever em uma linguagem simples, mas apenas à custa de uma expansão indefensável do que escreve. O mesmo vale para a filosofia. Definições e princípios que são bem conhecidos do público visado podem ser mantidos implícitos, condensando assim a exposição. No fim, não é mais misterioso que a prática no português de chamar o filho do irmão ou da irmã de seus pais de "primo". Assim, embora não seja surpreendente que textos filosóficos sejam frequentemente impenetráveis para os leigos, esse é o preço do avanço teórico. O ideal de clareza – que tudo que seja filosófico seja traduzível na linguagem das ruas – é importante para a autoimagem da tendência dominante na filosofia moderna e é também o que a opõe decisivamente a outras tradições. Martin Heidegger, ao escrever acerca do "*Dasein*", ou Jean-Paul Sartre, ao escrever sobre o "para si mesmo", presumivelmente não queriam dizer algo que pudesse ser, em princípio, definido literalmente na linguagem comum; queriam dizer algo que reclamaria um ato especial da mente, um giro conceitual do qual pode haver, no máximo, uma demonstração indireta (a linguagem da religião, evidentemente, apresenta com frequência essa característica). Muitos filósofos sentem-se, às vezes, empurrados nessa direção – não apenas Sartre e Heidegger, mas também Wittgenstein, ao escrever as seções finais do *Tractatus Logico-Philosophicus*, nas trincheiras alemãs da Primeira Guerra Mundial, ou mesmo Richard Rorty ou John McDowell, ambos apresentados neste livro, são exemplos que vêm à mente –, mas é próprio dos filósofos desdenharem tal espécie de confecção de palavras. Na pior hipótese, é visto como meramente nomear uma confusão, ou seja, convertê-la em um objeto de estudo adequado.

---

* N. de T.: expressão inglesa para designar as características de Oxford e de Cambridge, em oposição às universidades mais novas.

Alguns diriam que não é simplesmente uma questão de estilo, mas uma questão teórica. Obviamente, a diretriz do mestre-escola "Seja claro" é bem aceita; porém, se o pupilo perguntar "O que significa?", o professor pouco pode fazer a título de resposta, salvo mostrar alguns exemplos notáveis, na esperança de que o pupilo venha a compreender. Por contraste, o modelo proposto por Russell e Gottlob Frege no alvorecer do século XX era, de fato, uma análise ou teoria do que *é* a clareza. O esqueleto desse ideal de clareza é a parte comum da lógica simbólica de Russell e Frege. Fornece certa âncora para a autoconsciência linguística e torna possível reencontrar a confiança, seja na análise de antigos problemas, seja na formulação articulada de novos problemas e de novas teorias. Desse modo, vemos Rudolf Carnap em 1932 considerando jocosamente uma sentença de Heidegger – "o nada nadifica" –, alegando ser apenas um pseudoenunciado literalmente sem sentido.

Essa predominância inicial da nova lógica na filosofia – conhecida como "positivismo lógico" – mostrou-se exageradamente ambiciosa em suas metas e inadequada ao separar o sentido do sem sentido. Seus principais expoentes originários – Ayer, Carnap, Wittgenstein – todos eles passaram os anos subsequentes retrocedendo, de um modo ou outro, de suas posições da juventude (embora apenas Wittgenstein rejeitasse completamente suas ideias iniciais). Mas a própria lógica preservou seu *status* recém-encontrado. Em 1967, o filósofo Michael Dummett notoriamente atribui a Frege o crédito por ter posto tanto quanto pôde a lógica no centro da filosofia: a lógica, baseada no sistema, anteriormente mencionado, comum a Russell e a Frege, pode razoavelmente representar todas as formas de raciocínio e é agora parte do treinamento-padrão que virtualmente todos os estudantes graduados em filosofia recebem. É seguro dizer que a maioria dos livros e artigos no campo da filosofia – inclusive os autores representados neste volume – escrevem com inteira consciência desse desenvolvimento. Obviamente, apenas uma pequena minoria dessas obras explicitamente emprega os instrumentos da lógica simbólica; a linguagem da lógica simbólica é chamada apenas quando surgem problemas cuja tecedura lógica é por demais densa ou, de outro modo, difícil de acompanhar em termos da linguagem comum. Sua influência é percebida frequentemente como um paradigma de clareza com a qual as sentenças ordinárias do filósofo poderiam ser traduzidas, se fosse o caso.

A figura-chave na lógica e em sua aplicação na última metade do século XX foi W. V. Quine, a primeira figura em nossa fileira. Mas se olharmos mais de perto, perceberemos que o efeito é antes caleidoscópico, e não simplesmente uma versão ampliada da visão de sobrevoo precedente. O próprio Quine não pensa a linguagem como uma estrutura determinada de proposições que está apenas à espera do filósofo para que a esclareça; sua posição real é muito mais complexa. E outros – não apenas as figuras representadas aqui, mas escritores como Wittgenstein, Peter Strawson, John Austin e Hilary Putnam – nutriram diversas relações contrárias à visão simplista da filosofia como baseada na lógica em algum sentido. Com efeito, um dos objetivos de nosso livro é mostrar que, por trás da uniformidade fácil, imposta por certas palavras, a cena filosófica contemporânea é abundantemente diversificada.

O PRESENTE

Em muitos aspectos, a filosofia floresce hoje como nunca florescera antes. Os últimos 50 anos assistiram a uma grande expansão: primeiramente, no número total de universidades e, com ela, na formação de graduados; em segundo lugar, no número de filósofos empregados, principalmente em universidades, mas crescentemente empregados como filósofos, na indústria, em centros de pesquisa, na medicina, no direito; e, em terceiro lugar, na geração de publicações filosóficas – livros, revistas, verbetes de enciclopédias, na imprensa e *on line*. Obviamente, esses fatores estão intimamente relacionados: podemos dizer um pouco mais sobre cada um deles, a começar pelo último.

Sócrates não escreveu nenhum livro. Hume escreveu várias obras, mas elas se afastaram cada vez mais da direção predominante na filosofia e, embora almejasse, nunca ocupara uma posição acadêmica. Wittgenstein escrevera um livro fino no início de sua carreira e outro, um pouco menos fino, no final. O período intermediário fora ocioso, e teria sorte se, no regime atual, tivesse preservado seu emprego. Nada disso é atípico. Até recentemente, pessoas reconhecidas como filósofos eram ou aqueles cujos escritos, qualquer que fosse a quantidade e o estilo, tivessem criado o tipo certo de impulso ou aqueles que detinham uma posição universitária, segura, não exigente e que poderiam produzir uma pequena quantidade de artigos. Tudo isso mudou. O filósofo atual, de modo geral, deve ter um emprego como filósofo em uma universidade e está sujeito a uma pressão considerável para gerar resultados regulares e mensuráveis. Nossos autores aqui são ou eram profissionais quase vitalícios, bem conhecidos e bem-vistos por seus colegas, pelos editores de livros e artigos, ativos no circuito de conferências e preleções, cultivadores de novos talentos. E são, ou eram, ambiciosos, não tanto por si mesmos (embora talvez fossem também nisso), mas pela filosofia, tomando-a seriamente, crendo nela e tendo seus resultados por valiosos. Essa é, justamente, uma razão para chamá-los de modernos, para rotulá-los com o que alguém poderia ver como um termo fora de moda: o compromisso deles com uma espécie de progresso e com a filosofia como um auxiliar desse progresso. Outra razão, afim, porém distinta, é a crença em processos de raciocínio – lógica, argumento, exposição das coisas o mais claramente possível – como meio para esse progresso. A filosofia anglofônica pode ser, às vezes, difícil de ser compreendida. Mas ela não tem prazer nisso.

Considere o contraste entre esse tratamento, idealmente perspícuo, amplamente analítico e, como estamos sugerindo, progressista e o que é frequentemente visto como seu rival, aquela sorte de disciplina que conhecemos melhor como filosofia continental. Durante a maior parte do século XX, se não antes (pois frequentemente é dito que a divisão retrocede a Kant), houve tanto diferença quanto hostilidade nesse domínio; nós os vendo como mistificadores impertinentes e indulgentes, e eles, por sua vez, pensando que privilegiamos a forma sobre o conteúdo, perseguindo a lógica e a análise até o fim, mas negligenciando todas as questões materiais. Há algo de verdadeiro nisso: a filosofia anglofônica foi por um tempo maçante e mesmo complacente; sua contraparte europeia, ao voltar as costas para a clareza oferecida por Frege e Russell, fora não só ambiciosa, mas deturpada. Particularmente durante a Guerra Fria, havia a suspeita de ter sido, com demasiada frequência e de maneira não persuasiva, politizada; mais recentemente, há um enfado geral por seus relativismos, por seu constante reposicionar-se e por sua ânsia do novo. Em diversas de suas manifestações atuais, a filosofia continental parece ser simultaneamente mais pessimista e mais divertida que sua competidora.

No entanto, essas diferenças estão tornando-se menos pronunciadas. A filosofia continental pode ter, mesmo atualmente, maior prestígio junto ao público – os seus expoentes mais conhecidos podem certamente encher um auditório como um astro do *rock* de mediana grandeza –, mas sua influência geral está em decadência. Restringe-se cada vez mais à França e a partes da Alemanha, perdendo sua atração mesmo em departamentos de literatura, repetidamente sacudida ou esgarçada por escândalos, mas, ao mesmo tempo, fazendo incursões reais, ainda que modestas, no campo rival. Um de nossos 12 filósofos, Richard Rorty, bandeou-se no meio da carreira, mas, ainda assim, promoveu certa reaproximação. A oposição entre e dentro de departamentos – que havia conduzido algumas vezes a uma completa ruptura – é menos óbvia do que fora antes; e há mais revistas e mais conferências que não são inequivocamente partidárias. Talvez a suavização e o declínio da filosofia continental eram inevitáveis, a permeabilidade das fronteiras europeias, a facilidade dos deslocamentos, e a irrefreável disseminação da língua inglesa ou americana, tudo contribuiu para isso. Pondo de maneira crua, com uma economia globalizada, vem uma homogeneidade no pensamento. O resultado é que o que estamos chamando de filosofia moderna está, inegavelmente, em ascensão.

Isso é um esboço abrangente. Há ainda questões mais pormenorizadas acerca daquilo com o qual essa filosofia se ocupa e acerca de como ela deve ser situada, seja no mundo acadêmico, seja no domínio mais amplo da cultura. O acadêmico primeiro.

Ciência

A relação que a filosofia mantém com a ciência tem sido, há muito tempo, matéria de disputa filosófica; portanto, é um assunto que não cabe a qualquer um decidir, mas aos filósofos – não é tema para biólogos, administradores universitários ou o público eleitor. Descartes via o papel da filosofia como fornecendo uma fundamentação conceitual *a priori* para a física e uma parte de seu conteúdo. Os empiristas do início do século XX tendiam a ver a filosofia como hermeticamente selada no *a priori*, ao passo que a ciência seria empírica ou *a posteriori*. Quine via a filosofia como distinguível das assim chamadas ciências empíricas apenas por grau, pela natureza relativamente abstrata e pela generalidade de seu tema. Há também explicações conflitantes do "método científico" – e, em alguns casos, a negação de que haja tal coisa. Mas qualquer que seja a resposta para essas grandes questões, atualmente, mais que antes, filosofia e ciência convergem em questões mais precisas. Uma lista, certamente incompleta, de tais itens inclui: evolução, cosmologia, consciência, a interpretação da teoria quântica, probabilidade, teoria da decisão, percepção, semântica, pragmática, fundamentação da matemática, explicações evolutivas da cultura e da moralidade. Não se trata apenas de um filósofo isoladamente pontificar, como um sacerdote, acerca, por exemplo, de como a evolução é real; é mais provável que um filósofo interessado na evolução contribua para a modelagem matemática das populações genéticas ou para descoberta e comentário sobre as formalizações do raciocínio evolucionário. Todas essas questões e outras mais são discutidas e aprofundadas por filósofos, bem como por cientistas e, em sua maior parte, seria ocioso procurar identificar os liames filosóficos que os atravessam.

Não há uma razão única para isso, embora seja óbvio, de uma maneira geral, que um filósofo pode vir a ser chamado quando a ciência está assombrada por paradoxos ou é contrária à intuição. Mas os desenvolvimentos recentes intensificaram essa tendência. Nos anos de 1950 e 1960, a filosofia estava sob o feitiço do último Wittgenstein e da filosofia da "linguagem ordinária" de John Austin, Gilbert Ryle e outros. E, sob sua forma mais extrema, tendia a sustentar que, à medida que uma questão é filosófica, ela não é de modo algum científica. Entretanto, por volta dos anos de 1970, uma nova geração de filósofos científicos fora formada, em parte, como resultado da larga influência de Quine: Hilary Putnam, David Lewis e muitos outros que puseram a interpretação da ciência natural no topo da lista das preocupações filosóficas. Destarte, hoje em dia, há ainda mais estímulo para pensar a filosofia como sinergeticamente ligada à ciência; em uma extensão muito maior que antes, e em conjunto, a pressão para publicar, para assistir e participar de congressos, para ganhar bolsas e para impressionar os juízes do UK Research Assessment Exercise[*] tiveram o efeito de encorajar atividades que pareçam semelhantes a progressos, que aspirem a objetivos alcançáveis e envolvam colaboração. Nesses aspectos, nada há como a ciência.

---

[*] N. de T.: Processo de avaliação dos projetos de pesquisa institucionais na Grã-Bretanha.

Algo disso pode ser pensamento desejoso. Os cientistas confiantemente constroem sobre o que precedera e seus resultados são consignados como itens que os estudantes terão que aprender. Talvez a filosofia possa ter tais pretensões apenas quando se despedir dos domínios recentemente batizados; por exemplo, a lógica proposicional pode ter sido uma tarefa filosófica, quando Frege e outros a inventaram, mas a percepção de que poderia servir como base para a ciência da computação conduziu a questões práticas acerca de como implementá-la antes que a qualquer questão filosófica duradoura. Mas a filosofia pode, pelo menos, realizar uma espécie de processo negativo; por exemplo, o dualismo cartesiano – a ideia de Descartes segundo a qual a mente é uma entidade não espacial, que existe independente do corpo – agora é geralmente refutado. No entanto, exige algum raciocínio filosófico para compreender, seja a posição precisa, seja exatamente o que há de errado com ela.

História e literatura

Ao lado de sua indecisa relação com a ciência, deve-se considerar a relação ambivalente que a filosofia trava com sua própria história. Ao passo que sua contraparte continental está inteiramente feliz em estar imersa na história, vendo suas tarefas como derivadas de uma época específica e das preocupações dessa época, a filosofia anglofônica está menos segura de como compreender seu lugar no contexto mais amplo.

Por um lado, há aqueles que, acompanhando a analogia com a ciência, simplesmente não têm nenhum interesse no passado da filosofia, vendo-o como uma série de erros e confusões que é melhor deixar para trás. Em contraposição, há os antiquários resolutos. Persuadidos que os problemas são irreais, tudo que resta é representar os caminhos que levaram indivíduos específicos, em tempos específicos, ao erro. A maioria de nós, no entanto, situa-se em algum lugar no meio do campo, em parte, por treinamento, e, em parte, por inclinação, e tem alguma, mas não excessiva, preocupação com a história, meramente acenando para suas figuras principais ou – de modo mais extremo – procurando a reconstrução racional, sustentando que essas figuras têm coisas importantes a nos dizer, mas que, carentes das técnicas da lógica moderna, foram incapazes de dizer. Bernard Williams assídua e talvez surpreendentemente persegue tal fim em seu livro, algo estranho, sobre Descartes; mas todos aqueles que estão representados aqui situam-se no meio-termo, considerando seriamente a história da filosofia, mas sustentando que a filosofia tem também um futuro.

Um aspecto ulterior pelo qual o tema diferencia-se do modelo da ciência pode ser aqui mencionado. Ao longo de toda sua carreira, a filosofia manteve uma relação íntima com a literatura, ainda que nem sempre reconhecida, evidentemente. Desde Platão, uma ampla maioria de seus expoentes foram escritores elegantes e refinados. Isso não é, aventamos nós, nem uma coincidência, nem uma suspeita e uma lamentável vitória da apresentação sobre o conteúdo, pois, se conversações filosóficas são as que de fato precisamos travar e precisamos em momentos específicos, e é antes isso que uma questão de descobertas e resultados que se pega ou se larga, então é praticamente essencial que seus praticantes façam o que for exigido para cativar um público. De outro modo, correm o risco de ficarem inauditos. Assim, mesmo que de tempos em tempos surja a ideia de que ela deva ser um empreendimento colaborativo e modesto, a filosofia moderna ainda está, e pensamos que corretamente, aberta à personalidade. E os autores aqui, como esperamos que fique claro, são mais que hábeis artesões da linguagem. Trabalhavam de fato sozinhos, adotando diferentes estilos para diferentes públicos. São conscientes e cuidadosos com imagens e metáforas, e destemidos em revelar e fazer uso de detalhes biográficos; assim, por exemplo, a aranha de Nagel, a poesia de Parfit e o uso que Davidson faz de Shakespeare.

Queremos agora dizer algo acerca das principais divisões do tema e apontar para algumas das maneiras em que elas se alinham aos autores que consideramos.

METAFÍSICA, EPISTEMOLOGIA E FILOSOFIA DA MENTE

Todos esses três rótulos são propensos a provocarem medo nos corações dos relativamente não iniciados, e seus significados populares, em certa medida, podem ser desencaminhadores. Nós os trataremos gentil e ordenadamente.

A metafísica não trata do paranormal, do astrológico ou da autoajuda por meio de cristais e ervas. Como o próprio termo acarreta, de modo geral, versa sobre o quadro no qual tem lugar o mundo físico. É um passo mais abstrato que a própria física. Desse modo, um conceito-chave é o de *possibilidade*; o mundo físico é como é, mas podemos nos perguntar: ele *poderia* ser diferente? E em acaso afirmativo, em que sentido? Quais são as restrições? Entre outros conceitos do quadro, estão os de existência, tempo, causalidade, objeto, propriedades – todos esses conceitos são usados para descrever o mundo, mas o que dizer dos próprios conceitos? Como dificilmente conseguimos evitar dizer, o que afirmar acerca da *natureza* dessas coisas? A metafísica fora desdenhada pelos positivistas lógicos; "metafísica" tornara-se um termo abusivo. Porém, os últimos 50 anos viram sua ressurreição triunfante. A conexão com a filosofia da ciência é evidente, mas muitas das atividades foram inspiradas pelos problemas em si mesmos, principalmente pelo trabalho de David Lewis e Saul Kripke nos anos de 1960, que reassentaram o paradigma.

A epistemologia ou teoria do conhecimento é uma instituição venerável; remonta pelo menos a Platão, que pôs a sua questão central: o que é conhecimento? E permanece uma fonte de embaraço que essa questão se mantenha não respondida; porém, uma vez que muitas respostas, frequentemente bem sofisticadas, mostraram-se becos sem saída, isso geralmente é tido como um progresso em si mesmo, como mencionado antes. As tentativas fornecem uma radiografia especialmente clara dos métodos dos filósofos. Por um lado, temos uma teoria: conhecimento é X, onde X é algo informativo (não satisfaria o propósito, por exemplo, que conhecimento é o que temos quando conhecemos algo). Por outro lado, temos o que chamamos nossas intuições: pensamos que isso seria um caso de conhecimento, que aquilo não seria. São casos de X como a teoria prevê ou não? Soa simples: queremos que os casos de X coincidam com os casos de conhecimento e os de não X com os de não conhecimento. Mas, de maneira bastante espantosa, não se encontrou um caso de coincidência exata. Quine pode ter sido o mais sábio ao afirmar que alegações ordinárias de conhecimento – o material de nossas intuições que acabamos de esboçar – estão recobertas de interesses mutáveis, que seria vão, se não impossível, somá-las em uma teoria; talvez devamos renunciar à palavra "conhecimento" como um mau emprego, ao fazermos filosofia. No entanto, o campo permanece muito ativo. Uma das tentativas mais interessantes foi proposta por Robert Nozick sob a forma de "rastreador da verdade": atualmente, é atribuída grande importância ao papel que a probabilidade claramente desempenha na estimativa do *status* de possíveis estados de conhecimento.

A filosofia da mente não versa sobre a consciência espiritual ou sobre como ser mais esperto ou mais eficaz nas relações interpessoais. É uma área da filosofia que pode ser retraçada primariamente a uma figura singular: René Descartes. Atentando para um argumento simples – "Penso, logo existo" –, Descartes deduziu que a mente deve ser distinta de qualquer coisa física. Essa é a celebrada tese do dualismo cartesiano, mencionada antes. Conclui subsequentemente que não há nenhum impedimento para a sobrevivência da mente após a morte do corpo. Há sérios problemas com a tese, a maioria dos quais reconhecidos por Descartes, que tentou resolvê-los, mas sem sucesso na maior parte. Entre eles, está principalmente o problema da interação entre mente e corpo. Pelo querer, posso causar eventos físicos que me afetam mediante minha percepção deles; mas se a mente não possui propriedades físicas, como tais coisas são possíveis? Não é, dizem a maioria dos filósofos e psicólogos de nossos dias. E assim, desde os anos de 1950, a corrida tem sido achar uma teoria da mente que conceda ao cérebro humano seu lugar de direito e que explique os conceitos mentalistas – pensamento, crença, percepção, desejo, e assim por diante – de uma maneira consistente com o fisicalismo: a tese segundo a qual não há outros elementos no universo, exceto o que os físicos dizem que há. Jerry Fodor talvez seja o primeiro motor do desenvolvimento da teoria que a mente é de modo essencial um computador. Porém, dúvidas semelhantes às de Descartes ressurgiram em formas mais sutis nas obras de Kripke e Nagel; nesse meio-tempo, John McDowell anunciou uma cura, ou, antes, uma refutação do cartesianismo.

Essas três espécies de problemas costumavam ser, antes dos anos de 1970, tratados através das lentes da linguagem, e a filosofia da linguagem tinha mais prestígio que atualmente. A "virada linguística", atribuída a Wittgenstein, Ayer, Carnap e outros, tendia a afirmar que todas as questões filosóficas eram, em realidade, questões acerca da linguagem e muitas – tais como as questões da metafísica – desapareceriam com a análise linguística. Rorty indicou que, como em muitos outros episódios da história de nosso tema, essa posição tinha muitas pressuposições contestáveis e mostrou-se muito mais difícil de levar a cabo na prática. Porém, voltando-se a temas mais decididamente linguísticos – significado, referência, verdade –, os debates permanecem muito vívidos, e a questão de como traçar a linha entre o que é e o que não é permanece um tema premente dos filósofos da linguagem. As posições de Quine, Davidson e Kripke atravessam essas questões de várias maneiras e continuam a ser leitura obrigatória para aqueles interessados em metafísica, filosofia da mente e teoria do conhecimento, e não apenas para os interessados na filosofia da linguagem.

ÉTICA

Um aspecto ainda mais proeminente da filosofia tardia do século XX é o foco em filosofia política e moral e na ética. Como se deve explicar isso? Cabe observar, em primeiro lugar, uma distinção entre ética normativa, por um lado, e ética descritiva ou metaética, por outro. Enquanto a primeira está preocupada com o conteúdo dos ditames morais, com decidir o que devemos fazer, ou como devemos viver, a segunda enfatiza a forma – tais ditames incorporam verdades ou gostos, podemos obter um deve de um é? – e assim por diante. Provavelmente é correto dizer que, por já quase cem anos, a ênfase tem sido na última e é também correto dizer que, durante a primeira metade do último século, o tema era muito árido. Sob a influência do positivismo, explicações subjetivistas ou emotivas tinham grande influência, nas quais todas as alegações acerca do que era bom são vistas como alusões disfarçadas ao que simplesmente aprovamos. Certamente, contestações dessa visão e com elas o ressurgimento da ética normativa são um fenômeno bem recente, retrocedendo apenas aos anos de 1960 e 1970. Essa mudança não foi ainda bem assimilada, e muitos autores insistem que não cabe à filosofia dizer como nos comportar, que isso é antes do domínio da religião, da pressão social apropriada ou da educação familiar. Mas, em primeiro lugar, tais alegações estão longe de serem obviamente verdadeiras – precisamos de um arrazoado filosófico para estabelecer as fronteiras do tema; em segundo lugar, pelo menos se forem feitas levianamente, revelam muito pouco interesse pelas razões de tal ressurgimento. Não é difícil explicar. O controle religioso, a estabilidade social e as fronteiras nacionais e culturais por longo tempo contribuíram consideravelmente para a unidade acerca do conteúdo da moralidade. Se as pessoas de fato concordavam com o que deveria ser feito ou se sentiam-se incapazes de articular e levar adiante suas discordâncias, não é relevante aqui; o resultado é a aparência, ao menos, de consenso (embora houvesse, evidentemente, algumas exceções notáveis).

Isso não é mais assim. Há menos concordância e também pouco escrúpulo em dar vazão à discordância. Ademais, a expansão da universidade e a modernização ampliaram a interação entre as preocupações acadêmicas e as do mundo real. Talvez devamos ver a crescente democratização como gerando antes um apetite do que um confronto quando há uma disputa acerca do que fazer. Debates acerca da homossexualidade e da censura no Reino Unido e sobre os direitos civis e as adversidades do Vietnã nos Estados Unidos estiveram entre as primeiras áreas na qual a filosofia esteve notória e efetivamente envolvida na revisão da perspectiva moral. Mas, evidentemente, há muitas outras questões – a respeito da bioética, direitos e bem-estar dos animais, o meio ambiente, práticas comercias – que atualmente são moeda corrente da análise e comentários filosóficos. Um primeiro plano conspícuo do desacordo moral, tendo o termo "ética" (investimento ético, política externa ética, pesquisa ética) passado, em particular, por uma inteira e aparentemente bem-sucedida remodelação, é agora parte do estilo contemporâneo; e a filosofia acadêmica tanto contribui para isso como capitalizou, dando um sentido de progresso às coisas. No entanto, uma das surpresas dos tempos modernos tem sido a resiliência da religião. Assim, o debate moral não envolve apenas pontos de vista seculares divergentes, mas uma confrontação deles com a fé e, cada vez mais, as fés. O que resta a ser visto é se essa tendência será duradoura ou, tal como o último suspiro de um moribundo, um mero sopro. No presente, ela age como um freio e, para muitos, enervante.

Peter Singer é, obviamente, entre os filósofos representados aqui, aquele que mais aguçadamente representa essa tendência, mas outros – Williams, Nagel, Rawls, Nozick –, com seus talentos profissionais, estiveram envolvidos, sistemática e significativamente, com algumas das questões mencionadas antes. E Parfit finaliza seu livro em um tom altamente otimista, indicando que essa ética secular está ainda na infância e afirmando que poderemos ter grandes esperanças nela.

FILOSOFIA E CULTURA

Qual é o lugar da filosofia e do filósofo na cultura mais ampla? A filosofia anglo-americana parece estar marginalizada e ter-se marginalizado, de muitos modos. É duvidoso se metade dos nomes entre os 12 são familiares aos leitores do *London Review of Books* ou do *New York Review of Books*. Compare-se a situação aqui com outras disciplinas: a história, a ciência e mesmo a economia tiveram, entre seus principais autores, diversos que se voltaram para o exterior, contrabalançando uma carreira acadêmica com o escrever para um público mais amplo, envolvendo-se com ele. Isso é raro em filosofia. Há algumas exceções evidentes – possivelmente Russell, Chomsky, Berlin, Ayer, e alguns ainda se lembram do professor Joad –, mas advém de um período anterior. Embora Nagel tivesse escrito um livro introdutório, visivelmente dirigido a um mercado mais amplo e Parfit publicasse algumas de suas obras sobre cosmologia no *LRB*, atualmente, o sério e o popular são mantidos separados.

Isso é curioso. Como observamos, o próprio tema vem sendo retomado em certa medida, tanto no ambiente escolar quanto no universitário e, pelo menos no tocante à filosofia moral, aos olhos do público. Como também observamos, há um lamentável contraste aqui com a filosofia continental, que parece estar bem imersa no meio intelectual da Europa Ocidental Continental e tem feito investidas ainda vitais em suas áreas equivalentes no Reino Unido e nos EUA. Mas a filosofia anglofônica é ou modesta ou ignorada. O que ela é e por quê?

O que se apresenta inicialmente como explicação, especialmente à luz do contraste que acabamos de reiterar entre a filosofia continental e a anglo-americana, é a existência de um antielitismo generalizado, uma descrença no intelectual, um nivelamento geral que caracterizam a vida pública nos EUA e, talvez ainda mais, no Reino Unido. Isso cresceu notoriamente no último meio século e revela-se nos estilos e conteúdos da TV e da imprensa, nas pressões constantes de fundos públicos para bibliotecas e para as artes e, sugerimos, em um crescimento simultâneo e não acidental de uma atitude cética frente a educação. Em tal sociedade, pode ser surpreendente que não haja um papel dominante para a filosofia?

Bem, de fato, há algo de verdadeiro nisso, mas três fatores adicionais, conectados entre si, podem ajudar a explicar a posição peculiar em que a filosofia se encontra. Em primeiro lugar, como concedemos, o tema pode parecer não levar a lugar algum. Pode parecer envolver debates intermináveis e infrutíferos. Compare-se com a ciência, na qual são logrados resultados genuínos e inegáveis. Há um estigma associado que arrasta a estrela de alguém ao fracasso. Em segundo lugar, e relacionado, há o contraste por demais grosseiro que muitos estão dispostos a fazer entre fato e opinião. O fenômeno aqui está razoavelmente ligado ao que parece ser uma compreensão geral, nos países considerados, dos princípios e procedimentos da democracia e também ao sistema praticado, seja no direito, seja na política, por antagonismo. Talvez enamorado em demasia pelo modelo do mercado, a ideia parece ser simplesmente contar as cabeças envolvidas em uma questão contenciosa, em vez de esforçar-se, coletivamente, para falar em favor da verdade. Assim, parece a muitos que onde fatos incontestes estão ausentes, ficamos apenas com a mera opinião. Logo, se os filósofos não podem demonstrar seus pontos, eles não falam com autoridade real. Em terceiro lugar, novamente ligado, há o culto da personalidade. Mesmo quando e onde há algum interesse em temas filosóficos, é muito provável que uma figura muito conhecida, talvez já com um contrato com a TV, seja consultada: um romancista, um político ou um cozinheiro célebre.

Esse é um retrato sombrio, mas há alguns sinais de que estaria mudando e algum reconhecimento de que os filósofos, de fato, têm uma contribuição própria a dar em relação a esse mundo desarranjadamente complexo. Para levar adiante tal mudança, é necessário, em primeiro lugar, o reconhecimento mais amplo de que existem estratégias para pensar claramente, estratégias que não são inatas e que podem ser frequente, mas não infalivelmente, ensinadas; em segundo lugar, que tais estratégias podem ser empregadas, de maneira útil e frutífera, a um espectro de problemas, alguns dos quais talvez aparentemente atemporais, e outros estão entre aqueles que são particularmente prementes em nossos dias, por diversas razões. Qualquer um que duvidar da eficácia ou da relevância da filosofia precisa apenas examinar mais as obras dos 12 filósofos representados aqui.

1 QUINE

A. W. MOORE

INTRODUÇÃO

Willard Van Orman Quine (1908-2000) é considerado por muitos o maior filósofo analítico do período pós-guerra. Ele nasceu, cresceu e educou-se até a graduação em Ohio. Fez a sua pós-graduação na Universidade de Harvard, onde escreveu uma tese sobre lógica formal. A maioria de suas obras iniciais foram em lógica formal, embora sua dissertação fornecesse uma indicação de preocupações filosóficas mais amplas que estariam presentes ao longo de toda a sua carreira. Em 1932, foi premiado com uma bolsa de estudos para viajar para a Europa. Isso lhe deu a oportunidade de assistir aos encontros do Círculo de Viena, um grupo de 30 a 40 pensadores de uma gama variada de disciplinas que se reuniam regularmente em Viena, entre as guerras, para discutir filosofia. Esse grupo era unificado pelo objetivo de tornar a filosofia científica, e, para tal fim, seus membros faziam especial uso dos desenvolvimentos recentes em lógica, com os quais Quine estava muito familiarizado. Em seguida, passou uma temporada em Praga e em Varsóvia e posteriormente descreveu esse período como intelectualmente o mais recompensador de sua vida, principalmente porque o levou a ter contato com Rudolf Carnap, que era um membro do Círculo de Viena e um dos mais proeminentes defensores do positivismo lógico associado ao Círculo. Muito do trabalho de Quine pode ser visto com uma resposta à versão própria de Carnap do positivismo lógico, parte da qual Quine esposou completamente; porém, a outras, opôs-se inteiramente, mas a totalidade teve uma profunda e duradoura influência em sua carreira filosófica.

Salvo alguns curtos períodos de visitante em volta do mundo, Quine passou sua carreira inteira em Harvard, até sua aposentadoria nos meados dos anos de 1970. Era um escritor prolífico e extraordinário, com um estilo distinto e notável, marcado pela elegância, pela espirituosidade e clareza, bem como por uma extraordinária economia de expressão. Dois de seus mais conhecidos e influentes livros, *From a Logical Point of View** e *Word and Object*, aparecerem em um estágio relativamente precoce de sua carreira, em 1953 e 1960, respectivamente. (O primeiro desses é uma coleção de ensaios que inclui dois clássicos *On What There Is* ["Sobre o que há"] e *Two Dogmas of Empiricism* ["Dois dogmas do empirismo"]) . Embora mudasse de posição em suas muitas publicações subsequentes, essas eram invariavelmente de natureza sutil, e os pontos de vista pelos quais Quine se tornara famoso já haviam recebido expressão direta nesses dois livros. Muito de seu trabalho posterior se ocupava em desenvolver e refinar esses pontos de vista. Muito dele era também um exercício autoconsciente da economia de expressão, ao qual já me referi. Os dois livros, *Pursuit of Truth* ("Busca da verdade") e *From Stimmulus to Science* ("Do estímulo à ciência"), ambos publicados quando já era octogenário e cada um deles tendo apenas cem páginas, são surpreendentes resumos de todas as suas ideias principais. A própria concisão deles significa que servem de introduções precárias a seu trabalho, mas, para os aficionados, são pontos de referência inestimáveis, a serem bem saboreados. Suscitaram também uma discussão fascinante sobre quanto de algumas mudanças de ênfase e reformulações frente a sua obra anterior representam realmente mudanças de opinião da espécie que indiquei antes. Como quer que isso seja, em comum com a obra anterior, revelam Quine como alguém raramente encontrado na tradição analítica: um filósofo sistemático, com uma profunda visão sinóptica.

Para entendermos essa visão, devemos retornar a Carnap.

O POSITIVISMO LÓGICO DE CARNAP

O positivismo lógico é uma forma modificada de empirismo. O empirismo, em sua forma mais pura, é a doutrina segundo a qual todo conhecimento é derivado da experiência sensorial. O positivismo lógico esposa algo que, sob um aspecto importante, é mais fraco que isso, e em outro, é mais forte.

É mais fraco porquanto concede a existência de algum conhecimento que não é derivado da experiência sensorial – mas apenas conhecimento de um tipo muito especial. Os positivistas lógicos traçam uma distinção entre verdades analíticas e verdades sintéticas. Verdades analíticas são aquelas cuja verdade depende apenas de seus significados, embora algumas vezes de maneira recôndita, que exige algum esforço para explicitar. Compreender

---

* N. de T.: Tradução brasileira em *Ensaios: Ryle, Strawson, Austin, Quine*. 2.ed. São Paulo: Abril Cultural, 1980. (Coleção Os Pensadores).

uma verdade analítica é já estar em condições, pelo menos em princípio, de discerni-la como verdadeira. Exemplos putativos são verdades triviais como todos os solteiros são não casados, e verdades matemáticas como o quadrado de nenhum inteiro é o dobro de algum outro inteiro. Verdades sintéticas, pelo contrário, são aquelas cuja verdade depende de algo mais além de seus significados. Tendo compreendido uma verdade sintética, deve-se apoiar em uma investigação independente para discerni-la como verdadeira. Um exemplo putativo é que a água se expande ao se congelar. A posição dos positivistas lógicos é que o conhecimento das verdades analíticas e apenas tal conhecimento é uma exceção à doutrina de que todo conhecimento deriva da experiência sensorial.

Em outro aspecto, os positivistas lógicos esposam algo mais forte que o empirismo puro, pois esposam uma doutrina com um componente semântico, bem como um componente epistemológico, ou seja, um componente que diz respeito ao significado, bem como um que diz respeito ao conhecimento. Insistem que, a menos que uma sentença expresse uma sentença cuja verdade possa ser, em princípio, determinada de uma das duas maneiras que acabamos de indicar, ou uma falsidade cuja negação possa ser determinada de uma dessas duas maneiras, então ela não expressa, de modo algum, uma verdade ou uma falsidade e, nessa medida, é estritamente sem sentido. Chamada de "teoria verificacionista do significado", ela trata comprovadamente cada uma das sentenças seguintes como sem sentido:

> A cada 24 horas cada objeto físico do universo dobra de tamanho.
> Nunca há uma justificativa para matar outro ser humano.
> Deus age de uma maneira misteriosa.

A versão própria de Carnap do empirismo lógico tem ainda um traço adicional decisivo. Carnap sustenta que a distinção mais fundamental dentre tais distinções, a distinção entre o verdadeiro e o falso, é sempre traçada relativamente a algum arcabouço linguístico. Por um arcabouço linguístico, ele quer dizer um modo sistemático de falar acerca de entidades de certa espécie, tal como o conjunto das regras aritméticas, que nos permitem falar em inteiros positivos. A decisão acerca de adotar ou não um dado arcabouço não é, ela própria, de modo algum matéria de verdade ou falsidade, mas antes matéria de vantagens e desvantagens em agir assim. Desse modo, se nos perguntarmos se há algum inteiro positivo cujo quadrado é exatamente o dobro de outro, então estamos formulando uma questão "interna", no âmbito de um quadro específico. (Em realidade, a resposta nesse caso é "não". E essa resposta pode ser determinada independentemente da experiência sensorial: é analítica.) Se nos perguntamos se estamos certos em aceitar liminarmente a existência de inteiros positivos, então estamos formulando uma questão "externa" acerca da correção em adotar esse quadro. Isso nos leva para além do domínio do verdadeiro e do falso. Todavia, é uma questão legítima acerca de como falar e, embora não haja verdade no tema, há questões práticas importantes de custos e benefícios de falar nessa maneira peculiar.

Em resumo, Carnap sustenta as seguintes ideias:

- um arcabouço linguístico compreende regras para falar acerca de entidades de alguma espécie;
- no âmbito do arcabouço, há verdades acerca dessas entidades;
- entre tais verdades, há algumas, as analíticas, cuja verdade depende apenas das regras do arcabouço (ou, em outras palavras, cuja verdade depende apenas de seus significados);
- a verdade das restantes, as sintéticas, pode ser determinada por e apenas por recurso à experiência sensorial;
- a decisão acerca da adoção desse arcabouço não é, ela própria, matéria de verdade ou falsidade.

Muito grosseiramente, Quine aceita o núcleo empirista desse conjunto de ideias, mas se detém frente as várias modificações propostas. Quais são suas objeções a essas modificações? Para responder a essa questão, temos que considerar inicialmente a forma peculiar que assume seu empirismo.

O NATURALISMO DE QUINE

Quine é um naturalista. Ou seja, crê que não há autoridade maior – quando se trata de determinar a natureza geral da realidade – que aquela que de fato nos conduziu ao atual consenso amplo acerca de suas características gerais – vale dizer, os métodos e os princípios da ciência natural e paradigmaticamente da física.

Tal naturalismo não é, ele próprio, acarretado pelo empirismo. Certamente, os cientistas naturais recorrem à experiência sensorial para justificarem suas descobertas, como devem fazer se o empirismo for correto e suas descobertas tiverem alguma pretensão ao título de conhecimento. Mas o empirismo não acarreta que suas descobertas tenham alguma pretensão ao título de conhecimento, menos ainda que tenham uma pretensão exclusiva. Ainda que a física seja o melhor que podemos fazer para tentar derivar uma explicação sistemática geral da realidade a partir de nossa experiência sensorial, ela não nós é ditada por nossa experiência sensorial. Nossa experiência sensorial não exclui, digamos, explicações nas quais o espaço apresente uma geometria bem diferente, com implicações correspondentes para a contração e dilatação dos corpos ao se deslocarem, ou explicações nas quais a realidade não é, de modo algum, fundamentalmente física, mas mental. Quine seria o primeiro a insistir nisso. Isso é o que pretende dizer ao afirmar que a física é subdeterminada pela evidência (*PT* §§41-3). Ademais, algumas pessoas, se não o próprio Quine, preocupam-se com o escopo da física e, de fato, com o alcance das ciências naturais em geral. Tais pessoas podem facilmente aceitar as descobertas das ciências naturais, pelo menos provisoriamente. Mas ressaltariam que essas descobertas se silenciam sobre muitos assuntos acerca dos quais, digamos, as descobertas das ciências sociais ou mesmo "verdades autoevidentes", como as que aparecem no início da Declaração de Independência dos EUA, têm pleno direito de serem tomadas como parte de "nosso amplo consenso corrente acerca de natureza geral da realidade." Nenhum dos escrúpulos que podemos ter, à luz dessas reflexões, sobre privilegiar a física da maneira que Quine faz, seria uma ofensa óbvia contra o empirismo. Repetindo, o naturalismo de Quine não é acarretado pelo empirismo. Todavia, esse é o contexto no qual seu próprio empirismo encontra expressão.

Por que Quine é um naturalista? Parcialmente por conta do sucesso espetacular das ciências naturais quando se trata de predizer o futuro e controlar e modificar desse modo o meio ambiente. Mas há uma razão ainda mais básica. Terminantemente, Quine não pensa que haja qualquer alternativa. A física é o melhor que podemos fazer ou, de qualquer modo, é o melhor que fomos até agora capazes de fazer, para tentar derivar uma explicação sistemática geral da realidade a partir de nossa experiência sensorial. Ela tem que ser nosso ponto de partida. Pode não ser nosso destino: daqui a cem anos, podemos olhar retrospectivamente para nossas atuais teorias científicas e vê-las como irremediavelmente defeituosas em aspectos críticos. Mas se for assim, isso será porque teremos chegado lá a partir daqui, e isso, por sua vez, porque fizemos a única coisa que podíamos, ao partir daqui, a saber, empregar os procedimentos da metodologia científica atualmente aceita. Se fôssemos abandonar completamente nosso consenso amplo atual, em um esforço de propor questões teoricamente neutras acerca de como as atuais teorias científicas estão em relação à realidade, então não teríamos nenhuma base para qualquer progresso subsequente. Na famosa figura do filósofo da ciência austríaco Otto Neurath (1882-1945) – uma figura que o próprio Quine emprega frequentemente –, nós estamos em uma embarcação e a única maneira de poder reconstruí-la é reconstruindo-a prancha por prancha, enquanto permanece flutuando (*WO* 3).

O naturalismo de Quine, para repetir mais uma vez, não decorre de seu empirismo. Ao contrário disso, Quine vê seu empirismo como decorrente de seu naturalismo. Assim, escreve ele

> É uma descoberta da própria ciência, embora falível, que nossa informação acerca do mundo advém apenas do impacto sobre nossos receptores sensoriais... Mesmo telepatia e clarividência são opções científicas, ainda que moribundas. Seria necessária alguma prova extraordinária

para reavivá-las, mas, se isso ocorresse, o próprio empirismo... seria descartado. (*PT* 19-21)

Portanto, o próprio empirismo é uma teoria testável. Não é parte de alguma propedêutica filosófica para a investigação científica. Para Quine, não há tal coisa.

É por isso que, na citação anterior, nossa própria experiência sensorial é construída em termos científicos, como "impactos em nossos receptores sensoriais". E isso, por sua vez, liga-se a ainda outra dimensão da visão geral de Quine: seu fisicalismo. Ele mantém que não há fatos, nem mesmo fatos acerca de nossos pensamentos e de nossas experiências, que não sejam, em última instância, fatos físicos, ou seja, fatos acerca de como as coisas são fisicamente (seção 7). Qual é exatamente a posição disso em relação ao naturalismo? Isso depende de como "o físico" é interpretado. Se o físico é interpretado em termos de nossa física atual, então o fisicalismo de Quine é mais bem-visto como uma consequência adicional de seu naturalismo, uma consequência que, tal como seu empirismo, poderia ter que ser rejeitada à luz de provas que desafiem a própria física atual. Quine, às vezes, interpreta o físico nesse sentido. É com esse viés que escreve: "O jogo da ciência não está comprometido com o físico" (*PT* 20). Mas, se o físico for interpretado de modo mais normativo, não em termos da física atual, então seu fisicalismo estará um pouco mais próximo de um princípio metodológico insensível a provas. E Quine algumas vezes interpreta o físico *nesse* sentido. É com esse viés que ele escreve, em *Goodman's Ways of Worldmaking* ("*Os modos de Goodman de construir o mundo*"):

> Se o físico suspeitar que haja algum evento que não consiste em uma redistribuição de estados elementares de sua teoria física, ele procurará uma maneira de suplementar sua teoria. A completa abrangência, nesse sentido, é o negócio próprio da física e apenas da física. (*TT* 98)

Dos dois modos, há uma deferência especial para com a física, na qual, como o próprio Quine assere, "nada acontece no mundo, nem o piscar de pálpebras, nem o lampejo de um pensamento, sem alguma redistribuição de estados microfísicos (*ibid*).

Até aqui, nada há que distancie manifestamente a perspectiva de Quine seja do positivismo lógico em geral, seja do positivismo lógico de Carnap, em particular. Tanto sua perspectiva como a do positivista lógico são adornos do empirismo. Certo, são adornos diferentes. Mas não vimos ainda nada que os ponha em conflito entre si. O positivismo lógico partilha com Quine o respeito pela ciência. Já em minha primeira alusão ao Círculo de Viena (seção 1), mencionei seu objetivo de tornar científica a filosofia. Onde, então, repousa o conflito?

A DISTINÇÃO INTERNO/EXTERNO E A DISTINÇÃO ANALÍTICO/SINTÉTICO

No tocante à versão carnapiana do positivismo lógico, uma maneira frutífera de formular essa questão é considerar a própria alegação de que há partículas fundamentais da espécie postulada pela física atual. Qual é a atitude de Quine frente a essa alegação? Ele a toma como uma verdade básica acerca da realidade (seção 7). Não é dogmático acerca disso. Como vimos, concede que a física atual possa vir a ser rejeitada um dia. Mas, pendente de tal rejeição e dado seu naturalismo, não pode tomá-la senão como uma verdade básica acerca da realidade, nada mais, nada menos. Qual é a atitude de Carnap frente à alegação? Toma-a como sendo, em sua interpretação mais natural, uma decisão, ou melhor, o anúncio de uma decisão, a de adotar um peculiar arcabouço linguístico, nem verdadeiro, nem falso. Esse é certamente um ponto de discordância.

O fato é que Quine não vê justificativa para a distinção carnapiana entre questões externas e internas. Quando as forças do mundo afetam as superfícies das pessoas, essas respondem produzindo ruídos e marcas no papel que registram suas concepções do que ocorre. E há diferentes dimensões da avaliação desses ruídos e dessas marcas. Duas são pertinentes para o tema. Uma é com respeito à verdade. A outra é com respeito aos desideratos do sistema de classificação envolvido: poder, elegância, economia, facilidade de uso e que tais. Mas, aos olhos de Quine, não há nem necessidade, nem razão para manter essas dimensões separadas, para ver a última como versando sobre uma escolha de um arcabouço referencial e a primeira como versando sobre asserções feitas no âmbito desse arcabouço. Se as pessoas respondem a suas experiências sensoriais – ao impacto em seus receptores sensoriais – asseverando que há *quarks* ou que há inteiros positivos ou que o número de *quarks* no universo conhecido é maior que certo inteiro positivo, então, em cada caso, estão simplesmente asserindo como assumem que as coisas sejam. Suas classificações podem ter as virtudes estéticas e utilitárias, anunciada antes; outras classificações podem ter essas virtudes em grau maior ou menor. Mas o que essas pessoas alegaram é, em cada caso, de uma maneira direta, verdadeiro ou falso.

Por razões similares, Quine, ostensivamente, repudia a ideia que haja uma dicotomia entre verdades analíticas e sintéticas – um traço do positivismo em todas as suas versões, não apenas na versão de Carnap. Em seu celebrado ensaio *Two Dogmas of Empiricism*. ("Dois Dogmas do Empirismo"), Quine identifica essa ideia como um dos dois dogmas que caracteriza o empirismo "moderno" e assere que não há como tornar efetiva essa dicotomia. Poderíamos sugerir, por exemplo, que uma verdade analítica seria verdadeira como quer que seja a realidade; ou que não poderia ser negada sem contradição interna; ou que qualquer um que a tomasse seriamente como falsa estaria manifestando assim uma compreensão errônea da linguagem, ao passo que alguém que genuinamente tomasse uma verdade sintética como falsa estaria simplesmente enganado acerca da realidade. Mas, para Quine, essas são variações sobre um único tema incoerente. Todas pressupõem que cada verdade individual tem seu próprio significado, determinando, por si mesmo, o que é requerido da realidade para torná-la a verdade que é.

Aos olhos de Quine, quando as forças do mundo afetam as superfícies das pessoas e elas respondem fazendo ruídos e marcas que registram suas concepções acerca do que está ocorrendo, elas fazem isso produzindo ruídos e marcas que registram em conjunto suas concepções acerca do que está ocorrendo. Nenhuma de suas asserções fornece sua própria e isolada contribuição para a história que devem contar. (Esse é o holismo pelo qual Quine é famoso e que, por sua vez, ele encontrara na obra do físico e filósofo Pierre Duhem [1861-1941; *TDE* 41].) Suponha que essas pessoas se vejam reconsiderando suas concepções anteriores acerca do que estava ocorrendo quando afetadas ainda mais pelas forças do mundo. Talvez costumassem dizer que todos os cisnes são brancos, e agora, ao que tudo parece levar a crer, encontram-se frente a um cisne negro. Poderiam simplesmente rejeitar a alegação anterior de que todos os cisnes são brancos. Poderiam continuar a asserir que todos os cisnes são brancos e desconsiderar esse aparente contraexemplo como alguma sorte de ilusão. Poderiam asserir que todos os cisnes são brancos, aceitar que aqui há um cisne negro e rejeitar qualquer que seja o princípio que impede fazer as duas coisas ao mesmo tempo. Muito pode ser dito a favor ou contra cada uma dessas opções, por exemplo, em termos de quão fácil seria implementar cada uma delas, dadas suas diferentes repercussões. Mas nada há no significado de qualquer uma das asserções que essas pessoas costumavam fazer, considerada isoladamente, que as forçaria a optar por uma alternativa antes que a outra.

O alvo real do ataque de Quine, portanto, é a ideia segundo a qual cada asserção individual entabula suas próprias relações de confirmação ou confutação com diferentes cursos possíveis de experiência sensorial. Esse, com efeito, é o segundo dogma que ele identifica em seu ensaio, embora alegue que "os dois dogmas são... na origem, idênticos" (*ibid*). Uma verdade analítica seria aquela confirmada por qualquer experiência sensorial. Para Quine isso não tem sentido. Qualquer verdade que venhamos a aceitar, mesmo a verdade que todos os solteiros são não casados, é apenas parte de nossa história total acerca de como as coisas são, e teria sido um candidato à rejeição se a nossa experiência sensorial tivesse tomado um curso diferente. Por exemplo, se tivéssemos observado uma correlação elevada, mas não isenta de exceções, entre ser não casado e ter algum traço psicológico, e tivemos tomado como mais conveniente alinhar o ser solteiro antes a esse último que ao anterior, então bem poderia ser que viéssemos a reconhecer alguns solteiros casados. De maneira semelhante, uma verdade sintética seria uma verdade que poderia ser refutada* por alguma experiência sensorial. Mas isso também não tem sentido, segundo Quine. Qualquer verdade que aceitamos poderia ser preservada à luz de qualquer elemento de juízo se fizermos os ajustes compensatórios adequados no resto do que aceitamos; mais obviamente, se desconsiderarmos o elemento de juízo, tendo-o por ilusório.

É natural protestar, no caso do exemplo do solteiro, que, se tivéssemos aventado, com aqueles fundamentos, "Há alguns solteiros casados", então estaríamos simplesmente mudando o significado da palavra "solteiro". Com efeito, em escritos posteriores, o próprio Quine se expressa nesses termos. Comentando acerca das lógicas desviantes que procuram romper com a lei de não contradição, aceitando que algo da forma "Isso é como as coisas são e isso é como elas não são", Quine aduz que tal pessoa meramente manifesta um uso não padrão da linguagem – digamos, um uso idiossincrático do "não". "Nisso reside, evidentemente, a característica desviante do lógico", escreve Quine, "ao tentar negar a doutrina, ele apenas muda de assunto" (*PL* 81). Em *Dois Dogmas do Empirismo*, no entanto, sua posição é menos comprometedora e a ideia que cada fragmento da linguagem tem seu próprio significado, à maneira de uma mônada, que pode retê-lo ou perdê-lo em virtude de qualquer mudança de doutrina, é ela própria parte do que esta sob ataque.

Ao repudiar a dicotomia entre verdades analíticas e sintéticas, Quine não está negando que existam distinções associadas de grau. Ele concede que, entre as alegações que aceitamos atualmente, algumas seriam mais resistentes à rejeição que outras. Para usar a metáfora epônima de seu livro *The Web of Belief* ("*A teia da crença*"), tais alegações estão mais próximas do centro da teia do que atualmente aceitamos do que outras asserções e, portanto, mais diretamente conectadas a uma porção maior do resto da teia. Assim, a rejeição delas tornaria necessárias mais rejeições alhures. E quanto mais rejeitarmos da teia, mais difícil é manter o domínio sobre o que de fato aceitamos, consequentemente, a "máxima de mínima mutilação" de Quine (*PT* 14). O fato remanescente que a distinção de espécies, reconhecida pelo positivista e deliberadamente projetada para mitigar o empirismo, é anatematizada por Quine. Seu empirismo é de uma forma mais pura. Mantém que o conhecimento é derivado da experiência sensorial – embora nenhum item singular do conhecimento seja derivado de nenhum episódio singular da experiência sensorial.

---

* N. de T.: No original, "that was confuted", mas isso não daria sentido, visto ser contraditório afirmar que uma verdade fora refutada.

A INDETERMINAÇÃO DA TRADUÇÃO

Uma das consequências desses pontos de vista e uma das teses mais bem conhecidas de Quine é a que ele denomina de indeterminação da tradução. Essa é a tese de que pode haver duas maneiras de traduzir de uma linguagem para outra que são incompatíveis entre si, embora nenhuma delas seja incompatível com algo que os falantes das duas línguas estão dispostos a dizer ou a fazer; além disso, não há nenhum fato, em tal caso, acerca do qual seria a maneira correta de traduzir (embora possa haver fatores pragmáticos, como simplicidade, depondo a favor de uma em detrimento da outra).

Para ver como essa tese se relaciona aos pontos de vista que acabamos de esboçar, imagine-se envolvido em um projeto de tradução radical. Ou seja, imagine-se tentando compilar um dicionário bilíngue para o português e a língua de algum povo com o qual nem você, nem qualquer outro falante do português tiveram qualquer contato anterior. E suponha que venha a conjecturar, talvez com fundamentos muito bons, que uma das sentenças que eles aceitam como verdadeira pode ser traduzida por "Todos os cisnes são brancos". Suponha, agora, que veja, pela primeira vez, um grupo que se depara com um cisne negro, mas isso não os impede de aceitar a sentença em questão como verdadeira. Há toda uma gama de hipóteses que podem ser formuladas. Talvez tenham sempre contemplado essa possibilidade, e sua tradução era imperfeita. Talvez estejam desconsiderando essa experiência sensorial como uma ilusão. Talvez tenham começado a empregar um dos termos da sentença deles de uma maneira nova, digamos, o termo que previamente empregavam para denotar cisnes. Talvez operem com alguma lógica bizarra. Com certeza, algumas dessas hipóteses virão à mente com muito mais naturalidade que outras, dependendo do que exatamente essas pessoas disserem ou fizerem. Mas, se Quine estiver certo acerca da interdependência holística das asserções que fazem e das que você mesmo faz, então todas essas hipóteses e outras mais podem ser, *em princípio*, mantidas, com ajustes compensatórios adequados em outras partes. E isso, por sua vez, dará lugar a maneiras incompatíveis de traduzir a linguagem deles para o português.

Há um exemplo menos contundente, devido ao próprio Quine, que mostra como a escolha do sistema de classificação fornece igualmente latitude à tradução. Esse exemplo é menos contundente porquanto se refere a diferenças de tradução que têm impacto apenas nas palavras, e não nas sentenças como um todo (no qual elas se neutralizam mutuamente). Quine imagina uma palavra na língua estranha, "*gavagai*", cujo uso é próximo do uso de "coelho" em português. Ele defende que "*gavagai*" poderia muito bem ser vertido não como "coelho", mas como "parte não destacada de um coelho" (*WO* cap. 2). Novamente, nada do que o falante de uma língua estranha diga ou possa fazer exclui essa versão extravagante se ajustes compensatórios adequados forem feitos alhures. Assim, suponha que exista uma construção estranha que é naturalmente traduzida como "Há exatamente dois ---s aqui". E suponha que essa construção é combinada com a palavra *"gavagai"* para gerar uma sentença completa S, que o falante da língua estrangeira aceita como verdadeira quando e apenas quando há manifestamente dois coelhos. Então, isso pode ser visto como decisivamente contrário à versão de *"gavagai"* como "parte não destacada de um coelho". Isso ocorre porque, quando há exatamente dois coelhos manifestos, há muito mais que duas "partes não destacadas de um coelho". No entanto, na verdade, isso não é decisivo contra essa versão, pois a própria construção original poderia ser traduzida diferente. Poderia ser traduzida, ainda que artificialmente, como "Há exatamente dois ---s aqui, a menos que ---s sejam partes não destacadas de um coelho e, nesse caso, há dois coelhos aqui". Essas diferenças não afetam a sentença como um todo (as duas traduções rivais de S são, em certo sentido, equivalentes, cada uma delas resultando na asserção de que há exatamente dois coelhos presentes), Quine às vezes denomina a indeterminação ilustrada por esse exemplo da indeterminação da referência, antes que indeterminação da tradução (por exemplo, *PT* §20). É uma indeterminação menos radical, mas as lições a serem apreendidas são essencialmente as mesmas.

E o que dizer acerca da insistência de Quine de que, nesses casos, não há um fato sobre qual modo de traduzir seria correto? Ele afirma isso de maneira inteiramente literal. Lembre que, para Quine, os únicos fatos são os fatos físicos, sobre como as coisas são fisicamente (seção 3). Os fatos físicos desses casos, incluindo todos os fatos acerca de como os falantes da língua estrangeira interagem com seu ambiente, não excluem por si mesmos nenhum esquema rival de tradução. O inteiro ponto, sob certo aspecto, é que temos recursos conceituais para discriminar mais finamente do que podem os próprios fatos.

Certamente, isso põe a questão de por que Quine pensa que os fatos "param" onde eles param, pois, como observamos antes, eles próprios discriminam já mais finamente do que pode a evidência: ou seja, a insistência de Quine de que a física é subdeterminada pela evidência (seção 3). Muitos críticos admiraram-se por Quine permitir que fatos ultrapassem a evidência, mas não de maneira a resolver as diferenças de tradução. A chave, novamente, é o naturalismo de Quine. Determinar a natureza geral da realidade, para além da evidência, é o negócio próprio das ciências naturais e, acima de tudo, da física. Determinar a melhor maneira de traduzir de uma língua para outra não é.

A CONCEPÇÃO DE QUINE DA FILOSOFIA I: A METAFÍSICA

No início da seção anterior, descrevi a indeterminação da tradução como "uma consequência" do recuo naturalista de Quine do positivismo lógico de Carnap. Outra consequência é sua concepção peculiar da filosofia.

Os filósofos analíticos frequentemente concebem a filosofia como um empreendimento de um tipo inteiramente diferente de qualquer uma das ciências naturais. Não veem como tarefa deles, como é dos cientistas naturais, descobrir e enunciar verdades acerca da realidade, mas antes analisar e esclarecer os conceitos que são empregados na descoberta e na proferição de verdades acerca da realidade, compreendendo a própria natureza da empresa científica – suas metas, escopo e metodologia. A filosofia, especialmente sob as vestes da metafísica e da epistemologia, serve como uma espécie de propedêutica às ciências naturais.

Quine, como vimos, opôs-se profundamente a essa concepção (seção 3). Seu próprio naturalismo já exclui a ideia de que haja espaço ou necessidade de tal propedêutica às ciências naturais. E sua rejeição, seja da distinção carnapiana entre questões externas e questões internas, seja da dicotomia entre verdades analíticas e sintéticas obstrui duas das sugestões mais óbvias acerca de como a prática filosófica e a científica diferem entre si (uma dessas sugestões é que, enquanto os filósofos estão preocupados principalmente em responder questões externas, os cientistas naturais preocupam-se principalmente com responder questões internas; a outra é que, enquanto os filósofos estão preocupados principalmente em estabelecer verdades analíticas, os cientistas estão preocupados principalmente em estabelecer verdades sintéticas).

Para Quine, como já vimos, há algumas distinções de grau correspondentes (seção 4). Mas isso é tudo o que há. Os filósofos, não menos que os cientistas naturais, estão engajados no projeto amplo de determinar a natureza geral da realidade. Porquanto tenham contribuições distintas a fazerem para esse projeto, isso é apenas questão de operarem em um nível especialmente alto de generalidade. A metafísica não é diferente em espécie da física.

Ou, ao menos, tal é o caso se a metafísica for de algum modo um empreendimento legítimo. Quine nutre antipatias positivistas lógicas imediatas pela espécie de metafísica que visa a se ocupar com verdades que ultrapassam completamente a experiência sensorial. A teoria verificacionista do significado do positivista lógico (seção 2) é uma parte da doutrina do positivismo lógico que Quine aplaude inteiramente – sujeito, obviamente, à restrição que seja concebida de uma maneira adequadamente holística, e não em termos de asserções singulares.

Há um agradável exemplo de Quine da manifesta impaciência com voos da imaginação linguística empiricamente não condicionados, que eu não resisto a citar, uma vez que a citação é uma de minhas favoritas. Em uma coleção de ensaios sobre a obra de Quine, intitulado *The Philosophy of W. V. Quine* ("A Filosofia de W. V. Quine"), Henryk Skolimowski faz uma série de provocações em torno das ideias de Quine, de uma perspectiva muito antipática, e ele próprio comenta: "Posso antecipar a resposta do Professor Quine as minhas provocações. Provavelmente dirá que não sabe o que quero dizer com minhas afirmações acerca da espiral da compreensão como correspondendo às paredes de nosso cosmos" (*PQ* 489). A resposta de Quine, publicada no mesmo livro, é inequivocamente cáustica:

> Skolimowski prevê que eu fingirei não compreender o que ele quer dizer por suas "afirmações acerca da espiral da compreensão como correspondendo às paredes de nosso cosmos". Sou tentado, perversamente, a fingir que eu compreendo. Mas sejamos justos: se ele alega não me compreender, não suspeitaria, por nenhum momento, que ele estivesse fingindo. (*PQ* 493)

Então, que exemplos existem das tarefas altamente gerais e distintivas que são prerrogativas dos filósofos empreenderem? Um exemplo muito típico é determinar se objetos físicos são objetos tridimensionais que perduram através do tempo ou objetos tetradimensionais com partes temporais. O primeiro ponto de vista é tipicamente o do senso comum. O segundo ponto de vista assimila objetos físicos ao que ordinariamente pensamos como suas "histórias", com essas se estendendo tanto ao futuro quanto ao passado e significa que os objetos físicos dividem-se em diferentes "períodos". O próprio Quine favorece o segundo (*WO* §36). Um exemplo intimamente relacionado e igualmente representativo é determinar se proposições acerca do futuro são (já) verdadeiras ou falsas. A posição de Quine, consoante seu tetradimensionalismo, é que elas são. O que é particularmente impressionante, em especial à luz do pragmatismo que motiva Carnap em sua abordagem do que toma como sendo questões externas, é a maneira na qual Quine argumenta em favor de sua posição sobre certo ponto, chamando atenção sem pudores para seus custos éticos:

> Considere o seguinte dilema. A conservação do meio ambiente é reclamada pelos interesses das pessoas que ainda não nasceram e o controle da natalidade é reclamado pela ameaça de superpopulação. Por um lado, portanto, estamos respeitando os interesses das pessoas que ainda não nasceram, e, por outro, estamos negando a elas o direito de nascerem. Veja, então, como a posição tetradimensional resolve o dilema. Desse ponto de vista, pessoas e outras coisas no passado e no futuro são tão reais como as de hoje, onde "são" é tomado atemporalmente como em "dois e dois são cinco". Pessoas que nascerão *são* pessoas reais, falando atemporalmente, e seus interesses devem ser respeitados agora e sempre. Pessoas que, devido ao controle de natalidade, não nascerão, são ficções; não há tais pessoas, nem mesmo atemporalmente, e assim não foi infringido o direito à vida de ninguém. (Q 74-5, ênfase no original, pontuação com algumas adaptações)

A CONCEPÇÃO DE QUINE DA FILOSOFIA II: ONTOLOGIA

Talvez as questões filosóficas mais características, na concepção de Quine, sejam questões de ontologia: questões acerca do que há e, mais fundamentalmente, o que é existir. No tocante à última, a posição de Quine é que existir é estar entre as entidades postuladas por alguma teoria verdadeira ou, como mais frequentemente expressa isso, estar entre as entidades com as quais alguma teoria verdadeira está "ontologicamente comprometida"; uma teoria está ontologicamente comprometida exatamente com aquelas entidades que devem existir a fim de que a teoria seja verdadeira. De certo modo, isso é trivial, como o próprio Quine seria o primeiro a conceder (embora exclua, de maneira não trivial, existência além do âmbito de qualquer teoria). Soa um pouco menos trivial quando Quine refina o que pretende dizer ao afirmar que uma entidade deve existir a fim de que uma teoria seja verdadeira. Ele quer dizer que a entidade deve estar entre as coisas acerca das quais a teoria faz generalizações explícitas, uma vez tendo sido adequadamente formalizada (e uma generalização explícita é qualquer asserção da forma "Tudo é assim e assim"). Qualquer um versado na lógica moderna reconhecerá nessa explicação o significado do famoso *slogan* de Quine: "Ser é ser o valor de uma variável" (OWTI 15).

No tocante ao que existe realmente, veremos agora, isso é uma questão a ser em parte respondida pela determinação de quais teorias são realmente verdadeiras. Assim, é uma questão que cabe, em larga medida, aos cientistas naturais responderem, mas não exclusivamente a eles. Há o problema de como uma dada teoria é mais bem formalizada. E essa é uma questão mais filosófica. Ela envolve, tipicamente, o que Quine denomina "ascensão semântica" (*WO* §56): a mudança do discurso em certos termos para a reflexão acerca desses termos. Para voltar mais uma vez ao exemplo dos inteiros positivos (seção 2), a questão não é se há algum inteiro positivo que satisfaz essa ou aquela condição, mas se fazemos bem em incluir o termo "inteiro positivo" e todo o aparato que o acompanha como parte da formalização da teoria. Essa é exatamente a mudança que Carnap toma como constitutivo do parar de pôr questões internas, dentro de um arcabouço linguístico, e, em vez disso, pôr questões externas acerca do arcabouço. Porém, embora Quine o tome como uma espécie caracteristicamente filosófica de movimento, não pensa que movimentos dessa espécie são sempre feitos unicamente por filósofos, menos ainda que os movimentos feitos pelos filósofos sejam sempre apenas dessa espécie. Mais ainda – e esse é o ponto crucial de discordância entre ele e Carnap –, pensa que, desde que tudo ocorra bem, os resultados do exercício serão não apenas decisões acerca de como falar, mas compreensões acerca de como as coisas são (seção 4). As diferenças entre o que o filósofo terá contribuído para tais compreensões e o que o cientista natural terá contribuído para elas serão todas, ainda, diferenças de grau.

A preferência de Quine, tanto por razões pragmáticas quanto estéticas, é por teorias que postulam o menor número possível de entidades. Ele descreve sua preferência como "um gosto por paisagens desertas" (OWTI 4). Alinha-se a Guilherme de Occam, a quem é sabidamente creditado o dito conhecido como "navalha de Occam", segundo o qual *entia non sunt multiplicanda prae-*

ter necessitatem ("entidades não são multiplicadas para além da necessidade"). Isso quer dizer que, se pudesse, Quine daria seu aval de bom grado a formalizações de teorias científicas que não incluíssem o termo "inteiro positivo" e o aparato que o acompanha. Mas como são as coisas, reconhece relutantemente que uma boa parte da matemática pesada – e não apenas a aritmética – é indispensável para a física atual. Conclui contrariamente a seus próprios instintos, mas em estrita concordância com seus princípios ontológicos, que inteiros positivos existem.

Em alguns casos, a parcimônia pode ser lograda pelo que poderia ser chamado de simulação criativa. Isso ocorre sempre que reconhecemos entidades de uma espécie identificando-as com entidades de alguma outra espécie já assumida. Para exemplificar isso, podemos retornar à seção do *Word and Object* (*Palavra e Objeto*) que leva o notável título "O par ordenado como paradigma filosófico" (§53). Nenhum grande significado filosófico se prende ao *conteúdo* desse exemplo, muito pelo contrário! Mas, por sua estrutura, serve como uma ilustração especialmente clara do fenômeno em questão. O pano de fundo desse exemplo é a crença quiniana que, ademais de quaisquer outras entidades, há também conjuntos dessas entidades. Isso, por sua vez, repousa sobre sua convicção de que a teoria de conjuntos é parte da matemática pesada presente na melhor formulação da física corrente. Assim, dadas duas entidades a e b, há também o conjunto par $\{a, b\}$, o conjunto do qual elas são os membros. Isso não é o mesmo que o par ordenado formado por eles $<a, b>$. Esse último difere do primeiro em um aspecto crucial: a ordem importa. Assim, embora $\{a, b\}$ seja a mesma entidade que $\{b, a\}$, $<a, b>$ não é a mesma entidade que $<b, a>$. Suponhamos, então, que reconhecemos pares ordenados, bem como conjuntos de pares. (Quine fornece razões para agir assim.) Isso significa que, com isso, estamos reconhecendo entidades de uma espécie inteiramente nova? Não necessariamente. A característica definitória dos pares ordenados é que a identidade de cada um deles deve ser determinada assimetricamente pela identidade de seus dois elementos, onde "assimetricamente" marca que a contribuição feita pelo "primeiro" elemento para a determinação da identidade do par ordenado, que deve ser diferente daquela feita pelo "segundo". Mas há conjuntos que satisfazem essa condição, embora não o conjunto de pares; considere, por exemplo, no dos dois elementos a e b, o conjunto $\{ \{a\}, \{a, b\} \}$. (Esse é o conjunto par, formado pelo conjunto unitário $\{a\}$ e o conjunto par $\{a, b\}$. Podemos, portanto, identificar pares ordenados em conjuntos que já havíamos reconhecidos. Não que $\{\{a\}, \{a, b\}\}$ seja único sob esse aspecto. Há muitas identificações que poderíamos ter adotado. Não importa qual venhamos a adotar, desde que sejamos explícitos acerca dela e fiel a ela.

Como isso é um "paradigma filosófico"? Porque exemplifica uma tática que podemos explorar em uma gama de casos, muitos dos quais com um interesse filosófico maior do que esse. Assim, considerem-se as mentes. Muitas pessoas pensam que essas são inteiramente distintas de qualquer objeto físico; portanto, pensam que estados e processos mentais são logicamente independentes, quando não causalmente independentes, de quaisquer estados ou processos físicos. (Se isso fosse assim, isso ameaçaria o fisicalismo de Quine [seção 3].) No entanto, suponha que estados e processos físicos sempre, pelo menos, acompanham os próprios processos e estados mentais. Então, Quine afirma, podemos identificar os últimos nos primeiros, o que, por sua vez, significa que podemos identificar as próprias mentes nos objetos físicos (cérebros, talvez). Isso seria, evidentemente, de grande significado filosófico. Não que estivéssemos revelando o que as mentes "realmente são" em algum sentido metafísico profundo – não mais que estávamos revelando o que pares ordenados "realmente são", em algum sentido metafísico profundo. É uma peça da legislação, designada para nos ajudar a sistematizar e a formalizar, da maneira mais elegante e econômica possível, nossas teorias sobre o que ocorre. Ou seja, contribui, como qualquer boa filosofia na concepção de Quine, para nosso melhor relato sobre a natureza geral da realidade.

A INFLUÊNCIA DE QUINE

Eu disse no início que Quine é considerado por muitos como tendo sido o maior filósofo analítico do período pós-guerra. Certamente, sua versão do naturalismo é a apoteose do espírito naturalista que tem sido tão característico da filosofia analítica no último meio século. Em que medida criara esse espírito e em que medida o refletira, isso é menos importante que quão bem-sucedidamente o refinou e o propagou. Sua influência manifestou-se também por vias mais peculiares: nas muitas doutrinas que avançou que vêm sido adotadas desde então por incontáveis outros autores; nas muitas questões por ele levantadas que vêm sendo tratadas por incontáveis outros; e nas muitas técnicas que introduziu que têm sido desde então exploradas por inúmeros outros. Há também seu estilo filosófico altamente influente, onde "estilo" quero dizer algo que compreende não apenas seu estilo literário (que é de fato inimitável), como também sua concepção de como a filosofia deve ser feita. Aqui cabe uma menção especial para sua contribuição para a apreciação do valor e uso da lógica formal para a filosofia analítica.

No entanto, como ocorre com qualquer grande filósofo, sua influência tem sido marcada não menos pela rebelião que pelo discipulado. Assim, muitas de suas propostas específicas acerca do significado, para tomar um exemplo central, têm sido submetidas a contra-argumentação vigorosa e bem-sustentada. E, mesmo quando filósofos que discordaram dele não estavam particularmente preocupados em justificar suas discordâncias, sentiram-se obrigados a registrá-las. É praticamente inconcebível, hoje em dia, que um filósofo analítico faça um uso central, mas acrítico, da distinção analítico/sintético – algo que era um lugar-comum antes de violento ataque de Quine.

Diversos estudantes de Quine se tornam grandes filósofos por méritos próprios. Dois exemplos notáveis são Donald Davidson e David Lewis. Davidson, em particular, era como que um acólito. Embora tenha muitas ideias próprias extremamente importantes, elas ganham sentido apenas no quadro mais amplo quiniano – e suas discordâncias com Quine, ainda que sejam fascinantes e instrutivas, podem ser vistas como discordância em detalhes. O caso de Lewis é um pouco mais complexo. Ele é renomado por uma tese que parece radicalmente não quiniana: que há uma infinidade de mundos possíveis, além do mundo real, ou, em outras palavras, que há uma quantidade infinita de cosmos espaço-temporais unificados da mesma espécie, mas independente daquele que habitamos. Em um aspecto, ao menos, essa tese é radicalmente não quiniana, pois não faria muito sentido sem a distinção entre verdades necessárias e o que é contingentemente verdadeiro (entre o que é verdadeiro em todos os mundos possíveis e o que é verdadeiro meramente em alguns mundos possíveis, mesmo o nosso), e essa distinção é ou a mesma distinção entre o que é analiticamente verdadeiro e o que é sinteticamente verdadeiro ou, de qualquer modo, suficientemente próxima dela para sucumbir às censuras de Quine. Em outro aspecto, no entanto, Lewis mostra suas credenciais quiniana, pois, embora seu comprometimento com todos esses mundos possíveis dificilmente pareça indicar um "gosto por paisagens desertas", é um comprometimento relutante, exatamente como o próprio comprometimento de Quine com os inteiros positivos. Lewis sustenta que o apelo a mundos possíveis é indispensável para o desempenho suave da filosofia sistemática; portanto, ecoando a frase que empreguei no fim da seção anterior, que ele contribui para nosso melhor relato da natureza geral da realidade. Não devemos perder de vista a ironia que ela própria seja um testemunho da influência de Quine; mesmo a mais não quiniana das teses é aceita apenas por conta do que seu proponente vê como a obediência devida a um princípio metodológico básico do quinianismo.

REFERÊNCIAS

From a Logical Point of View: Logico-Philosophical Essays [*LPV*]. New York: Haper & Row; 1. ed. 1953; 2. ed. 1961.

From Stimulus to Science [*FSS*]. Cambridge, MA: Harvard University Press, 1995.

"Goodman's Ways of Worldmaking", reimpr. em *Theories and Things*.

"On What There Is" [OWTI], reimpr. em *From a Logical Point of View*.

Philosophy of Logic [*PL*]. 1. ed. Englewood Cliffs: Prentice-Hall, Inc., 1970; 2. ed. Harvard: Harvard University Press, 1986.

Pursuit of Truth [*PT*]. 1. ed. Cambridge, MA: Harvard University Press, 1990; 2. ed. 1992.

Quiddities: An Intermittently Philosophical Dictionary [*Q*]. Cambridge, MA: Harvard University Press, 1987.

"Reply to Henryk Skolimowski", in L. E. Hahn and P. A. Schilpp (eds), *The Philosophy of W. V. Quine* [*PQ*]. La Salle, IL: Open Court, 1986.

Theories and Things [*TT*]. Cambridge, MA: Harvard University Press, 1981.

The Web of Belief, em coautoria com J. S. Ullian. 1. ed. New York: Random House, 1970; 2. ed. 1978.

"Two Dogmas of Empiricism" [*TDE*], reimpr. em *From a Logical Point of View*.

Word and Object [*WO*]. Cambridge, MA: The MIT Press, 1960.

Uma seleção de outras obras de Quine

Methods of Logic. 1. ed. New York: Holt, 1950; 4. ed. Cambridge, MA: Harvard University Press, 1982.

Ontological Relativity and Other Essays. New York: Columbia University Press, 1969.

Selected Logic Papers. New York: Random House, 1966.

Set Theory and Its Logic. 1. ed. Cambridge, MA: Harvard University Press, 1963; 2. ed. 1969.

The Roots of Reference. La Salle: Open Court, 1974.

The Ways of Paradox and Other Essays. New York: Random House, 1966.

2 RAWLS

THOMAS BALDWIN

John Rawls (1921-2002) foi o mais importante filósofo político da última metade do século XX. Sua principal obra, *Uma Teoria da Justiça* (1971), deu um novo ímpeto à filosofia política ao oferecer um novo tratamento que alterou os debates familiares. E é ainda o ponto de partida da discussão contemporânea.

VIDA

Rawls cresceu em Baltimore e ingressou na Universidade de Princenton em 1939; após graduar-se em 1943, serviu nas Forças Armadas americanas e estava no Pacífico em agosto de 1945 quando uma bomba atômica foi lançada em Hiroshima, um ato que ele, posteriormente, condenou como um grande erro.[1] Após a guerra, retornou a Princenton e completou o doutorado em filosofia em 1950. Em 1952, foi premiado com uma bolsa de estudos da *Fulbright*, que lhe permitiu passar o ano de 1952-3 em Oxford. Retornou aos Estados Unidos para ocupar uma posição acadêmica em Cornell, onde lecionou de 1953 até 1959. O Departamento de Filosofia de Cornell era então fortemente influenciado pela obra de Wittgenstein, e os escritos de Rawls desse período mostram essa influência. Em 1959, mudou-se para Harvard, inicialmente apenas por um ano e então, após um período de dois anos no MIT, para o resto de sua carreira. O filósofo dominante em Harvard nesse tempo era W. V. Quine, cuja influência também pode ser percebida nos escritos de Rawls. A publicação de *Uma Teoria da Justiça* em 1971[2] trouxe-lhe fama e controvérsia; sua obra daí em diante foi amplamente tomada pela defesa, pelo refinamento, pela revisão e extensão da posição que avançara então. Em 1979, foi indicado Professor de Harvard (*James Bryant Conant University Professor*). Aposentou-se em 1991, mas continuou a lecionar até ficar incapacitado por um acidente vascular em 1995.

Apesar de sua fama, Rawls era uma pessoa excepcionalmente modesta. Evitava os debates públicos, bem como as honras públicas (certa vez consegui que lhe fosse oferecido um título honorário da Universidade de Cambridge, mas, para consternação das autoridades da Universidade, ele declinou a oferta). Seu desejo de evitar tratamento especial é exemplificado pela seguinte história: "Numa conversa com um administrador de Harvard, surgiu de algum modo que era vegetariano. 'Mas você foi a todos aqueles jantares, sem nem mesmo contar a ninguém', exclamou o administrador. A resposta de Rawls foi que ele não estava tão interessado em comida e que preferia não criar um caso – simplesmente deixava a carne no prato."[3] Sua atitude geral frente à vida é, eu creio, capturada pela seguinte passagem:

> É um erro crer que uma sociedade justa e boa deva aguardar um alto padrão material de vida. O que os homens querem é um trabalho significativo em associação livre com outros. ... Não é necessária grande riqueza para atingir tal estado de coisas. De fato, após certo ponto, a riqueza é mais provavelmente um empecilho, na melhor das hipóteses, uma distração sem sentido, se não uma tentação de indulgência e vacuidade. (*TJ* 257-8)[4]

JUSTIÇA, EQUIDADE E RECIPROCIDADE

"A justiça", diz Rawls, "é a primeira virtude das instituições sociais" (*TJ* 3:3), com isso ele quer dizer que é a condição mais importante para atribuir-lhes valor. Assim, para Rawls, uma teoria da justiça é uma teoria da justiça *social*. Rawls esclarece que a instituição social que tem primariamente em mente é uma sociedade, concebida como uma "associação autosssuficiente de pessoas", que constituem "uma associação cooperativa para proveito mútuo" (*TJ* 4: 4). No entanto, as sociedades de Rawls não são associações voluntárias. A pertença a uma sociedade rawlsiana é involuntária: como afirma em sua segunda obra principal, *Liberalismo Político*, "entramos apenas pelo nascimento e saímos apenas pela morte" (*PL* 135-6). Assim, embora, às vezes, seja possível que as pessoas mudem de sociedade pela emigração, é uma importante restrição para uma teoria da justiça que essa possibilidade não deva ser pensada como uma desculpa para a discriminação. As regras das sociedades de Rawls definem as relações normativas entre seus membros, os direitos e deveres que constituem "a estrutura básica da sociedade" (*TJ* 7: 6). Rawls afirma que as sociedades são responsáveis pela proteção desses direitos; portanto, é legítimo, em princípio, que exerçam o poder coercitivo necessário para atender sua responsabilidade (*TJ* 240: 211). As sociedades de Rawls são, portanto, sociedades *políticas* ou, como diríamos normalmente, *Estados* – haja vista, em especial, a sua pressuposição de que ocupam "um território geográfico definido" (*TJ* 126: 109). Uma peculiaridade dos escritos de Rawls, no entanto, é que ele praticamente não faz uso explícito do termo "Estado", isso porque assume que o uso desse termo traz consigo uma concepção de soberania do Estado que não tem aplicação legítima.

A justiça não é meramente a primeira virtude de sociedades políticas, ela é também, como diz Rawls, uma virtude moral (*JR* 208). O que traz à baila a moralidade é o modo como considerações morais determinam os "princípios fundamentais da justiça" pelos quais a estrutura básica da sociedade é avaliada: "[O]s princípios da justiça podem ser pensados como surgindo quando as restrições do ter uma moralidade são impostas a partes racionais e mutuamente autointeressadas, que estão relacionadas e situadas de uma maneira especial" (*JF* 63). Essa restrição, "ter uma moralidade", não implica a adesão a algum código moral específico. Pelo contrário, Rawls tem em mente um valor mais formal, que ele denomina inicialmente "equidade", e isso lhe dá a frase "justiça como equidade", que é o título de seu artigo mais famoso. Mas seu significado necessita de alguma elucidação. "Justiça como equidade" não é uma identidade, a tese de que justiça *é* equidade (*TJ* 12-13: 11); pelo contrário, a posição de Rawls é que os princípios da justiça devem ser compreendidos como princípios cuja adoção por aqueles que estão vinculados a eles é o resultado do procedimento equitativo:

> A questão da equidade surge quando pessoas livres, que não têm autoridade umas sobre as outras, estão engajadas em uma atividade conjunta e estabelecem ou reconhecem, entre elas, as regras que definem a atividade e que determinam as respectivas parcelas em seus benefícios e custos. Uma prática afetará as partes como equânime se ninguém sentir que, ao participar dela, ele ou qualquer um dos outros será explorado ou forçado a ceder a reivindicações que não vê como legítimas. (JF 59)

Como essa passagem indica, segundo Rawls, é fundamental que as exigências da justiça sejam tais que todos que estejam submetidos a elas possam ver como coletivamente autoimpostas por meio de um procedimento que é equânime, porque se chegou à escolha dos princípios que definem essas exigências por uma via aberta, inclusiva, não coercitiva e imparcial. Em *Uma Teoria da Justiça*, Rawls descreve esses aspectos de um procedimento equânime como "As restrições formais do conceito de direito", e ele o aplica à "escolha de todos os princípios éticos, e não apenas aqueles da justiça" (*TJ* 130: 112).

Alguns anos depois,[5] modificou sua posição, pondo a equidade no mesmo nível da justiça (a diferença entre eles sendo que a equidade aplica-se a instituições voluntárias e a justiça, a involuntárias) e argumentando que o fundamental para ambas é a "reciprocidade", o mútuo reconhecimento das pessoas como livres e iguais. Em parte, isso é apenas uma mudança de terminologia; compare-se a passagem seguinte de seu artigo posterior "Justiça como Reciprocidade" com a segunda sentença, citada antes, de "Justiça como Equidade"

> Uma prática afetara as partes conforme à noção de reciprocidade se ninguém sentir que, ao participar dela, ele ou qualquer um dos outros estão sendo explorados ou forçados a ceder a revindicações que não veem como legítimas. (*JR* 208)

Como veremos, no entanto, a reciprocidade entra na teoria de Rawls de outras maneiras, e, assim, há alguma substância nessa mudança. Mas o que é mais importante acerca dessa mudança é o reconhecimento explícito de Rawls de que a reciprocidade é o valor fundamental que informa sua filosofia política:

> É essa exigência de possibilidade de um reconhecimento mútuo de princípios por pessoas livres e iguais que não dispõem de nenhuma autoridade umas sobre as outras que torna o conceito de reciprocidade fundamental tanto para a justiça quanto para a equidade. (*JR* 209)

O que necessita de esclarecimento é a concepção de liberdade envolvida no reconhecimento das pessoas como "livres e iguais". Para Rawls, a liberdade não é a capacidade de agir como se quer, sem restrições; pelo contrário, é um *status* moral com três aspectos fundamentais.[6] Em primeiro lugar, ser livre é ser um agente responsável, alguém capaz de avaliar razões para a ação e assumir a responsabilidade pelo que faz. Rawls afirma que tal capacidade está fundamentada no "poder moral de ter uma concepção do bem", pelo que quer dizer tanto que se tem "uma concepção do bem", ou seja, alguns valores e vínculos afetivos fundamentais dos quais se extrai o sentido de identidade, quanto que se tem a capacidade de avaliar tais valores e vínculos afetivos criticamente. Esse poder moral tanto define o segundo aspecto de nossa liberdade quanto fundamenta seu terceiro aspecto, qual seja, as pessoas são "fontes de revindicações válidas que têm origem em si mesmas". O que Rawls quer dizer com isso é que cada pessoa tem um *status* moral fundamental que implica que seus interesses merecem igual consideração na determinação dos direitos e deveres, a estrutura básica da sociedade. Reciprocidade é, portanto, o reconhecimento mútuo de cada um como "livre e igual" nesse sentido. Como fica patente, a liberdade é a liberdade de alguém cuja capacidade de construir uma vida significativa por si mesmo o habilita à consideração plena e própria quando questões morais e políticas estão em pauta; o reconhecimento desse *status* é o valor ético que informa a teoria moral e política de Rawls.

A POSIÇÃO ORIGINAL

Como vimos, Rawls mantém que as exigências da justiça são determinadas por princípios que os membros da sociedade concordariam em impor a si mesmos na situação hipotética em que é respeitado o reconhecimento de cada um como livre e igual. Em *Uma Teoria da Justiça*, como é bem conhecido, Rawls completa essa hipotética "posição original", como ele a chama, levando-nos a nos imaginarmos atrás de um "véu de ignorância", que nos impede de conhecer qualquer coisa distinta acerca de nós mesmos, de nossa situação e de nossa sociedade, e convida-nos, então, a selecionar princípios fundamentais para uma sociedade na qual viveremos. Poderíamos supor que estar nesse estado de ignorância nos deixaria inteiramente incapazes de fazer uma escolha racional de princípios. Mas Rawls sustenta que devemos nos imaginar como tendo conhecimento ilimitado de verdades gerais acerca do mundo e também conhecimento dos "bens sociais primários" da vida humana, que ele toma como sendo direitos, oportunidades, riqueza e respeito próprio. Ademais, devemos assumir que nossas motivações na posição original são aquelas das pessoas "racionais e mutuamente desinteressadas" (*TJ* 13: 12), com o que quer dizer que agem em vista da promoção de seus interesses próprios, sem nenhuma preocupação, positiva ou negativa, com os interesses alheios. À luz dessas caracterizações positivas da posição original, Rawls sustenta, é possível demonstrar que há dois princípios fundamentais para a cooperação social que seria racional que pessoas, na posição original, adotassem e que constituem, desse modo, os princípios fundamentais da justiça. Em primeiro lugar, que cada pessoa tem o direito ao esquema mais extenso de liberdades básicas compatíveis com qualquer outro tendo direito a liberdades similares; em segundo lugar, que as desigualdades sociais e econômicas devem ser organizadas de tal modo que posições de poder e de *status* estejam franqueadas a todos, e diferenças de riqueza e renda surjam apenas pelos sistemas distributivos que operem favorecendo a todos e, especialmente, aos membros menos abastados da sociedade (*TJ* 60-1: 53).

Esses princípios são, obviamente, discutíveis e direi muito mais acerca deles. Mas minha preocupação primeira aqui é com a maneira pela qual Rawls caracteriza a posição original. Sua ideia era a de que, combinando o véu da ignorância com a pressuposição da racionalidade egoísta, poderia induzir a escolha racional de princípios que promovem os interesses de todos. Essa era uma ideia sagaz; todavia, uma fonte imediata de desconforto é que mina o objetivo de apresentar os princípios da justiça como o resultado acordado de um procedimento que respeita o valor da reciprocidade. Isso ocorre porque, uma vez que o véu da ignorância obscurece todas as diferenças entre as pessoas, não há espaço para imaginar pessoas na posição original chegando a um acordo acerca de princípios cuja adoção seria racional. Pelo contrário, a perspectiva é apenas de "uma pessoa selecionada ao acaso" (*TJ* 139: 120) cujo julgamento racional é obrigatoriamente o mesmo que de qualquer outra. Assim, a posição original, com o seu véu de ignorância, não é um modelo de um contrato social ideal; pelo contrário, modela o papel de um legislador ideal. Mas esse papel traz consigo uma concepção inteiramente diferente de justiça e moralidade, fundada não no valor fundamental da reciprocidade, mas naquele da simpatia imparcial.

Essa objeção convida à questão por que Rawls não assume que a reciprocidade é um dos bens sociais primários que as partes na posição original presumidamente levam em conta. A resposta para isso é que Rawls cria que, por meio de sua explicação da posição original, representara o valor da reciprocidade e, desse modo, assegurara que os princípios de justiça assim escolhidos expressam esse valor (*PL* 305-6). No entanto, John Harsanyi, o economista e filósofo social americano, mostrou que essa crença era de fato errônea.[7] Harsanyi argumentou que o princípio distributivo, que é a escolha racional para uma pessoa egoísta atrás de um véu de ignorância, é o princípio utilitarista segundo o qual os bens tais como a riqueza deveriam ser distribuídos de maneira a dar a cada pessoa a melhor oportunidade de maximizar seu bem-estar. Essa conclusão, todavia, não é aquela que Rawls queria alcançar: seu segundo princípio de justiça implica que a riqueza deve ser distribuída do modo mais benéfico aos membros menos avantajados da sociedade, e Rawls argumenta que esse princípio é preferível ao princípio utilitarista de Harsanyi, porque afirma o valor da reciprocidade na sociedade (*TJ* 102: 88). Não obstante, à primeira vista, o princípio de Harsanyi é aquele implicado pelo argumento de Rawls da posição original, por conta da ênfase concedida nele ao interesse próprio racional. Rawls rejeita essa conclusão baseando-se em que a estratégia racional a ser adotada na posição original é a estratégia "maximim"* de minimizar o risco de se dar mal, pois, argumenta, quando uma pessoa faz sua escolha dos princípios, deve admitir a possibilidade de que esteja planejando "uma sociedade na qual seu inimigo é quem lhe atribuirá sua posição" (*TJ* 152: 133). Podemos, certamente, concordar que, se essa possibilidade deva ser assumida como provável, então o interesse próprio dita que a maximim seria a estratégia racional. Mas Rawls explicitamente nega que essa possibilidade deve ser assumida como provável; portanto, dado o conhecimento geral ilimitado do mundo que é assumido como disponível na posição original (*TJ* 137-8: 119), a pessoa reflexiva, motivada pelo interesse próprio racional, não dispõe de uma boa razão para adotar a estratégia maximim. Ele deve visar a maximizar seus bens esperados à luz de seu conhecimento do mundo e assim optar pelo princípio de Harsanyi.

---

* N. de T.: Neologismo que funde as palavras máximo e mínimo, frequentemente empregado em "Teoria de Jogos" para designar aquela estratégia que maximiza o menor ganho.

Em *Uma teoria da justiça*, Rawls sistematicamente emprega sua concepção da posição original para apresentar sua teoria da justiça. Se o argumento supracitado estiver correto, isso era um erro. Mas não se segue que a tese que motivou a concepção da posição original, a saber, que as exigências da justiça são determinadas por princípios que seriam acordados pelas partes que se reconhecem mutuamente como livres e iguais, também seja um erro. Pelo contrário, o que é requerido é alguma outra maneira de explicitar as implicações de considerar a reciprocidade como o valor fundamental com referência ao qual as instituições políticas e sociais devem ser avaliadas. Há importantes sugestões nesse sentido na literatura, mas eu não as aprofundarei aqui.[8]

Aqui há, no entanto, uma questão distinta, qual seja, como um acordo meramente hipotético pode determinar as exigências da justiça no mundo real. Afinal de contas, o próprio Rawls observa que "não podemos dizer que um estado particular de coisas é justo apenas porque poderia ter sido alcançado seguindo-se um procedimento equitativo... Um procedimento equitativo transfere sua equidade para o resultado apenas quando é realmente levado a termo" (*TJ* 86: 75). A maneira que Rawls propõe para tratar esse problema, no entanto, é manter que a justiça e, em geral, a moralidade são apenas conceitos cuja aplicação no mundo real depende de suas aplicações em situações hipotéticas nas quais o requisito da reciprocidade é satisfeito. A base para essa alegação é a tese de que justiça e moralidade são expressões da razão humana, e que o modo pelos quais suas exigências são identificadas é por meio de uma "construção" abstrata que se concentra no ideal de uma sociedade cujos membros se reconhecem mutuamente como agentes racionais livres:

> Fora do procedimento de construção desses princípios, não há razões da justiça. Pondo de outro modo, se certos fatos devem ser tomados como razões da justiça e quais devem ser suas forças relativas só podem ser asseridos com base nos princípios que resultam da construção. ("Kantian Constructivism in Moral Theory," CP 351)

Rawls denomina sua posição "construtivismo kantiano" porque é inspirada na explicação kantiana do papel da razão prática na determinação da lei moral, mas Rawls é cuidadoso em se distanciar dos aspectos metafísicos da concepção de Kant da razão prática – sua filosofia é um kantismo naturalizado.

LIBERDADES BÁSICAS E O PRIMEIRO PRINCÍPIO DA JUSTIÇA

Em *Uma teoria da justiça*, Rawls enuncia seu primeiro e fundamental princípio da justiça como o princípio segundo o qual cada pessoa tem direito ao mais extenso esquema de liberdades básicas compatível com o direito a liberdades similares de qualquer outro membro de sua sociedade. Em *Liberalismo político*, modificou esse princípio, substituindo "um esquema inteiramente adequado de liberdades básicas" no lugar da expressão antiga "o esquema mais extenso" (*PL* 291). Subjaz a essa mudança a aceitação por parte de Rawls da crítica de H. L. A. Hart do princípio como fora originalmente formulado. Hart argumentara que o discurso de Rawls sobre o "esquema mais extenso de liberdades" era insatisfatório, uma vez que o que é importante, no tocante à justiça, é a identificação e a proteção das liberdades básicas, e não sua extensão máxima, qualquer que ela seja.[9] Rawls concordou com Hart acerca desse ponto e modificou seu primeiro princípio de acordo, a fim de afirmar que a justiça requer a proteção de "um esquema de liberdades básicas que é compatível com um esquema similar de liberdades para todos" (*PL* 291).

Esse princípio revisto dá lugar à questão sobre quais liberdades pertencem a um "esquema inteiramente adequado", e isso não pode ser separado da questão preliminar, porque esse princípio é o fundamental da justiça. Um dos traços estranhos de *Uma teoria da justiça* é que Rawls não se dirige a essa questão até atingir o capítulo final do livro, no qual argumenta que a liberdade obtém sua prioridade da "posição central do bem primário do autorrespeito" (*TJ* 543: 476[10]), porque "a base da autoestima em uma sociedade justa não é, portanto, o rendimento de alguém, mas a distribuição publicamente proclamada de direitos e liberdades fundamentais" (*TJ* 544: 477, trad. bras. 606). Embora essa alegação seja inteligível, ela não está bem integrada na estrutura principal de sua teoria e não estabelece quais direitos e liberdades são fundamentais. Portanto, não é surpreendente que em *Liberalismo político*, ao mesmo tempo em que reformula o primeiro princípio da justiça, Rawls fornece uma razão muito melhor para sua prioridade e para seu conteúdo. Uma vez que, como vimos, a liberdade inclui "o poder moral de ter uma concepção do bem", o reconhecimento mútuo da liberdade levará as pessoas a valorarem as liberdades que os habilitam a exercer esse poder. Para Rawls há duas liberdades básicas: a liberdade de consciência e a liberdade de associação (PL 310-13). É claro que essas liberdades são de fato essenciais para a capacidade de construir uma vida por si mesmo que Rawls toma como sendo central em nossa liberdade. Porém, Rawls mantém que há outro grupo de liberdades básicas, as liberdades "políticas" associadas à participação nas instituições democráticas, que não são exigências ulteriores do "poder moral de ter uma concepção do bem". Pelo contrário, argumenta que elas devem ser justificadas por referência a outro poder moral fundamental que é característico dos membros de uma sociedade justa: "o senso de justiça" (*PL* 302).

Rawls introduziu a concepção do "senso de justiça" em *Uma teoria da justiça* no curso de uma explicação sutil do desenvolvimento da sensibilidade moral. Ele argumenta que um senso de justiça, uma disposição para agir de acordo com as exigências da justiça, é o resultado de uma espécie de reciprocidade:

> Como reconhecemos que [outras pessoas] nos querem bem, em troca preocupamo-nos com o bem-estar delas. Assim, adquirimos vínculos afetivos com pessoas e instituições conforme percebemos nosso bem ser afetado por elas. A ideia básica é a da reciprocidade, uma tendência de responder do mesmo modo. Bem, essa tendência é um fato psicológico profundo, sem a qual nossa natureza teria sido muito difícil e a cooperação social frutífera seria frágil, se não impossível. (*TJ* 494-5: 433)

Essa forma de reciprocidade não é a reciprocidade da "justiça como reciprocidade", mas as duas estão intimamente relacionadas, porque a "tendência a responder da mesma maneira" implica que, se as pessoas se sentirem tratadas como livres e iguais, elas possivelmente trataram os outros da mesma maneira e, consequentemente, desenvolvem um senso de justiça. Por conseguinte, somos levados a pensar o senso de justiça como uma disposição normal de qualquer um que tenha crescido em um ambiente razoavelmente justo. Por essa razão, Rawls mantém que é um poder moral básico, um poder que é central em nossa predisposição a agir para com os outros de maneira "arrazoada", do mesmo modo como nossa capacidade para conceber o bem é central em nossa "racionalidade" autointeressada.

A explicação de Rawls para o desenvolvimento e para o papel de um senso de justiça é plausível e valiosa. Mas não se conclui que um senso de justiça é o fundamento para o *status* das liberdades políticas como liberdades básicas que são constituintes essenciais de um esquema inteiramente adequado, pois um senso de justiça é essencialmente uma disposição a satisfazer as exigências da justiça, qualquer que elas sejam, e não dita, por ele mesmo, quais devem ser tais exigências, mesmo se é dependente de nossa "tendência de responder da mesma maneira". Pelo contrário, parece-me que o *status* dessas liberdades políticas decorre de um aspecto da justiça como reciprocidade acerca do qual Rawls surpreendentemente pouco afirma nesse contexto – a saber, igualdade. É central para a teoria de Rawls que a justiça seja o desdobramento do reconhecimento mútuo como "livre e *igual*" (itálicos meus); a rota do reconhecimento mútuo como membros iguais de uma sociedade política a alguma forma de democracia representativa que inclui liberdades políticas universais é familiar e bem-estabelecida. O que está fundamentalmente errado com a constituição elitista de Platão na *República* não é que viole o senso de justiça de seus cidadãos, mas que divida a humanidade em grupos de diferente *status* ético. Reconhecer-se mutuamente como livre e igual é precisamente rejeitar qualquer divisão como essa e, por essa razão, reclamar direitos políticos iguais para todos.

Há, no entanto, uma espécie diferente de igualdade cuja importância Rawls reconhece nesse contexto, a saber, que as liberdades básicas identificadas pelo primeiro princípio devem ser de "igual valor" para todos os membros da sociedade. A principal dúvida aqui surge dos efeitos de diferenças sociais e econômicas entre as pessoas. Em *Uma teoria da justiça*, Rawls argumentou que essa dúvida é adequadamente tratada por seu segundo princípio de justiça, que implica que essas diferenças só são legítimas se forem benéficas para os membros menos avantajados da sociedade. Mas posteriormente acatou a necessidade de fornecer uma maneira separada de substanciar o igual valor da liberdade: em *Justiça como equidade* (2001), sua última reformulação de sua teoria da justiça, ele observa:

> O princípio [ou seja, o primeiro princípio da justiça] pode ser precedido por um princípio lexicamente anterior, o qual exige que as necessidades básicas sejam atendidas, pelo menos à medida que o atendimento delas é uma condição necessária para os cidadãos compreenderem e serem capazes de frutiferamente exercerem as liberdades e os direitos básicos. (JF 44 n. 7)

DESIGUALDADES SOCIAIS E ECONÔMICAS E O SEGUNDO PRINCÍPO DA JUSTIÇA

Volto-me agora para o segundo princípio da justiça, segundo o qual as desigualdades sociais e econômicas devem ser organizadas de tal maneira que posições de mando e de *status* estejam franqueadas a todos, e diferenças de riqueza e renda surjam apenas pelos sistemas distributivos que operem a favor se não de todos, pelo menos dos desfavorecidos da sociedade. Esse princípio tem duas cláusulas, uma acerca de desigualdades sociais e outra referente a desigualdades econômicas. Rawls afirma que a cláusula social tem prioridade sobre a cláusula econômica, e discutirei ambas nessa ordem.

O teor da cláusula social é que a justiça exige que haja "igualdade equitativa de oportunidades", com o que Rawls quer dizer que "aqueles com habilidades e talentos vitais similares devem ter chances iguais na vida" (*TJ* 73: 63). O método familiar para realizar essa exigência é por meio da educação, e Rawls sustenta que o sistema escolar deve ser organizado de modo a remover as barreiras de classes; em sua obra posterior, mantém que os necessários cuidados básicos da saúde devem ser assegurados a todos, o que aponta para uma causa ulterior de desigualdade de oportunidades (*LP* 50). No entanto, Rawls reconhece que as chances de alguém na vida são profundamente moldadas por sua família; portanto, ele se pergunta (*TJ* 511: 448) se a justiça reclama a abolição da família? Em *Uma teoria da justiça*, responde que, levando-se em conta a cláusula econômica do segundo princípio, as diferenças entre famílias diferentes devem ser suficientemente mitigadas para evitar essa conclusão. Essa resposta parece suficientemente justa, embora seja surpreendente que não recorra a seu primeiro princípio da justiça para defender a família por meio do direito à privacidade, como seria normal hoje em dia. Rawls retorna brevemente ao tema da família em seus escritos posteriores.[11] Novamente, sua preocupação é com a igualdade de oportunidades, mas agora com um foco diferente, nos papéis tradicionais das mulheres como esposas e mães à medida que esses tendem a tornar impossível para elas fruírem das mesmas oportunidades de carreiras gratificantes e recompensadoras que os homens. Para Rawls, essa situação é inerentemente injusta; a única divisão equânime do trabalho entre homens e mulheres na família é uma divisão voluntária.

A cláusula econômica do segundo princípio de justiça de Rawls, geralmente conhecido como o "princípio da diferença", enuncia que diferenças sistemáticas de riqueza e rendas são justificadas apenas se operam em favor do setor social mais desprovido (*TJ* 75: 65). Ao aplicar esse princípio, Rawls parte da crença que a economia de uma sociedade justa será organizada como um livre mercado, dada a maior eficiência da economia de mercado se comparada à economia centralizada e também dada sua compatibilidade com as liberdades básicas do primeiro princípio e as exigências da igualdade equitativa de oportunidades (*TJ* 272: 240-1). No entanto, mesmo endossando uma economia de mercado, Rawls enfatiza que sistemas socialistas de propriedade coletiva e cooperativa não são excluídos; a escolha entre esses e um sistema de propriedade privada ou alguma combinação deles deve ser uma questão pragmática (*TJ* 280: 248). Qualquer que seja o sistema adotado, no entanto, Rawls defende que "rendimentos e salários serão justos uma vez um sistema competitivo de preços (viável) estando apropriadamente organizado e inserido em um sistema básico justo" (*TJ* 304: 268). Portanto, diferenças salariais refletirão "características dos trabalhos significativas para a demanda ou para o fornecimento do mercado ou para ambos", tais como "Experiência e treino, habilidade natural e conhecimento especializado" (*TJ* 305: 269); porém, se o sistema for justo em outros aspectos, então essas diferenças serão também justas. De fato, a situação é, para Rawls, um caso paradigmático de justiça procedural pura (*TJ* 304: 267).

A apreensão a que tal explicação dá lugar é dispersar a pressuposição igualitária inicial de Rawls ao permitir que aqueles dotados de talentos raros negociem duramente por salários desproporcionalmente altos. Rawls responderá que, em uma sociedade justa, as pessoas não serão motivadas a apresentarem suas reivindicações dessa maneira, pois se deve assumir que estão comprometidas com o ideal de construir uma sociedade na qual qualquer diferencial sistemático de rendimento que beneficie alguém é apenas um meio de levar benefícios maiores a outros, especialmente aos setores mais desprovidos da sociedade (*JF* 64, 76-7). Mais ainda, a concepção de Rawls de um sistema distributivo justo inclui a previsão de tributação redistributiva que visa a "corrigir gradual e continuamente a distribuição de riquezas e prevenir a concentração de poder em detrimento do valor equânime da liberdade política e da igualdade equitativa de oportunidade" (*TJ* 277: 245). Portanto, a esperança de Rawls é que, tais pontos tendo sido levados em conta, o sistema resultante é o que tem as melhores chances de habilitar os grupos mais desprovidos da sociedade a "fazer um uso inteligente e efetivo de suas liberdades e a conduzir uma vida racional e digna" (*LP* 114). Podemos não estar totalmente persuadidos por tal linha de pensamento, mas seria um grande erro ler Rawls como um apologista da sociedade capitalista contemporânea. Em seus últimos escritos, enfatiza a diferença entre a "democracia de proprietários" que ele favorece e o "capitalismo de *welfare-state*", o tipo de política econômica característica da Inglaterra e dos Estados Unidos contemporâneos (posteriormente observa que era um "defeito sério" de *TJ* não enfatizar esse contraste; *JF* 139 n. 5). O capitalismo do *welfare-state* admite "desigualdades muito grandes na posse de bens imóveis... de sorte que o controle da economia e de muito da vida econômica concentra-se nas mãos de poucos"; portanto, embora "disposições que visem a promover o bem-estar social possam ser bem generosas e garantir um mínimo socialmente decente, cobrindo as necessidades básicas, elas não contemplam um princípio de reciprocidade para regular as desigualdades econômicas e sociais" (*JF* 138). Pelo contrário, em uma democracia de proprietários, o objetivo não é simplesmente dar assistência àqueles que necessitam de ajuda, mas espalhar a riqueza e o capital a fim de "pôr todos os cidadãos em situação de administrar seus próprios assuntos com base em um grau adequado de igualdade social e econômica" (*JF* 139). Rawls termina por proclamar a esperança de que, em um sistema desse último tipo, o problema da exclusão social ou da classe inferior como ele a chama, será tratado na medida do possível:

> Nessas condições, esperamos que não venha a existir uma classe inferior; ou, se houver, que ela seja pequena, que seja o resultado de condições sociais que não sabemos como mudar, ou talvez não possamos nem mesmo identificar ou compreender. Quando a sociedade enfrenta esse impasse, pelo menos ela assumiu seriamente a ideia de si mesma como um sistema equânime de cooperação entre os cidadãos livres e iguais. (JF 140)

O princípio da diferença de Rawls atraiu mais atenção crítica que todo o resto de sua obra junta. Eu já mencionei e endossei a crítica de Harsanyi da tentativa de Rawls para derivar o princípio da diferença de sua posição original. Mas eu tomo essa crítica como sendo principalmente uma crítica à concepção de Rawls da posição original; ela não resolve a questão se devemos favorecer o princípio da diferença em detrimento do tratamento utilitarista favorecido por Harsanyi. A objeção de Rawls é, evidentemente, que o utilitarismo fracassa no teste da reciprocidade, uma vez que não protege as reivindicações dos mais desprovidos de serem postas de lado em favor de benefícios maiores para os outros grupos sociais, mais aquinhoados (*TJ* 33: 29). Mas esse arrazoado é discutível; utilitaristas argumentariam que, dada a utilidade marginal decrescente da riqueza, o objetivo de maximizar o bem-estar médio dirigirá uma sociedade e priorizará melhoras na situação dos mais desprovidos. E quando consideramos os detalhes da política proposta por Rawls para implantar seu princípio da diferença, como esboçado, é difícil ver alguma incompatibilidade com as implicações de um utilitarismo esclarecido. Uma crítica mais fundamental do princípio da diferença de Rawls veio de seu colega em Harvard, Robert Nozick.[12] Nozick argumenta que a maneira pela qual esse princípio busca dirigir a distribuição de riqueza e rendimentos entra em conflito com o fato de riqueza e rendimento serem propriedades pessoais, não sendo assunto legítimo da sociedade sua redistribuição a fim de alcançar um padrão específico de distribuição. Propriedade pessoal é um "título" pessoal sobre o qual a sociedade não tem nenhum direito, sem o consentimento do detentor da propriedade. A réplica de Rawls é que os títulos pessoais têm lugar apenas em um sistema justo de direitos de propriedade (*JF* 72-3) e que nada há de errado com um sistema que usa a tributação para limitar as posses a fim de alcançar uma distribuição justa de riqueza e rendimentos (*JF* 51-2). Essa intervenção seria errada apenas se os direitos de propriedade em questão fossem derivados do exercício de liberdades básicas de adquirir, manter e transferir a propriedade. Rawls, no entanto, nega que haja tais liberdades básicas (JF 114).

A crítica de Nozick da própria ideia de justiça distributiva é, portanto, mal dirigida. Mas o próprio Rawls é culpado de um erro comparável ao sugerir que seu próprio princípio da diferença decorre diretamente do fato que os "talentos inatos" de uma pessoa são imerecidos. Rawls argumenta que, como ninguém tem direito moral original a seus próprios talentos inatos, é adequado que a sociedade seja organizada de modo a que todos se beneficiem de seus usos, especialmente aqueles que não foram favorecidos pela loteria natural que os distribui. Esses talentos podem ser vistos como "um recurso social a ser usado em proveito de todos" (*TJ* 107: 92) e, desse modo, "somos levados ao princípio da diferença" (*TJ* 102: 87). O uso feito por Rawls da frase "recurso social" é infeliz aqui, uma vez que sugere que há uma propriedade social das habilidades pessoais; todavia, esse significado não intencionado pode ser posto de lado. A questão importante diz respeito à relação entre o princípio da diferença e o fato de talentos inatos não serem merecidos. O fato de talentos inatos serem imerecidos certamente remove uma objeção inspirada em Nozick ao princípio da diferença. Mas a implicação inversa não vale: o fato de talentos nativos serem imerecidos nada acarreta para a distribuição justa dos bens que as pessoas produzem fazendo uso de seus talentos. Por exemplo, é inteiramente consistente com um princípio distributivo utilitarista. O argumento intuitivo de Rawls em favor do princípio da diferença era, portanto, um erro.

O ESTADO RAWLSIANO

Rawls concebe esses dois princípios da justiça como fornecendo os fundamentos da rede de direitos e deveres que constituem a estrutura básica de uma sociedade justa. Assim, o estado rawlsiano (se pudermos expressar assim) é essencialmente uma implementação desses princípios: o primeiro princípio estrutura a constituição do Estado e o sistema legal, ao passo que o segundo estabelece as metas para a legislação. Uma importante consequência do primeiro princípio é que o Estado deve ser neutro com respeito à variedade de crenças religiosas e éticas de seus cidadãos, exceto no tocante àquelas que entram em conflito com a concepção de justiça como reciprocidade, que é fundamental para o próprio Estado. Assim, não pode haver uma igreja estabelecida ou outro credo; contra os defensores de estados confessionais, ainda que tolerantes, Rawls argumenta que é injusto que aqueles que não partilham da fé oficial de sua sociedade estejam em desvantagem com respeito às instituições políticas estatais. No que toca à implementação do segundo princípio de justiça, contudo, o estado ralwsiano está longe de ser neutro. A primeira cláusula do princípio implica que o Estado deve ativamente promover a igualdade de oportunidades nas áreas da educação, emprego e assim por diante; já o princípio da diferença implica que o Estado deve assumir um papel ativo na promoção da democracia da propriedade na qual a posse de riquezas e capital deve ser dispersa.

O que não é contemplado pelos princípios da justiça é o dever dos cidadãos de obedecerem às leis de seus Estados à medida que forem justas. Uma vez que a pertença a uma sociedade não é voluntária, Rawls aceita que o fundamento básico desse dever não pode ser a obrigação contratual (*TJ* 335-6: 295-6). Pelo contrário, repousa em um "dever natural da justiça", compreendido como um dever de "acatar e participar das instituições justas, onde houver tais instituições que digam respeito a nós" (*TJ* 334: 293). Para Rawls, esse dever é justificado pela ideia central em sua concepção de justiça como reciprocidade: ao pensar acerca das regras que seriam acordadas pelos membros de uma sociedade cujos membros se reconheçam mutuamente como livres e iguais, Rawls argumenta que podemos perceber que essas regras, quaisquer que sejam elas, incluiriam a exigência, de ordem superior, de acatar quaisquer regras acordadas (*TJ* 334-5: 295). No entanto, uma coisa é aceitar um dever de obedecer à lei quando a lei é, de fato, justa; mas, e se ela for injusta? Rawls escrevia *Uma teoria da justiça* durante os anos de 1960, momento no qual a campanha dos direitos civis conduzida por Marin Luther King está em seu auge. Não é surpreendente, portanto, que Rawls tenha acrescentado uma discussão da desobediência civil em sua exposição da obrigação política, embora, ao abordar isso, não estava mais lidando com a estrutura básica de uma sociedade idealmente justa; pelo contrário, cuidava das exigências de justiça em uma situação em que há uma séria injustiça. Enquanto teóricos tradicionais do contrato social, tal como Locke, haviam assumido que a resposta apropriada para a injustiça extrema ("tirania") era a rebelião e a destituição pela força do Estado existente, Rawls defende que a sociedade política que reconhece a falibilidade inevitável de suas próprias instituições políticas deve permitir o surgimento de atos justificados de desobediência que visem a não derrubar o Estado, mas corrigir sérias injustiças existentes: "De fato, a desobediência civil (bem como a objeção de consciência) é um dos dispositivos estabilizadores de um sistema constitucional, embora por definição um dispositivo ilegal... Ao resistir à injustiça, nos limites da fidelidade à lei, serve para inibir afastamentos da justiça e para corrigi-los quando ocorrem" (*TJ* 383: 336). Portanto, "compreendida dessa maneira, uma concepção da desobediência civil é parte da teoria do governo livre" (*TJ* 385: 338). Essa é uma importante observação, apresentada anteriormente de maneira informal por Thoreau, Gandhi e King, e agora, pela primeira vez, tomando parte em uma exposição da estrutura moral de um Estado razoavelmente justo.

LIBERALISMO POLÍTICO

Durante os anos de 1980, Rawls veio a reconhecer o "fato do pluralismo razoável", o fato que, mesmo entre pensadores bem-informados e bem-intencionados, há discordâncias insolúveis sobre os fundamentos da moralidade entre kantianos (como ele próprio), utilitaristas, intuicionistas e adeptos da grande variedade de credos religiosos. Embora mantivesse que essas discordâncias não acarretam o ceticismo, seja sobre a moralidade, seja sobre a teoria moral, delas decorre que a reivindicação pública das exigências da justiça, necessária para fundamentar a lealdade dos cidadãos a suas sociedades, não deveria exigir a adoção de nenhuma teoria ética geral, tal como a teoria kantiana, que ele próprio sustentava. Como resultado, Rawls foi levado a pensar que a filosofia política exige separar uma "concepção política da justiça" de qualquer teoria ética subjacente, e seu segundo grande livro, *Liberalismo político* (1993), foi sua tentativa de apresentar uma concepção dessa espécie. Isso exigiu uma mudança significativa em sua perspectiva filosófica em relação àquela de *Uma teoria da justiça*; porém, em muitos outros aspectos, a mudança não é grande, uma vez que Rawls reteve muito do âmago de sua teoria.

Em *Liberalismo político*, Rawls ainda mantém que a concepção de justiça é uma "concepção moral", que se aplica a instituições sociais, mas agora assume que as exigências morais em questão são as implicações de valores essencialmente políticos. Em vez de se apoiar em seu construtivismo "kantiano" para desenvolver tais implicações, Rawls reformula sua exposição da justificação de juízos políticos como "construtivismo político". Essa é a tese que as exigências da justiça podem ser justificadas por referência à "razão pública", o projeto de construir regras publicamente defensáveis para a cooperação social entre pessoas razoáveis, ainda que dispondo de crenças éticas muito diferentes. Nesse sentido, "o liberalismo político, então, visa a uma concepção política de justiça como uma posição autônoma" (*PL* 10). Apesar dessas mudanças, a abordagem geral de Rawls permaneceu a mesma em boa parte, embora agora seja mais condescendente nos detalhes de seus princípios:

> Aceitar a ideia de uma razão pública e seu princípio de legitimidade enfaticamente não significa, portanto, aceitar uma peculiar concepção liberal de justiça até os últimos detalhes dos princípios que definem seu conteúdo. Podemos diferir acerca desses princípios e ainda assim concordar em aceitar os traços mais gerais da concepção. (*PL* 226)

Separando sua teoria de teorias éticas abrangentes, Rawls pretendia ser neutro com respeito a tais teorias. No entanto, mantém também que o construtivismo político pode funcionar apenas entre os adeptos de teorias éticas "razoáveis". Porém, o que significa aqui "razoável"? Um aspecto manifesta-se na doutrina do "pluralismo razoável", na qual o que é razoável é o que é defensável à luz das evidências e, assim, satisfaz aos padrões da razão teórica (*PL* 56); a tese pluralista de Rawls é que, nesse sentido, mais de uma teoria ética é razoável. Mas há outro aspecto, baseado na razão prática, acerca da propensão das pessoas a serem "razoáveis" umas com as outras. Aqui, razoabilidade é simplesmente reciprocidade:

> Pessoas razoáveis, dizemos, não são movidas pelo bem comum como tal, mas desejam, como um fim em si mesmo, um mundo social no qual, como pessoas livres e iguais, possam cooperar com outros em termos que lhes sejam aceitáveis. Elas insistem que a reciprocidade deve valer nesse mundo de sorte que cada um se beneficie juntamente com os outros. (*PL* 50, trad. bras. 93-4)

Nesse sentido, portanto, teorias éticas razoáveis são aquelas que afirmam o valor da reciprocidade. Essa conclusão não é surpreendente, mas mostra como, mesmo ao visar a apresentar uma teoria autônoma da concepção política de justiça, Rawls permanece comprometido com a "justiça como reciprocidade".

O DIREITO DOS POVOS

Desde o início, Rawls concebeu sua teoria da justiça como aplicável a questões internacionais (*JF* 49), mas, em *Uma teoria da justiça*, forneceu apenas um breve esboço dessa aplicação no qual assere que ela conduziria exatamente aos princípios padrões da lei das nações (*TJ* 378: 332). Próximo ao fim de sua vida, no entanto, retornou a essa questão, e seu último grande escrito, *O direito dos povos* (1999), é uma extensa discussão da justiça em questões internacionais. Como o título do livro indica, Rawls afirma que questões internacionais são mais bem-concebidas como tratando de relações entre "povos", antes que nações, sociedades ou Estados. Essa terminologia é potencialmente desencaminhadora, uma vez que normalmente nos referimos aos curdos ou aos bascos como povos, ao passo que Rawls assume que um "povo" tem um governo constitucional com jurisdição sobre um território estabelecido, o que falta aos curdos ou aos bascos. De fato, Rawls está interessado em relações entre Estados, mas, para os propósitos da exposição, ater-me-ei a seu termo.

Como era de se esperar, Rawls adota em questões internacionais praticamente a mesma abordagem que em questões domésticas. O objetivo é moldar os princípios da justiça, um "Direito dos Povos" para regulamentar as relações entre membros de uma sociedade internacional justa, a "Sociedade dos Povos". Esses princípios devem ser pensados como fundamentados no valor fundamental da reciprocidade:

> Assim, o critério da reciprocidade aplica-se à Lei dos Povos da mesma maneira como se aplica aos princípios da justiça para um regime constitucional. Esse sentido razoável de respeito devido, voluntariamente acordado com outros povos razoáveis, é um elemento essencial da ideia de povos que estão satisfeitos como o *status quo* pelas boas razões. (*LP* 35)

Portanto, não é surpreendente que Rawls proponha que o Direito dos Povos pode ser pensado como as regras que seriam acordadas em uma posição original hipotética na qual as partes se pensam como representando um povo e, sob um véu de ignorância, chegam a um acordo acerca dos "termos básicos da cooperação entre povos que, como povos liberais, veem-se como livres e iguais" (*LP* 33). Como sempre, não precisamos endossar os detalhes disso para valorar a linha de pensamento. Pelo contrário, o foco deve ser posto na Sociedade de Povos proposta e em seu direito.

Uma coisa intrigante na Sociedade de Rawls é que admite que ela inclua povos "decentes" que, apesar de não serem inteiramente sociedades liberais justas, respeitam os direitos humanos básicos e as regras do direito internacional e abstêm-se de guerras de agressão externas. Pode parecer inicialmente que isso represente um recuo significativo de sua defesa da política liberal. Mas Rawls argumenta que, assim como os princípios políticos liberais reclamam a tolerância para com associações não liberais que não ameacem outros, uma Sociedade de Povos liberal deve tolerar povos decentes, mesmo que suas constituições sejam, em alguns aspectos, não liberais (*LP* 59-60). Essa situação é, argumenta ele, a que se deve esperar de uma "utopia realista". A Sociedade é uma "utopia" à medida que seus princípios básicos representam as implicações, racionais e razoáveis, do valor básico da reciprocidade (*LP* 17-18); por outro lado, ela é também realista à medida que reconhece o fato do pluralismo razoável e a diversidade resultante de diversos povos que subscrevem princípios liberais no âmbito das questões internacionais.

Quais são, então, os princípios da justiça internacional, o "Direito dos Povos"? Como antes, Rawls reitera amplamente os princípios existentes do direito das nações (*LP* 37) e reafirma que os povos são membros livres e iguais da Sociedade dos Povos com o direito à autodefesa, com o dever de não interferir nos assuntos de outros povos e com o dever de honrar os direitos humanos internamente. Esses pontos podem ser vistos como equivalentes, grosso modo, ao primeiro princípio de Rawls da justiça (doméstica). Mas qual o análogo internacional do segundo princípio da justiça que trata das desigualdades sociais e econômicas? Tudo o que Rawls oferece aqui é o dever da assistência: "Os povos têm o dever de prestar assistência a outros povos que vivam em condições desfavoráveis que os impedem de ter um regime social e político justo ou decente (*ibid*). Rawls pensa esse dever como relativo, em primeiro lugar, aos "povos sobrecarregados" que "carecem de tradições políticas e culturais, de capital humano e de *know-how* e, frequentemente, dos recursos materiais e tecnológicos necessários para se ordenarem bem" (*LP* 106). O objetivo, então, é ajudar tais sociedades no estabelecimento das condições sob as quais se podem tornar bem-ordenadas, de modo que possam desenvolver instituições políticas decentes e uma economia razoavelmente autossuficiente (*LP* 110-11). Rawls destaca também a importância de assegurar que os termos do comércio e outras relações econômicas entre os povos sejam justos (*LP* 42-3); porém, tudo isso é muito diferente no espírito do princípio da diferença. No entanto, Rawls sustenta que as intervenções para promover a igualdade econômica entre os povos provavelmente serão ineficazes, uma vez que o nível de prosperidade material de um povo é, a princípio, uma questão de suas próprias tradições culturais e de seus valores (*LP* 117). Essa alegação é questionável. Mas Rawls tem um ponto ulterior e melhor, a saber, que é essencial respeitar a independência de povos decentemente livres (*ibid*). Esse ponto, no entanto, mostra que seu tratamento da justiça em questões internacionais era mau compreendido.

Rawls assume que a justiça em questões internacionais "simplesmente estende" as ideias que moldam sua teoria da justiça para sociedades políticas (LP 123). No entanto, embora aceite que sociedades políticas devem ter um governo com poderes coercitivos (PL 136), ele rejeita a sugestão de que a Sociedade de Povos necessita de um governo mundial com poderes coercitivos (LP 36). Rawls tem razão no tocante a esse último ponto, mas essa diferença fundamental entre os dois casos indica que uma compreensão da justiça internacional não pode ser alcançada por meio da simples extensão para as questões internacionais de uma teoria da justiça para sociedades políticas.

Nesse ponto, portanto, o programa de Rawls falha.[13] Porém, tal fraqueza não mina seu grande êxito, que foi nada menos que o ressurgimento da filosofia política no final do século XX.

NOTAS

1. "Fifty Years after Hiroshima," reimpresso em *CP*.
2. A edição original de 1971 de *Uma teoria da justiça* (*A theory of justice*) chega a 600 páginas. Em 1999, Rawls lançou uma edição revisada do livro, na qual o texto recebe novo formato, resultando numa numeração de páginas diferente. Eu farei referência às páginas na forma "(*TJ* x: y)", na qual "x" denota o número da página na edição de 1971 e "y", o da edição de 1999. Algumas diferenças significativas entre as edições são mencionadas nas notas.
3. Tomei essa história do obituário de Rawls escrito por Brian Barry's no *Financial Times* de 28 de novembro de 2002.
4. Essa passagem é um complemento da edição revisada.
5. A mudança foi feita em seu artigo de 1971, "Justice as Reciprocity" ("Justiça como Reciprocidade"), reimpresso em *CP*. *TJ* foi também publicada em 1971; porém, no livro, boa parte do qual fora escrito muitos anos antes, Rawls se atém a seu tratamento antigo da justiça como equidade.
6. Ver "Justice and Fairness: Political not Metaphysical" ("Justiça e Equidade: Política não Metafísica") in *CP*, esp. p. 404-8.
7. Harsanyi formula a sua crítica a Rawls de maneira muito clara em J. Harsanyi, "Can the Maximin Principle Serve as a Basis for Morality? A Critique of John Rawls's Theory" ("Pode o princípio do maximum servir como base para a moralidade? Uma crítica à teoria de John Rawls"), *American Political Science Review* 69 (1975): 594-606. Esse artigo reformula argumentos que Harsanyi publicara antes e que Rawls discute em *TJ*.
8. A proposta mais importante foi aventada por T. M. Scanlon; ver seu "Contractualism and Utilitarianism" ("Contratualismo e Utilitarismo") em A. Sen and B. Williams, eds., *Utilitarianism and Beyond*, Cambridge University Press: Cambridge, 1982.
9. Ver H. L. A. Hart, "Rawls on Liberty and Its Priority," University of Chicago *Law Review* 40 (1973): 534-55; reimpr. em N. Daniels, ed., *Reading Rawls*, Blackwell: Oxford, 1975, p. 230-52.
10. Essa e a passagem seguinte foi alterada na edição revista de *TJ*; de fato, nessa edição, a totalidade da seção, §82, foi consideravelmente alterada.
11. Ver "The Idea of Public Reason Revisited" ("A Ideia de Razão Pública Revista") in *CP*, esp. p. 595-601. Aqui, Rawls está respondendo à obra de Susan Okin, Justice, Gender and the Family, Basic Books: New York, 1989.
12. Ver *Anarchy, State and Utopia*, Blackwell: Oxford, 1974, esp. cap. 7.
13. Para uma discussão ampla da compreensão de Rawls da justiça internacional, ver R. Martin e D. A. Reidy, eds., *Rawls's Law of Peoples (O direito dos Povos de Rawls)*, Blackwell: Oxford, 2006.

REFERÊNCIAS

Collected Papers [CP]. Cambridge, MA: Harvard University Press, 1999.

"Fifty years after Hiroshima", *Dissent* (1995): 323-7; reimpr. em *Collected Papers*, pp. 565–72.

"Justice as Fairness" [JF], *Philosophical Review* 67 (1958): 164-94; reimpr. em *Collected Papers*, pp. 47-72.

"Justice as Fairness: Political not Metaphysical", *Philosophy and Public Affairs* 14 (1985): 223-52; reimpr. em *Collected Papers*, pp. 388-414.

Justice as Fairness: A Restatement [*JF*]. Cambridge, MA: Harvard University Press, 2001.

"Justice as Reciprocity" [JR], in S. Gorowitz, ed., *John Stuart Mill: Utilitarianism, with Critical Essays*. Bobbs-Merrill: Indianapolis, 1971; reimpr. em *Collected Papers*, pp. 190-224.

"The Idea of Public Reason Revisited", *University of Chicago Law Review* 64 (1997): 765-807; reimpr. em *Collected Papers*, pp. 573-615.

"Kantian Constructivism in Moral Theory", *Journal of Philosophy* 77 (1980): 515-72; reimpr. em *Collected Papers*, pp. 303-58.

The Law of Peoples [LP]. Cambridge, MA: Harvard University Press, 1999.

Political Liberalism [PL]. New York: Columbia University Press, 1993.

A Theory of Justice [TJ]. Oxford: Oxford University Press, 1971; rev. ed. 1999.

3 DAVIDSON

ERNIE LEPORE E KIRK LUDWIG

INTRODUÇÃO

Donald Davidson (1917–2003) nasceu em Springfield, Massachusetts, e viveu, a partir de 1924, em Staten Island, Nova York. Fez a sua formação acadêmica, graduação e pós--graduação, na Universidade de Harvard. Após um período de serviço na marinha americana durante a Segunda Guerra, que interrompera sua pós-graduação, retornou a Harvard em 1949 para completar sua tese sobre o *Filebo*, de Platão. E veio a se tornar um dos mais importantes filósofos da segunda metade do século XX.

A obra de Davidson é difícil, mesmo para os padrões da filosofia analítica. Era um filósofo sistemático, mas sua filosofia é apresentada em uma série de artigos curtos, críticos, densamente argumentados, embora elegantes. Juntos formam um mosaico do qual emerge uma imagem profundamente unificada da natureza da relação mente-mundo, uma imagem que rejeita completamente a problemática central da tradição moderna, segundo a qual nossa compreensão do mundo deve ser construída a partir da interioridade, ou seja, do ponto de vista da primeira pessoa. O princípio central da filosofia de Davidson é que a perspectiva a partir da qual se deve compreender o pensamento, a linguagem e o conhecimento é o ponto de vista da terceira pessoa, o ponto de vista a partir do qual compreendemos a linguagem e a comunicação. Praticamente, tudo o mais na obra de Davidson se desenvolve a partir dessa ideia ou se entrelaça a ela.

Davidson é mais conhecido por sua obra em filosofia da linguagem (especialmente na teoria do significado), na filosofia da ação e na filosofia da mente. Seu trabalho em cada uma dessas áreas estava conectado às outras. Na primeira dessas áreas, é mais conhecido por sua sugestão de que podemos explanar o que é o significado das palavras considerando suas contribuições sistemáticas para as condições de verdade de sentenças que as contenham, bem como por vincular nossa compreensão das palavras a seus usos observados de perspectiva de intérprete de outrem. Isso significa tratar a perspectiva da terceira pessoa como primeira na tarefa de compreender a linguagem e de suas interconexões com o pensamento, o que é o fulcro da filosofia de Davidson. Na segunda dessas áreas, ele é mais conhecido por sua visão das explicações ordinárias do que fazemos, das explicações ordinárias da ação, como de natureza simultaneamente causal e racional, ou seja, mencionam uma causa da ação que a justifica do ponto de vista do agente. Isso forma uma parte do quadro para compreender a tarefa de interpretar o uso da linguagem, uma vez que envolve centralmente conceber o outro como um agente racional. Na terceira área, ele é mais conhecido por um importante argumento em favor de uma nova forma de materialismo não reducionista, denominado monismo anômalo, segundo o qual cada evento mental particular é um evento físico, ainda que tipos de eventos mentais não sejam o mesmo que tipos de eventos físicos. Esse argumento repousa sobre a explicação de Davidson da natureza do agir racional.

No que se segue, abordaremos o enfoque filosófico maduro de Davidson a partir de sua ontogênese, pois a inteligência das influências sobre ele e sobre o contexto de seu desenvolvimento ajuda a iluminar suas bases, seu contexto histórico e sua influência. Nenhum relato adequado da contribuição de Davidson pode ser dado em um curto espaço. Traçamos as principais linhas de desenvolvimento e fornecemos uma visão de sobrevoo do lugar da filosofia de Davidson na tapeçaria maior da filosofia analítica do século XX.

AS FONTES DA FILOSOFIA DE DAVIDSON

Os dois principais impulsos do trabalho filosófico de Davidson foram seus interesses na natureza do agir humano e na natureza da linguagem. Embora inicialmente separados, posteriormente se mesclaram, de uma maneira muito própria do trabalho de Davidson. Os dois interesses foram suscitados durante seus anos iniciais em Stanford, para onde se mudou em 1951, após seu primeiro emprego no *Queens College* em Nova York. Ao chegar a Stanford, não tinha nenhum projeto filosófico. Iniciou uma colaboração com Patrick Suppes e J. J. C. McKinsey sobre teoria da decisão (a teoria sobre o que a escolha, expressada no comportamento, revela acerca das preferências e crenças). Essa é uma das fontes de seu interesse em filosofia da ação e, como veremos, desempenhou um papel importante no desenvolvimento de seu projeto sobre a teoria do significado. A outra fonte de seu interesse em filosofia da ação foi sua orientação da tese de Dan Bennet, quando passou um ano na Inglaterra com Elizabeth Anscombe e Stuart Hampshire, retornando para escrever uma tese sobre filosofia da ação. Ao ler e pensar sobre a tese, Davidson veio a crer que era um erro manter que propriedades de explicações por razões proibiam-nas de serem explicações causais, contrariando assim a ortodoxia em filosofia então dominante, em um período em que a influência de Wittgenstein era ainda generalizada. Um convite feito pela filósofa Mary Mothersill para apresentar um trabalho na Associação Filosófica Americana em 1963 conduziu seu ensaio, extraordinariamente influente, "Actions, Reasons, and Causes" (Ações, Razões e Causas), no qual Davidson argumenta contra a ortodoxia dominante. Tomando as razões de um agente para a ação como devendo ser dadas pelo que o agente quer e pelo que crê poder fazer para obter o que quer, Davidson argumenta que a explicação ordinária da ação humana é uma variação da explicação causal: as razões de um agente para uma ação, ao mesmo tempo, justificam minimamente a ação do ponto de vista do agente e causam sua execução. No caminho, resolve algumas confusões profundamente arraigadas sobre a relação entre causas, eventos e suas descrições, solução que se mostrou central para seu argumento posterior em favor do monismo anômalo. A visão de Davidson rapidamente se tornou ortodoxia.

Durante esse período, McKinsey, um antigo promotor do desenvolvimento da Lógica Modal Quantificacional, convidou Davidson para ser o coautor de um artigo para um volume da *Library of Living Philosopher*, sobre o método de Carnap de intensão e extensão na semântica. Carnap era uma figura central no movimento positivista lógico nos anos de 1930 e 1940 e teve uma grande influência no desenvolvimento da filosofia analítica no século XX. Quando McKinsey faleceu, antes de iniciado o projeto, a tarefa recaiu sobre Davidson. Trabalhar em sua colaboração para o volume, enquanto lecionava filosofia da linguagem, suscitou um interesse em teoria do significado e especialmente no problema de como compreender sentenças nas quais são atribuídas crenças e outras assim chamadas atitudes proposicionais.

Reflexões acerca da semântica das sentenças de crença davam destaque a dois problemas. O primeiro era a questão de como compreender expressões complexas com base nas palavras que a constituíam e nas regras que governavam seus arranjos. Esse é o problema de dar uma explicação compositiva do significado de expressões complexas, ou seja, uma teoria compositiva do significado. Não é inteiramente óbvio como fornecer tal teoria e sentenças de crenças, em particular, apresentam um problema especial. Uma sentença tal como "Galileu cria que a Terra se move" é claramente compreendida com base na compreensão de suas partes significativas. Não precisamos aprender tais sentenças uma a uma e compreendemos sem maiores dificuldades sentenças dessa forma que nunca antes havíamos encontrado. Mas qual o papel que a sentença "a Terra se move" desempenha? Não é empregada da maneira em que é usada em uma sentença como "a Terra brilha e a Terra se move", pois, para que essa última sentença seja verdadeira, devem ser verdadeiras tanto a sentença "a Terra brilha" quanto a sentença "a Terra se move". Porém, "a Terra se move" não precisa ser verdadeira a fim de que "Galileu cria que a Terra se move" seja verdadeira, e podemos obter uma sentença falsa de uma verdadeira, se substituirmos o termo "a Terra" por outro termo, ainda que tenha a mesma denotação (por exemplo, "o terceiro planeta a partir do Sol), contrariamente ao que é o caso com a sentença "a Terra brilha e a Terra se move". Isso faz parecer que as palavras após "cria que" estejam funcionando de maneira diferente da maneira que funcionam em outros contextos.

A solução de Carnap, seguindo Frege, envolvia atribuir às expressões tanto uma extensão (um referente, um conjunto de coisas das quais ela é verdadeira ou um valor de verdade) e uma intensão (grosso modo, um sentido ou significado). Na opinião de Carnap, a intenção dos termos da cláusula complementar é o elemento ativo nos relatos de crença, pois crenças têm a ver antes com o modo como as pessoas veem as coisas que simplesmente como que as coisas são. E como o significado de "o terceiro planeta a partir do Sol" difere do significado de "a Terra", não podemos esperar que substituir a segunda expressão pela primeira preserve a verdade do relato.

Davidson, no entanto, veio a pensar que há dificuldades significativas com a explicação de Carnap das sentenças de crença (e, de modo mais geral, com as explicações fregianas). Em particular, veio a duvidar que o tratamento das sentenças de atitudes de Frege e Carnap fosse compatível com as exigências de nossa compreensão das sentenças de crença com base na apreensão de um número finito de elementos semânticos primitivos e das regras de suas combinações. Essas exigências salientam as dificuldades reais envolvidas em lograr uma compreensão adequada da estrutura composicional das linguagens naturais ("Theories of Meaning and Learnable Languages" [Teorias do significado e linguagens que se pode aprender] *ITI* 3-15).

O segundo problema que a reflexão sobre a semântica das sentenças de crença salientava era a questão de como determinar a correção de uma explicação proposta para a estrutura compositiva de uma sentença da linguagem natural. As soluções para os dois problemas vieram juntas.

Em novembro de 1954, Davidson apresentou um trabalho sobre o método de intenção e extensão de Carnap na Universidade da Califórnia, em Berkeley. Na plateia, estava o grande lógico polonês Alfred Tarski, que pertencia ao corpo docente. Após a conferência, Tarski deu a Davidson uma cópia de seu artigo "The Semantic Conception of Truth and the Foundations of Semantics." ("A concepção semântica da verdade e os fundamentos da semântica").[1] Isso levou Davidson ao artigo técnico inovador de Tarski sobre a verdade, "Wahreitsbegriff".[2] Tarski fornecera uma definição axiomática de um predicado de verdade para uma linguagem formal que era demonstravelmente correta do ponto de vista extensional, ou seja, que permitia demonstrar para cada sentença da linguagem objeto (a linguagem para a qual o predicado de verdade fora definido) uma sentença na metalinguagem (a linguagem da teoria) que expressava exatamente em quais condições ela é verdadeira para cada uma das infinitas sentenças da linguagem objeto. Essa foi uma importante novidade, pois, ao fornecer uma definição de verdade, formal e consistente, Tarski criara um fundamento demonstravelmente consistente para a aplicação do conceito de verdade na lógica e na fundamentação da matemática e pavimentou o caminho para um estudo sistemático da semântica com respeito às linguagens tratadas por lógicos e matemáticos.

As observações retrospectivas de Davidson mostram claramente como essas várias linhas de pensamento uniram-se em seu programa na teoria do significado:

> Quando compreendi [o artigo "Wahreitsbegriff"], ele realmente foi revelador. Poderia não o ter apreciado de fato se não tivesse feito aquele trabalho sobre teoria da decisão. Tive uma compreensão do que é dispor de uma teoria séria e penso que outras pessoas que estão trabalhando na filosofia da linguagem não tinham uma compreensão do que era ter uma teoria séria... Tarski, que sabia bem o que era uma teoria séria.... não tinha muito interesse filosófico ... Eu sabia como por essas duas coisas juntas. Veio a mim como se os céus tivessem se aberto e comecei então a escrever muitas coisas. (*PR* 253)

Davidson via o trabalho de Tarski como fornecendo um meio para ultrapassar muitos dos problemas tradicionais da teoria do significado. Adequadamente disposto, forneceria uma explicação da estrutura compositiva da linguagem e um padrão para a correção de uma explicação da forma lógica de uma expressão complexa – a saber, a integração em uma teoria da linguagem como um todo, a qual situa o papel das palavras na expressão em causa em uma teoria acerca de seus papéis em qualquer outra construção gramatical na qual elas possam aparecer.

Qual era o feito de Tarski? Ele forneceu um critério de adequação para uma definição de verdade para uma linguagem formal e mostrou como construir uma definição de um predicado de verdade que satisfaz a condição de adequação. Ele denominou a condição de adequação de Convenção T. Essa convenção exige que uma definição adequada de verdade seja formalmente correta e tenha como teoremas todas as sentenças da forma (ou uma forma análoga) (T),

(T) *s* é V se e apenas se *p*

esquema no qual "é V" é o predicado de verdade que está sendo definido, "*s*" deve ser substituída por uma descrição em termos de suas partes significativas de uma sentença da linguagem objeto, e "*p*" deve ser substituída por uma sentença da metalinguagem que seja a tradução de S. A sentença (S), a seguir, por exemplo, é uma instância de (T) (uma sentença-T).

"La neige est blanche" é V sse a neve é branca.

Isso assegura que *s* está na extensão de "é V" se e apenas se (sse) é verdadeira, porque, se "p" é uma tradução de *s*, então *p* é verdadeira sse *s* é. A definição pode ser enunciada sob a forma de um conjunto de axiomas básicos e de axiomas recursivos que fornecem as "condições de verdade" para quaisquer sentenças da linguagem objeto. Os axiomas básicos aplicam-se às expressões básicas. Os axiomas recursivos aplicam-se às expressões construídas a partir de outras e, em última instância, a partir do vocabulário primitivo.

O interesse de Davidson residia no significado, e não na verdade. Mas percebera uma maneira de explorar a estrutura de uma teoria axiomática da verdade, ao estilo de Tarski, na busca por uma teoria do significado, pois, se em (V), "p" for uma tradução de *s*, substituir "é V se e apenas se" por "significa" gera uma sentença verdadeira. Ademais, a demonstração canônica da sentença-T (uma demonstração que se apoia intuitivamente apenas nos conteúdos dos axiomas) revelará a estrutura da sentença que é relevante para enunciar suas condições de verdade que lhe atribui significado e, assim, exibe como podemos compreender a sentença baseando-nos em suas partes e em seus modos de composição. Desse modo, a teoria da verdade pode fazer as vezes de uma teoria compositiva do significado.

Modificações adicionais são reclamadas a fim de estender uma teoria da verdade, do tipo desenvolvido por Tarski, para uma linguagem natural na qual devemos acomodar a sensibilidade ao contexto, tais como a inflexão verbal e expressões como "Eu" e "agora", e a condição de adequação deve ser modificada correspondentemente. Porém, não é necessário ver detalhadamente como isso é executado para se obter a ideia central de como uma teoria da verdade contribui para os fins de uma teoria compositiva do significado.[3]

A última peça do programa de Davidson encaixou-se quando W. V. O. Quine, o filósofo americano mais influente da segunda metade do século XX, visitou o Centro de Estudos Avançados em Ciências do Comportamento de Stanford como pesquisador associado, no ano acadêmico de 1958-9, em licença da Universidade de Harvard. Nessa época, Quine estava preparando a versão final do manuscrito de *Word and Object* (*Palavra e objeto*), sua obra magna sobre a relação da linguagem com a realidade, que Davidson acedeu a ler. Davidson e Quine conheciam-se desde o tempo em que Davidson fazia sua graduação em Harvard. Mas o interesse de Davidson em filosofia da linguagem desenvolveu-se sobremaneira após ele ter deixado Harvard, e foi durante o ano em que Quine estava em Stanford que este teve sua maior influência sobre Davidson. "Quando finalmente comecei a ter a ideia central",

Davidson escreveu posteriormente, "fiquei imensamente impressionado, ela mudou minha vida" (IA 41).

O cerne metodológico de *Word and Object* é o projeto de tradução radical. O "tradutor radical" enfrenta a tarefa de compreender outro falante sem qualquer conhecimento anterior dos significados, crenças ou outras atitudes psicológicas do falante. Ao construir um manual de tradução, restringe-se às disposições do falante para o comportamento verbal em resposta a estímulos e, desse modo, isola o conteúdo empírico de uma teoria da tradução. Manuais de tradução semelhantes no conteúdo empírico serão tidos como capturando todos os fatos acerca do significado disponíveis. Em sua "Epistemologia Naturalizada", Quine explica o fundamento para essa conclusão da seguinte maneira:

> O tipo de significado básico para a tradução e para a aprendizagem da língua materna é necessariamente o significado empírico e nada mais... A linguagem é socialmente inculcada e controlada. Inculcar e controlar dependem estritamente de ajustes das sentenças à estimulação compartilhada. Fatores internos podem variar *ad libitum* sem prejuízo para a comunicação enquanto não for perturbada a ajustes da linguagem aos estímulos externos. Decerto, não se tem outra escolha além da de ser um empirista.[4]
>
> Essa concepção dos fundamentos dos fatos do significado teve um enorme impacto em Davidson. Davidson "pensou que era tremendo" e relatou: "Eu me dispus a, lentamente, juntar o que eu pensava que era bom em Quine com o que eu encontrara em Tarski. E disso se originou meu tratamento geral do tema". (*PR* 258)

Seu trabalho anterior, na teoria da decisão, desempenhou um papel importante nessa síntese. Davidson trouxe para a teoria do significado duas lições de seu estudo sobre teoria da decisão. A primeira era que, "impondo condições formais a conceitos simples e a suas relações recíprocas, seria possível definir uma estrutura poderosa", e a segunda, que a teoria formal por si mesma "nada diz acerca do mundo" e é interpretada por sua aplicação aos dados a que é aplicada (IA 32). O trabalho de Tarski forneceu o arcabouço essencial para desenvolver uma teoria formal. O tratamento quiniano do significado, resolutamente em terceira pessoa, forneceu a Davidson uma importante restrição sobre as provas com respeito às quais a teoria formal deveria ser interpretada.

Se tomarmos verdade como básico e usarmos axiomas que empregam termos da metalinguagem os quais interpretam expressões da linguagem objeto ao determinarem as condições de verdade (relativas a objeto) dessas expressões (por exemplo, para qualquer x, a sentença alemã "x ist rot" é verdadeira se *x* é vermelho), então a teoria da verdade esclarece a estrutura compositiva da linguagem, com a demonstração das sentenças-T. Conectamos o significado com sua base no comportamento do falante e em suas interações com o ambiente e outros falantes ao tratar a teoria formal de verdade como uma teoria empírica cujo conteúdo empírico reside no modo como seria confirmada por um falante ou por uma comunidade de falantes. O esclarecimento de seus conceitos teóricos é procurado não em uma análise redutiva, mas ao mostrar as provas que podem ser aduzidas em apoio a uma teoria da interpretação para o falante. Desse modo, tornamos holisticamente claro, nas palavras de Davidson, "o que é para as palavras significarem o que significam".

Aqui, temos três reorientações do projeto filosófico de esclarecer o significado. Em primeiro lugar, há a introdução da teoria da verdade como veículo da teoria do significado. Isso visa a extrair os recursos de uma teoria que lida apenas com as propriedades extensionais das expressões, seus referentes, extensões ou valores de verdade, extrair dela tudo o que queremos por meio de uma teoria compositiva do significado. Isso é feito impondo certas restrições à teoria que lida com essas coisas, restrições que visam a assegurar que possamos ler o que a sentença significa a partir de axiomas apropriados. Se bem-sucedido, isso mostra que a ontologia tradicional de sentidos, intenções, propriedades, relações e proposições não é necessária para uma teoria compositiva do significado. Em segundo lugar, desvia-se do projeto tradicional de fornecer uma análise redutiva do "é significativo", em favor de uma forma mais frouxa e mais holística de esclarecimento conceitual tal como representada pela aplicação da teoria como um todo às evidências como um todo. Em terceiro lugar, as evidências em termos da qual a teoria deve ser interpretada é restringida ao que é disponível do ponto de vista da terceira pessoa, sem nenhuma suposição acerca da psicologia (detalhada) ou dos significados do falante.

Esse projeto de teoria do significado veio a se mesclar com o projeto em filosofia da ação de duas maneiras. A primeira foi pela metodologia de desvendar a forma lógica de sentenças de ação, que resultou na importante contribuição de Davidson para a lógica da modificação adverbial ("The Logical Form of Action Sentences" [A forma lógica das sentenças de ação]) e para a lógica de enunciados causais singulares ("Causal Relations" [Relações causais]). A segunda foi pela aplicação do corpo teórico desenvolvido na compreensão do agir humano ao problema da interpretação. Para compreender isso, devemos considerar mais minuciosamente a reformulação de Davidson do projeto de Quine da tradução radical como "interpretação radical", bem como as partes relevantes de sua obra em filosofia da ação. Isso nos conduzirá aos desenvolvimentos da obra de Davidson em filosofia da mente e em epistemologia.

INTERPRETAÇÃO RADICAL

A confirmação de uma teoria axiomática, à maneira de Tarski, da verdade para a linguagem do falante é central no projeto do intérprete radical. Embora isso seja central para o empreendimento da interpretação, na explicação de Davidson, não é tudo que o intérprete visa a fazer. Ele deve também usar a teoria da verdade para interpretar os enunciados do falante, além de completar a imagem do falante como sendo a de um agente racional que reage ao seu ambiente e aos outros. Falar é uma atividade imersa em uma forma de vida apropriada a agentes racionais. Como Davidson formula em certo momento: "qualquer tentativa de compreender a comunicação verbal deve vê-la em seu arranjo natural como parte de uma empresa maior" (PR 151). Isso significa que compreender o que as pessoas querem dizer com o que dizem deve se adequar e ser coerente com uma teoria mais ampla delas como seres linguísticos racionais.

O nexo entre o projeto de interpretar a linguagem de outrem e o de interpretar suas atitudes repousa em identificar, como um estágio intermediário na interpretação, atitudes relativas à verdade de sentenças. Davidson defende que tais atitudes podem ser identificadas, em última instância, com base na evidência puramente comportamental. Na primeira fase de sua obra sobre interpretação radical, atitudes sobre sentenças de "tê-las por verdadeiras" ocupavam o primeiro plano. Ter a atitude em relação a uma sentença *s* de "tê-la por verdadeira" é uma crença que *s* é verdadeira. Um falante tem por verdadeira uma sentença *s* com base em duas coisas: primeira, o que ele crê que a sentença significa, e segunda, o que ele crê ser o caso. Se uma sentença significa que *p*, e um falante crê que *p*, então (pelo menos genérica ou tipicamente, como supõe Davidson) o falante terá *s* por verdadeira. Se pudermos identificar a crença, baseando-nos em que um falante tem por verdadeira uma sentença *s*, então podemos dizer o que ela significa (nessa ocasião). Se pudermos dizer o que a sentença significa, podemos identificar o conteúdo da crença baseando-nos no fato de que o falante a afirma. Não há maneira de fazer isso sem a ajuda de um princípio adicional que governe a relação das atitudes do falante perante seu ambiente. Uma vez que deve haver (na opinião de Davidson) uma maneira de fazê-lo, quaisquer que sejam os princípios necessários, eles estão justificados pela necessidade da interpretação – "a alternativa seria o intérprete julgar o falante como ininteligível" (PR 157).

Davidson invoca o princípio da caridade (acompanhando Quine) para resolver o problema de romper o círculo da crença e do significado. O princípio da caridade reza que o intérprete deve tratar seu interlocutor como estando em grande medida certo acerca de seu ambiente e também como sendo amplamente racional em seu comportamento. O princípio da caridade visa a fixar um fator, a saber, a crença, a fim de alcançar o significado, ao manter que é um princípio constitutivo da interpretação de que as crenças do falante acerca de seu ambiente estão em grande medida corretas. Assim, a partir de correlações entre atitudes de ter por verdadeiro e condições do ambiente, identificamos os conteúdos das crenças subjacentes do falante por tentativas e, desse modo, identificamos o que as sentenças tidas verdadeiras com base nessas crenças significam. Essas condições também fornecem as condições de verdade pensadas para a sentença em uma teoria da verdade para a linguagem. Por exemplo, de correlações como

S tem por verdadeiro "Está nevando" no tempo t sse está nevando no tempo t

inferimos, a título de ensaio, que

Para qualquer falante x e qualquer tempo t "Está nevando" é verdadeira em L no tempo t para x sse estiver nevando no tempo t.

(onde L designa a linguagem de S) é um teorema de uma teoria da verdade para L que satisfaz um análogo apropriado da Convenção T de Tarski. Projetamos, então, axiomas para a teoria que se ajustem o melhor possível aos dados dessa forma a fim de desenvolver uma teoria da interpretação para o falante.

O princípio da caridade exige também que consideremos o outro como sendo um agente racional, na medida do possível, à luz de seu comportamento e de suas interações com outros e com o ambiente. Isso significa que devemos considerar suas atitudes como organizadas segundo padrões que contribuam para a racionalidade teórica e prática e que os conectem de modo coerente com suas intenções tais como reveladas em seu comportamento de escolha. Isso fornece uma importante restrição ao desenvolvimento de uma teoria da interpretação e é um ponto de ligação entre a obra de Davidson em filosofia da ação e seu projeto de compreender a linguagem e a comunicação linguística, pois a exploração detalhada da estrutura das normas que governam a atribuição de atitudes proposicionais com base no comportamento é o projeto da filosofia da ação. Consequentemente, voltamos a seguir para o desenvolvimento das opiniões de Davidson sobre o agir.

AÇÃO, AGIR E RACIONALIDADE

O texto "Actions, Reasons, and Causes" (Ações, razões e causas), como observamos antes, defende a posição segundo a qual a explicação ordinária da ação é uma explicação causal de um tipo especial, a saber, aquele tipo que remete a causas que também mostram minimamente o que caberia afirmar sobre a ação da perspectiva do agente. Isso contrastava com a posição dominante na época segundo a qual razões para ações não podem ser suas causas, pelo contrário, explicam ações mostrando como se ajustam a um padrão de comportamento mais amplo ou a um padrão de relações sociais. Isso fora motivado, em grande parte, pelo que era tido como objeções, em princípio, para que razões fossem causas de ações. A seguir, iremos tratar da resposta de Davidson a uma objeção particularmente influente.

Uma explicação da ação, segundo Davidson, é bem-sucedida quando indica o que chamou de razão primária para a ação do agente. Uma razão primária consiste em uma crença e em uma atitude pró (um termo que contempla qualquer estado proposicional conativo ou motivacional, como desejos, quereres, compulsões e afins). A atitude pró é dirigida para ações de certo tipo e a crença significa que a ação que o agente executou é desse tipo. Isso se aplica tanto a ações feitas com um fim em si ou feitas em vista de outras coisas. Frequentemente, as explicações da ação não citam uma razão primária completa, ainda assim, explicam, porque fornecem informação suficiente no contexto para que a razão primária seja inferida. Se explicarmos a compra de flores por alguém dizendo que é seu aniversário de casamento, facilmente se completa o restante do ocorrido acerca de suas crenças e de seus desejos referentes à sua ação, dado o conhecimento comum. Uma razão primária mostra algo acerca do cabia dizer sobre a ação do ponto de vista do agente, pois nos conta que o agente julgava-a como do tipo que queria executar. A partir da razão primária, podemos construir um silogismo prático mostrando o que cabia dizer sobre ela:

A ação A é do tipo F
Ações do tipo F são desejáveis (na medida em que são do tipo F)

A ação A é desejável (na medida em que é do tipo F)

A primeira premissa é dada pela crença e a segunda pelo desejo. Assim, é natural tomar a razão primária, citada na explicação de uma ação, como sendo também o que a causa.

A objeção mais influente a essa ideia era que a relação entre razões e ações não poderiam ser causais, porque havia uma conexão lógica entre as razões de uma ação e a ação. E isso é assim porque o conceito de uma ação é o conceito de um comportamento que pode ser tornado inteligível por razões. Se alguém é arremessado de um penhasco pelo vento, isso é algo que lhe ocorre, mas não algo que faça, e decorre que não tem razões para isso. Contrariamente, se alguém pula do penhasco, é algo que ele faz e decorre que tem razões para fazê-lo. Hume argumentou convincentemente que a relação causal conecta eventos existentes de forma independente e, portanto, vige entre coisas de modo contingente. Pensava-se então que a relação lógica, indicada antes entre ações e razões, impossibilitava razões de causarem ações.

A objeção, todavia, não é bem-sucedida. Em primeiro lugar, que alguém tenha uma razão para fazer algo não acarreta que queira, e qualquer ação dada pode ter sido motivada por uma grande variedade de razões primárias diferentes. Assim, de fato, não há nenhuma implicação entre a razão primária específica, aludida para explicar uma ação qualquer, e a ocorrência da ação e vice-versa. Em segundo lugar, e ainda mais fundamental, a objeção repousa sobre uma confusão entre um evento e suas descrições. A relação causal vige entre eventos, mas relações lógicas, entre descrições de eventos. O fato de dois eventos serem selecionados por meio de descrições logicamente relacionadas entre si, por si só, não mostra que não estão em relação causal, pois quaisquer dois eventos que mantenham uma relação causal entre si admitem descrições que são logicamente conectadas. Assim, por exemplo, "a causa de B causou B" pode ser verdade, apesar de "B existe" decorrer de "algo é a causa de B".

Esse ponto é relevante para pensarmos a relação entre as razões de que dispomos e o que fazemos, pois, se eventos estão em relações causais em virtude de leis contingentes que conectam eventos desses tipos, o fato de haver algumas conexões lógicas entre ações e razões (pelo menos à medida que nenhum comportamento pode ser uma ação, a menos que tenha suas razões) sugere que, ao compreender por que razões são causas de ações, podemos ser obrigados a mudar do vocabulário de razões para o vocabulário da física. Isso anuncia o argumento posterior de Davidson em favor do monismo anômalo, o qual voltaremos a discutir em breve.

Ações são, para Davidson, movimentos corpóreos – concebendo isso de maneira ampla, de sorte a incluir quaisquer mudanças corpóreas ("Agency"). Inclui, até mesmo, ações mentais, haja vista a tese de Davidson de que todo evento mental é um evento físico e a suposição de que eventos mentais são idênticos a mudanças físicas corpóreas. Eventos são itens particulares, mudanças em objetos e, portanto, podem ser descritos de diferentes maneiras. Decorre que razões são razões para uma ação sob uma descrição, pois razões focalizam características desejáveis de ações. Não é surpreendente que muitas de nossas descrições de ações sejam em termos de seus efeitos. Por exemplo, "Booth matou Lincoln" descreve um movimento corporal de Booth em termos de um efeito do movimento, que Booth via como desejável, a morte de Lincoln. Diz-nos que Booth fez algo para causar a morte de Lincoln, embora deixe em aberto exatamente o que foi.

Em seu artigo acerca do problema da fraqueza da vontade ("How is Weakness of the Will Possible?" [Como é possível a fraqueza da vontade]), Davidson desenvolveu um modelo de raciocínio prático fundado na observação que razões relacionam-se a ações sob descrições. Especificamente, Davidson argumenta que o raciocínio prático é semelhante ao raciocínio probabilístico no sentido em que envolve combinar razões para algo que tais razões não acarretam. Que o céu esteja vermelho à noite pode tornar provável que faça bom tempo pela manhã. Que a pressão atmosférica esteja em queda torna provável que o tempo não será bom. Mas não é possível que seja simultaneamente provável que o tempo será bom e que não será. Assim, esses enunciados probabilísticos devem ser entendidos como relativizados a seus elementos de juízo. De maneira similar, pode haver razões em favor de e razões contrárias a uma ação, sob diferentes descrições. A ação não pode ser tanto boa como má. Portanto, os juízos feitos com base em razões devem ser condicionados pelas razões, pelas características que elas focalizam e por seus pesos relativos. No raciocínio probabilístico, seguimos a regra da evidência total: o melhor julgamento é aquele feito com base na totalidade dos elementos de juízo disponíveis. De maneira semelhante, na deliberação prática há um princípio de racionalidade paralelo, o princípio da continência: o melhor curso de ação é aquele que triunfa à luz de todas as razões relevantes, avaliando cada uma delas de maneira adequada.

Essa é a chave para ver como a fraqueza de vontade é possível e porque ela parece não ser. Quando chegamos a uma decisão como um resultado da deliberação prática, ainda que esteja fundada na totalidade de nossas razões relevantes, ela é ainda um juízo condicional. Mas, ao agirmos, expressamos pela ação um juízo incondicional, segundo o qual essa ação é a melhor. Se formos racionais, o juízo incondicional está baseado em nosso juízo condicional, no qual todas as coisas são consideradas, sobre o que é o melhor a se fazer. Davidson crê que a aparência de impossibilidade surge de dois princípios plausíveis: o primeiro, o que fazemos mostra o que mais queremos, de sorte que, se queremos fazer A mais que fazer B, e ambos estão franqueados à nossa ação, então fazemos A intencionalmente antes que B, se o fazemos; e, o segundo, se alguém julga fazer A melhor que fazer B, ele quer fazer A mais que fazer B. Esses princípios aparentemente excluem fazer outra coisa que não o que se julga melhor, considerando-se tudo. Todavia, se percebermos que há uma distinção a ser traçada entre o juízo incondicional que algo é o melhor, expresso na ação, e o juízo em que todas as coisas são consideradas, de que algo é o melhor e que é o resultado da deliberação prática, a aparência de inconsistência é removida.

Na obra posterior, Davidson associou o juízo incondicional à intenção e argumentou contra a possibilidade de reduzir intenções a outras espécies de estados, sejam crenças ou desejos, ou a qualquer tipo especial de ação. Dessa perspectiva, uma intenção é um tipo de atitude pró, mas difere de desejos e de outras atitudes pró, que são os dados da deliberação prática, por estar diretamente ligada ao compromisso com o agir. Razões para crer e razões para intencionar são inteiramente diferentes, mas razões para agir e intencionar são (ou quase sempre são) as mesmas. Intenções podem ser formadas antes das ações ou simultaneamente a elas. Quando agimos com uma intenção ou intencionalmente, a intenção provoca a ação.

MATERIALISMO NÃO REDUTIVISTA

Os trabalhos de Davidson sobre filosofia da ação lançaram as bases para o seu influente argumento em favor do monismo anômalo ("Mental Events" [Eventos Mentais]).

O monismo anômalo é a combinação de duas teses. A primeira é que cada evento mental particular é idêntico a um evento físico particular. A segunda, é que não há leis estritas conectando o físico ao mental – "leis psicofísicas", como Davidson as denomina. A segunda acarreta que não há identidades de tipos entre eventos mentais e físicos; ou seja, nenhum tipo de evento mental é um tipo de evento físico. Isso está em contraste flagrante com a opinião tradicional segundo a qual, se o mental não é nada além do físico, isso se deve a que tipos de eventos mentais são exatamente tipos de eventos físicos. A posição de Davidson é uma forma de materialismo não reducionista: materialismo (ou seja, monismo de substâncias, em vez de dualismo), porque afirma existirem apenas corpos materiais, e não reducionista, porque defende que tipos mentais não são redutíveis a tipos físicos. O argumento tem três premissas principais:

1. O princípio da natureza nomológica da causalidade: se dois eventos estão em relação causal, então há uma descrição deles na qual estão subsumidos a uma lei estrita.
2. O princípio da interação causal: todo evento mental está em uma relação causal com algum evento físico que não é, por sua vez, um evento mental.
3. A anomalia do mental: não há leis psicofísicas estritas.

Uma lei estrita é aquela para a qual "não é possível aprimoramento no tocante à precisão e à amplitude" (*EAE* 223). As leis da física, por exemplo, pretendem ser leis estritas, que formam um sistema fechado abrangente para seu domínio e que são tão precisas quanto possível. Se assumirmos que um evento é físico se e apenas se for subsumido a uma lei estrita e que há apenas eventos mentais e físicos, então, dado (1) e (3), decorre que todo evento mental é idêntico a algum evento físico, ainda que nenhum tipo de evento mental seja idêntico a algum tipo de evento físico. Isso ocorre porque, como todo evento mental interage causalmente com algum evento físico (2), todo evento mental está vinculado a um evento físico por uma lei estrita (1). Mas a lei não pode ser uma lei psicofísica (3). Ela deve ser, portanto, considerando-se outras suposições nossas, uma lei física. Assim, todo evento mental tem uma descrição na qual ele é subsumido a uma lei física estrita e, portanto, é físico.

A suposição crucial é a terceira, a anomalia do mental. O argumento de Davidson em favor dela é crítico e difícil. A ideia central é que, para que duas descrições sejam adequadas a comparecerem em uma lei, elas devem ser adequadas entre si. Suponha (acompanhando Nelson Goodman) que definimos "verzul" como se aplicando a qualquer coisa que ou é verde e é observada antes da meia-noite ou não é observada antes da meia-noite e é azul. Considere, então, as duas generalizações observacionais: as esmeraldas são verdes e todas as esmeraldas são verzuis. Ambas são conformes a todas as nossas evidências, mas cremos que apenas a primeira é confirmada por suas instâncias e projetável a instâncias futuras e não observadas. Mas não é simplesmente porque "verzul" é um predicado inadequado para aparecer em uma lei estrita, pois, se definirmos "esmerire" como se aplicando a qualquer coisa que seja uma esmeralda, se observada antes da meia-noite e, de outro modo, uma safira, podemos ver que "todas as esmerires são verzuis" é tão bem verificada e projetável como "todas as esmeraldas são verdes" ou que "todas as safiras são azuis". Surge, então, a questão de quando pares de predicados são adequados para aparecerem em leis e, mais ainda, em leis estritas. Sabemos que muitas leis rudimentares ordinárias, como que as janelas se quebram ao lançarmos pedras contra elas, admitem exceções e que são frequentemente denominadas de leis *ceteris paribus* (tudo o mais ficando igual). Para transformá-las em leis estritas, torná-las mais precisas, frequentemente temos que mudar para o vocabulário da física. Os conceitos da física são uma família de conceitos governados por um conjunto de princípios constitutivos – princípios que nos dizem, grosso modo, o que constitui o subsumir algo a uma categoria física básica, de sorte que fixam o tema pertinente à física. Davidson defende que leis estritas devem extrair seus conceitos de uma família de conceitos governados por princípios constitutivos.

Uma vez feita tal suposição, o argumento depende apenas de uma alegação adicional, qual seja, que os princípios constitutivos que governam a atribuição de conceitos psicológicos são fundamentalmente diferentes daqueles que governam a atribuição de conceitos físicos. Eles são assim porque a atribuição de atitudes psicológicas a um agente é governada pela exigência de que o agente seja considerado, de modo geral, como racional em seus pensamentos e comportamentos (o segundo componente no princípio da caridade). Isso está vinculado diretamente ao fato de os agentes serem capazes de agir e assim de ter seus comportamentos explicados de um modo que os mostre, do ponto de vista do agente, como racionais em algum grau. Embora isso não signifique que os agentes devam ser perfeitamente racionais, isso realmente significa que compreendê-los como agentes requer encontrar neles um padrão de atitudes que empresta sentido a fazerem coisas por razões e, assim, a atribuição de uma dada atitude qualquer (crença, desejo ou intenção) exige ajustá-la a um padrão inteligível. No entanto, esses princípios não governam as atribuições de conceitos fundamentais físicos, porque conceitos físicos não se aplicam a objetos ou estados em virtude de quaisquer conteúdos que possuam; porém, relações racionais vigem entre estados em virtude dos conteúdos que possuem. Assim, o físico e o mental formam duas famílias distintas de conceitos que são governados por conjuntos diferentes de princípios constitutivos.

Dada a suposição de Davidson de que leis estritas devem recorrer à mesma família de conceitos, segue-se que não pode haver leis psicofísicas estritas.

CONSEQUÊNCIAS EPISTEMOLÓGICAS DA INTERPRETAÇÃO RADICAL

Retornamos agora ao projeto da interpretação radical e à moral que pode ser extraída da reflexão sobre ela. Se tomarmos a posição do intérprete radical como conceitualmente básica, no sentido de ser o ponto a partir do qual se articula a estrutura básica dos conceitos de uma teoria de um falante, então o que o intérprete deve defender acerca de seu tema pode ser tido por constitutivo do tema, e não meramente a expressão da algum aspecto das limitações epistêmicas da posição do intérprete radical. A suposição fundamental de Davidson é que a posição do intérprete é básica nesse sentido. Isso conduz diretamente a várias teses importantes acerca da relação mente-mundo e de nossa posição epistêmica em relação a nossa própria mente, às mentes de outros e ao mundo exterior. A observação central é, com a intenção de um intérprete radical lançar mão dos elementos de juízos que possui na teoria estruturada pelos conceitos de significado, verdade e agir, o intérprete ver seu interlocutor como

a) sabendo o que pensa;
b) sabendo o que quer dizer;
c) sabendo o que ocorre no mundo a seu redor.

Por quê? Suponha, acompanhando Davidson, que o intérprete possa identificar uma atitude de ter por verdadeiro, ou seja, suas crenças acerca de quais dentre suas sentenças são verdadeiras, na base de provas comportamentais. Suponha que possamos determinar quais atitudes de ter por verdadeiro são provocadas por condições do ambiente e quais condições as provocam. Atitudes de ter por verdadeiro são produtos do que o falante pensa acerca do mundo e do que suas sentenças significam. Como foi observado antes, parece que a única maneira de romper o círculo é assumir que o falante tem razão acerca do seu ambiente. Se assumirmos, ademais, que o falante conhece o significado de suas sentenças e de suas crenças, terá por verdadeiras sentenças que são relativas a condições no ambiente que provocam tais atitudes de ter por verdadeira. Se identificamos corretamente essas condições desencadeadoras, então podemos extrair o significado da sentença e, ao mesmo tempo, qual crença ela expressa.

Mas tudo isso repousa na suposição que o falante está amplamente certo acerca do mundo, de seus próprios pensamentos e do que ele quer dizer. E se a suposição fundamental de Davidson estiver correta, segue-se que é constitutivo do que é ser um falante que se esteja certo, na maior parte, sobre o mundo exterior, sobre seus próprios pensamentos e sobre o que suas palavras significam.

A importância dessa conclusão dificilmente pode ser superestimada. Se ela estiver certa, então temos uma garantia transcendental de conhecer nossas próprias mentes, as mentes alheias (pois elas devem ser acessíveis ao procedimento do intérprete) e o mundo exterior. Asseguramos isso sem ter que explicar como justificamos nossas crenças na base de elementos de juízo, pois conhecimentos em cada um desses domínios surgem como condições fundamentais para ter a capacidade de pensar e falar de algum modo. Os enigmas filosóficos tradicionais acerca de como é possível o conhecimento do mundo e de outras mentes são resolvidos não tanto confrontando os desafios, mas pondo-os de lado, recusando o desafio tal como posto e favorecendo uma garantia sinuosa do que era desejado, mas não poderia ser obtido por meio da reflexão acerca de nossos fundamentos de juízo, supostamente empobrecidos, tomados da experiência sensorial. Dada essa garantia transcendental, estamos em condições de avaliar crenças individuais pela coerência delas com a imagem geral do mundo que está assegurada ser correta em grande medida. Se uma crença não estiver de acordo com a maioria de nossas crenças, especialmente com aquelas acerca das coisas mais básicas tornadas disponíveis pela experiência perceptual, temos razão para pensar que provavelmente ela não é verdadeira. Inversamente, à medida que uma crença é coerente com a maioria de nossas crenças, avaliadas apropriadamente por suas conexões com a experiência perceptiva, temos razão para pensar que provavelmente ela é verdadeira. Isso não significa que a experiência é um intermediário epistêmico entre aqueles que creem e o mundo. É apenas um intermediário causal. Sua importância reside em ser um intermediário causal entre condições no ambiente e pensamentos suscitados por tais condições, que, em virtude disso, são sobre delas.

Isso destaca outra consequência da posição de Davidson. Uma vez que a interpretação radical vê no conteúdo das crenças dirigidas ao ambiente as condições que as suscitam, e que isso expressa um traço constitutivo da crença, a crença é essencialmente relacional, mesmo as crenças gerais, porque os conceitos que um falante possui dependem de quais condições no mundo estão sistematicamente suscitando suas crenças. Assim, Davidson está comprometido com uma forma que é chamada de "externalismo" a respeito do conteúdo de pensamento, com a opinião que, entre as condições que determinam o que é o conteúdo de um pensamento, estão condições externas àquele que pensa.

O resultado é uma teoria da mente profundamente anticartesiana e uma teoria do conhecimento profundamente antiempirista. Ela é anticartesiana ao rejeitar que o ponto de vista da primeira pessoa seja metodologicamente fundamental e, por via de consequência, ao rejeitar a opinião de que os conteúdos da mente são o que são e estão disponíveis para o sujeito independentemente de sua imersão em um mundo. É antiempirista por sua rejeição da teoria tradicional empirista do conhecimento e do conteúdo, segundo a qual a experiência sensorial é nosso elemento de juízo último para a natureza do mundo e a fonte de nossas ideias, ou seja, de nossos conceitos. A última opinião, em sua materialização nas doutrinas dos positivistas lógicos do século XX, sustenta que o significado de uma sentença deveria ser buscado nas condições sensoriais que a confirmariam ou refutariam. A objetividade do pensamento é assegurada por seu conteúdo ser determinado pelos objetos distais em nosso ambiente, os quais formariam a base para uma interpretação. Isso nos defende do idealismo e do relativismo, ou seja: do idealismo por fazer a mente depender do mundo, e não o contrário, e do relativismo por assegurar um mundo intersubjetivo comum acerca do qual se pensa. O conhecimento do mundo e dos outros não é visto como baseado no conhecimento de si mesmo, mas qualquer um dos três é visto como essencial para a possibilidade de qualquer um dos outros, e todos os três estão fundamentados em nossa natureza como seres linguísticos.

O LUGAR DE DAVIDSON NA FILOSOFIA DO SÉCULO XX

A filosofia madura de Davidson desenvolve-se a partir da tradição empirista, embora a rejeite. Ver como isso ocorre lança luzes sobre o lugar que ocupa na filosofia do século XX. Carnap foi a maior influência sobre Quine, assim como Quine foi para Davidson. Duas doutrinas davam forma às opiniões de Carnap. A primeira era que havia uma clara divisão entre o analítico e o sintético, ou seja, entre sentenças (putativamente) verdadeiras em virtude do significado (tais como "Todos os solteiros são não casados") e aquelas verdadeiras em virtude de fatos contingentes (tais como "Há mais solteiros em Nova York que em Montana"). A segunda era que o conteúdo de sentenças contingentemente verdadeiras deve ser procurado em seu método de verificação pela experiência sensorial. Quine adquiriu de Carnap seu enfoque fundamentalmente empirista. Mas rejeitou tanto a distinção analítico/sintético quanto a atribuição de significado empírico a sentenças isoladas, sendo elas opostas a teorias na totalidade, e designou-as no título de seu famoso artigo "Two Dogmas of Empiricism" ("Dois Dogmas do Empirismo").[5] A rejeição da distinção analítico/sintético significava para Quine o mesmo que a rejeição da distinção entre *a priori* e *a posteriori*. Assim, a opinião tradicional da filosofia como uma disciplina *a priori* e sua pretensão de fornecer o fundamento para a empresa científica é abandonada.

A filosofia passou a se distinguir das ciências específicas apenas por tratar de categorias mais gerais. A teorização filosófica passou a se sujeitar, então, à boa adequação com o resto de nossas teorizações empíricas acerca do mundo. É sob essa perspectiva que se deve compreender a abordagem quiniana da teoria do significado e da linguagem. Quine duvidava da distinção entre analítico e sintético porque era cético quanto a ser bem fundamentado o conceito de significado, sobre o qual repousa a distinção. Propôs substituí-la por algo cientificamente mais respeitável no *Word and Object*.[6] O ponto de partida fundamental de Quine é a observação de que a "linguagem é uma arte social", e é isso que motiva a postura do tradutor radical, pois Quine argumenta que decorre do caráter essencialmente social da linguagem, que os elementos de juízo para sua aquisição e desdobramentos devem ser intersubjetivos; portanto, recuperáveis do comportamento manifesto. Em uma extensão conservadora da teoria empirista tradicional do significado, que vinculava conteúdo à experiência sensorial, Quine vinculou identidade de significado à identidade da resposta a padrões de estímulos físicos das superfícies sensoriais. Isso expulsa a base subjetiva tradicional do conteúdo, na tradição empirista, a experiência sensorial, para as superfícies sensoriais e torna-a, em princípio, disponível intersubjetivamente. É uma mudança-chave no tratamento de Davidson que dá um passo adiante, empurrando a base do significado partilhado para os eventos e objetos distais no ambiente. Ao fazer assim, Davidson rejeitou o último vestígio de empirismo na filosofia de Quine – o terceiro dogma do empirismo.

Davidson era um pensador original e sintético, que tratou de temas amplos, embora isso seja facilmente obscurecido por ter se concentrado na forma ensaística, por seu estilo condensado e por seu tratamento intensamente analítico. Seja ou não tido por bem-sucedido, o certo é que seu desenvolvimento de uma resposta unificada para os maiores problemas da tradição filosófica, da mente, do mundo, do *self*, que procurei trazer à tona antes, e a maneira como trouxe para sua obra diferentes tendências e as combinou é um feito muito impressionante. Suas influências têm sido muito variadas e continuam se desenvolvendo. É ainda muito cedo para dizer qual será o lugar de Davidson na história da filosofia, o lugar que sua obra ocupará finalmente no desenvolvimento de padrões históricos do pensamento. Mas é difícil imaginar como teria sido a paisagem da filosofia contemporânea sem ele.

NOTAS

1. Alfred Tarski, "The Semantic Conception of Truth and the Foundations of Semantics". *Philosophy and Phenomenological Research* 4/3 (March 1944): 341-76; reimpresso em Simon Blackburn and Keith Simmons (eds.), *Truth*. Oxford: Oxford University Press, 1999, pp. 115-43.
2. Em Alfred Tarski, *Logic, Semantics Metamathematics*, 2.ed., trad. J. H. Woodger, ed. John Corcoran. Indianapolis, in: Hackett, 1983, pp. 152-278.
3. Veja-se E. Lepore and K. Ludwig, *Davidson; Meaning, Truth, Language and Reality*. Oxford: Oxford University Press, 2005; veja-se também Lepore and Ludwig, *Davidson's Truth-Theoretic Semantics*. Oxford: Clarendon Press, 2007.
4. "Epistemology Naturalized", em *Ontological Relativity and Other Essays*. New York: Columbia University Press, 1969, p. 81. (trad. bras. p. 163)
5. "Two Dogmas of Empiricism", reimpr. in *From a Logical Point of View*: Logico-Philosophical Essays. New York: Haper & Row; 1. ed. 1953; 2. ed. 1961.
6. *Word and Object*. Cambridge, MA: The MIT Press, 1960.

REFERÊNCIAS

Uma bibliografia extensa de material primário e secundário, compilada pelo próprio Davidson, encontra-se em: Lewis Edwin Hahn (ed.), *The Philosophy of Donald Davidson*, Library of Living Philosophers XXVII. Chicago: Open Court, 1999.

"Actions, Reasons and Causes", *Journal of Philosophy* 60 (1963); reimpr. em *Essays on Actions and Events*.

"Agency", in Robert Binkley, Richard Bronaugh, and Ausonia Marras (eds.), *Agent, Action, and Reason*. Toronto: University of Toronto Press, 1971; reimpr. em *Essays on Actions and Events*.

"Causal Relations", *Journal of Philosophy* 64 (1967); reimp. em *Essays on Actions and Events*.

Essays on Actions and Events [*EAE*], 2.ed. Oxford: Clarendon Press, 2001.

"How is Weakness of the Will Possible?", in Joel Feinberg (ed.), *Moral Concepts*. Oxford: Oxford University Press, 1970; reimpr. em *Essays on Actions and Events*.

Inquiries into Truth and Interpretation [*ITI*], 2.ed. Oxford: Clarendon Press, 2001.

"Intellectual Autobiography" [IA], in Lewis Edwin Hahn (ed.), *The Philosophy of Donald Davidson*: Library of Living Philosophers XXVII. Chicago, IL: Open Court, 1999.

"The Logical Form of Action Sentences", in Nicholas Rescher (ed.), *The Logic of Decision and Action*. Pittsburgh, PA: University of Pittsburgh Press, 1967; reimpr. em *Essays on Actions and Events*.

"Mental Events", in Lawrence Foster and J. W. Swanson (eds.), *Experience and Theory*. London: Duckworth, 1970; reimpr. em *Essays on Actions and Events*.

Problems of Rationality [*PR*], with introduction by Marcia Cavell and interview with Ernest LePore. Oxford: Clarendon Press, 2004.

Uma seleção de outras obras de Davidson

"A Coherence Theory of Truth and Knowledge", em D. Henrich (ed.), *Kant oder Hegel?* Stuttgart: Klett-Cotta, 1983; reimpr. em E. Lepore (ed.), *Truth and Interpretation*: Perspectives on the Philosophy of Donald Davidson. Oxford: Basil Blackwell, 1986, e em *Subjective, Intersubjective, Objective*.

"Adverbs of Action", in Bruce Vermazen and Merrill B. Hintikka (eds.), *Essays on Davidson*. Actions and Events. Oxford: Oxford University Press, 1985; reimpr. em *Essays on Actions and Events*.

Decision-Making: An Experimental Approach, em coautoria com P. Suppes. Stanford: Stanford University Press, 1957; reimpr. 1977, Chicago, IL: University of Chicago Press, Midway Reprint Series.

"First-Person Authority", *Dialectica* 38 (1984); reimpr. em *Inquiries into Truth and Interpretation*.

"The Individuation of Events", in Nicholas Rescher (ed.), *Essays in Honor of Carl G. Hempel*. Dordrecht: D. Reidel, 1969; reimpr. em *Essays on Actions and Events*.

Intending", in Yirmiahu Yovel (ed.), *Philosophy of History and Action*. Dordrecht: D. Reidel, 1978; reimpr. Essays on Actions and Events.

"Knowing One's Own Mind", em *Proceedings and Addresses of the American Philosophical Association* 61 (1987): 441-58; reimpr. em *Subjective, Intersubjective, Objective*.

"Laws and Causes", *Dialectica* 49 (1995); reimpr. em *Truth, Language and History*.

"The Method of Truth in Metaphysics", in P. A. French, T. E. Uehling Jr., and H. K. Wettstein (eds.), *Midwest Studies in Philosophy 2: Studies in the Philosophy of Language*. Morris: University of Minnesota Press, 1977; reimpr. em *Inquiries into Truth and Interpretation*.

"Moods and Performances", in A. Margalit (ed.), *Meaning and Use*. Dordrecht: D. Reidel, 1979; reimpr. em *Inquiries into Truth and Interpretation*.

"A Nice Derangement of Epitaphs", in E. Lepore (ed.), *Truth and Interpretation*: Perspectives on the Philosophy of Donald Davidson. Oxford: Basil Blackwell, 1986; reimpr. em *Truth, Language and History*.

"On Saying That", Synthese 19 (1968); reimpr. em *Inquiries into Truth and Interpretation*.

"On the Very Idea of a Conceptual Scheme", *Proceedings and Addresses of the American Philosophical Association* 47 (1974); reimpr. em *Inquiries into Truth and Interpretation*.

Plato's "Philebus". New York: Garland Publishing, 1990.

"Quotation", *Theory and Decision* 11 (1979); reimpr. em *Inquiries into Truth and Interpretation*.

"Radical Interpretation", *Dialectica* 27 (1973); reimpr. em *Inquiries into Truth and Interpretation*.

"Rational Animals", *Dialectica* 36 (1982); reimpr. em *Subjective, Intersubjective, Objective*.

"Reply to Quine on Events", in E. Lepore and B. McLaughlin (eds.), *Actions and Events*: Perspectives on the Philosophy of Donald Davidson. Oxford: Basil Blackwell, 1985; reimpr. em *Essays on Actions and Events*.

Subjective, Intersubjective, Objective [SIO]. Oxford: Clarendon Press, 2001.

"The Structure and Content of Truth" (The Dewey Lectures 1989), *Journal of Philosophy* 87 (1990): 279-328.

"Thinking Causes", in John Heil and Alfred Mele (eds.), *Mental Causation*. Oxford: Clarendon Press, 1993; reimpr. em *Truth, Language and History*.

"Thought and Talk", in S. Guttenplan (ed.), *Mind and Language*. Oxford: Oxford University Press, 1975; reimpr. em *Inquiries into Truth and Interpretation*.

"Three Varieties of Knowledge", in A. Phillips Griffiths (ed.), *A. J. Ayer Memorial Essays*: Royal Institute of Philosophy Supplement 30. Cambridge: Cambridge University Press, 1991; reimpr. em *Subjective, Intersubjective, Objective*.

"True to the Facts", *Journal of Philosophy* 66 (1969); reimpr. em *Inquiries into Truth and Interpretation*.

Truth, Language and History, with Introduction by Marcia Cavell. Oxford: Clarendon Press, 2005.

"Truth and Meaning", *Synthese* 17 (1967); reimpr. em *Inquiries into Truth and Interpretation*.

Truth and Predication. Cambridge, MA: Belknap Press, 2005.

"Two Paradoxes of Irrationality", in R. Wollheim and J. Hopkins (eds.), *Philosophical Essays on Freud*. Cambridge: Cambridge University Press, 1982, pp. 289–305, reimpr. em *Problems of Rationality*.

"What Metaphors Mean", *Critical Inquiry* 5 (1978); reimpr. em *Inquiries into Truth and Interpretation*.

4 WILLIAMS
CATHERINE WILSON

Bernard Williams (1929-2003) foi o filósofo moral britânico proeminente do século XX. Sua formação foi exemplar, e sua carreira progrediu suavemente. Williams graduou-se em estudos clássicos no Balliol College de Oxford, obtendo a máxima distinção ("*First Class Honours*"), associou-se ao *All Souls College* e ao *New College* (ambos em Oxford), após ocupou postos em Londres e em Cambridge, onde se tornou Professor (*Knightsbridge Professor*) de filosofia em 1967 e posteriormente reitor do *Kings College* em 1979. Mudou-se para a Universidade da Califórnia, em Berkeley, no ano de 1988, antes de retornar a Oxford como Professor (*White's Professor*) de filosofia moral em 1990. Para o público em geral, era conhecido como o Chefe do Comitê de Censura de Filme e Obscenidade, que se reunia nos fins dos anos de 1970. Casou-se duas vezes com mulheres ilustres nos dois casos: primeiro com Shirley Brittain, uma jornalista e posteriormente política; depois com a editora de filosofia Patricia Skinner, teve três filhos. Foi nomeado cavalheiro em 1999.

Williams era inequivocamente um filósofo analítico, um cartógrafo de relações de implicação, um descobridor ou manufaturador de distinções, um inventor e, algumas vezes, um solucionador de quebra-cabeças conceituais. Os temas com que trabalhava variaram da lógica filosófica para a história da filosofia, a ética e a filosofia política. Publicou diversos artigos sobre inferência condicional e a consistência lógica de crenças no *Proceedings of the Aristotelian Society* e no *Philosophical Review* nos anos de 1960 e 1970, e compôs um último livro, *Truth and Truthfulness* (Verdade e veracidade) (2002) sobre a linguagem e seus usos, dirigida contra os filósofos pós-modernistas, que negam que a verdade seja uma propriedade possível de alguns de nossos esquemas representativos ou que seja uma propriedade desejável de crenças.

Seu comprometimento com a análise anima sua monografia *Descartes*, publicada em 1978. Na introdução dessa obra, Williams distinguiu, de maneira contundente e influente, entre história das ideias e história da filosofia como gêneros literários distintos. Escrever sobre Descartes da primeira perspectiva, motivado pela curiosidade histórica, era tentar compreender e explicar o que Descartes queria dizer. Williams declarou que tal investigação resulta necessariamente, se feita de maneira apropriada, em um "objeto essencialmente ambíguo, incompleto, feito de maneira imperfeita" (*D* 10). Escrever sobre Descartes da segunda perspectiva, motivado por pura curiosidade filosófica, seria almejar "a reconstrução racional do pensamento de Descartes, na qual a racionalidade da construção é concebida essencialmente e sem disfarces em termos contemporâneos" (*ibid*). Isso exigia a apresentação dos argumentos de Descartes na forma lógica atual e a avaliação da validade formal deles. Williams não inventou esse tratamento dos textos do passado, ao qual se opunham fortemente os historiadores que criam que tratar um filósofo do século XVII como nosso contemporâneo só poderia introduzir distorções na interpretação. Todavia, Descartes era talvez excepcionalmente adequado para esse tratamento, à medida que pretendia nas suas *Meditações* produzir um único argumento, com *lemmatas* e um *quod erat demonstrandu*, análogo a uma demonstração matemática.

Porém, a fama de Williams repousa em suas contribuições fora do âmbito da lógica filosófica. Ademais, era alguém inusitado em seu meio acadêmico por pelo menos quatro razões. Primeira, seu primeiro livro *Morality* (*Moralidade*) (1972), uma visão de conjunto de alguns tópicos convencionais na ética e na metaética, incluindo o significado de "bem", subjetivismo e relativismo, utilitarismo e amoralismo, que prefigurou muito de sua obra posterior, abre com a asserção de que "escrever acerca da filosofia moral deve ser um assunto perigoso". E prossegue observando que "a maior parte da filosofia moral, na maioria das vezes, tem sido vazia e entediante", que a maioria da filosofia moral "analítica" ou linguística era "particularmente vazia e entediante" e que a "filosofia moral contemporânea encontrou uma maneira original de ser entediante, que é não discutindo de modo algum questões morais". Williams queria enfrentar os problemas da vida pessoal, vivenciados agudamente pelo artista; um dos problemas desse gênero é o temor pela inutilidade de seus esforços, e a filosofia era evidentemente para ele uma forma de arte, bem como uma disciplina voltada a uma espécie de verdade. Queria escrever sobre as emoções da vida cotidiana, inclusive as emoções que mesmo os filósofos das emoções tenderam a evitar discutir, entre as quais ambição, vergonha e desencantamento.

Segunda, Williams não apenas lia muita ficção, era versado em história da arte e em ópera, como fazia frequentes alusões a obras literárias em seus escritos, ao contrário da maioria de seus contemporâneos. Sustentava que os exemplos confeccionados que os filósofos apresentavam para si mesmos e para seus leitores "não seria a vida, mas má literatura". A boa literatura, embora não fosse a vida, estava mais próxima da vida, e Williams procurava a verossimilhança social e psicológica em todos seus exemplos ilustrativos, confeccionados para ocasiões filosóficas, alguns dos quais eram suicidas, alcoólicos, infiéis ou perdidos na selva – juntamente com "chefes fascistas espalhafatosos", *tycoons* e burocratas. Estava tão à vontade discutindo a moralidade grega tendo como referência o Ajax de Homero quanto discutindo o valor da vida tomando como referência a envelhecida Elena Makropoulos de Janacek,* ou o afastamento de sua família referindo-se a Owen Wingrave** de Henry James. O seu personagem de ficção mais notável, retratado em seu ensaio clássico, "Moral Luck" ("Sorte Moral") era uma versão do pintor Paul Gauguin.

Uma terceira característica que distinguia Williams de muitos filósofos analíticos era seu amor pelo arcaico e sua fascinação pelo exótico e pelo exagerado. Como resultado, era um historiador da filosofia poderoso e intuitivo. Conhecia intimamente os épicos de Homero e a dramaturgia clássica, mas partilhava de algumas preocupações com os existencialistas da metade do século XX e com os precursores desses; suas opiniões sobre projetos, compromisso e contingência eram sartrianas; sua descrença nos especialistas morais era remanescente de Dostoyevsky e de Nietzsche. Acreditava que o contato com mentes radicalmente outras – com a estranheza de seus conceitos – tem um efeito liberador e fertilizador sobre a imaginação filosófica ao se aplicar a problemas contemporâneos.

Por último, Williams não evitou a generalização confiante, alguém diria exageradamente confiante, insistindo em que a teoria moral prescritiva era incapaz de sistematização. Uma grande parte da filosofia moral analítica da segunda metade do século XX estava organizada em torno das principias escolas do kantismo, do utilitarismo e do contratualismo, e a tarefa do filósofo frequentemente era tida como sendo a de criticar e modificar as propostas e formulações das várias escolas. Os kantianos sustentavam que há deveres morais objetivos que se impunham, sem exceção, a todas as criaturas racionais dotadas dos poderes de agir e de controlar seu próprio comportamento.

---

* N. de T.: Leoš Janáček (1854-1928), compositor checo, em particular de óperas, entre as quais **O caso Makropoulos**, cujo libreto se baseia em uma peça de Karel Capek de 1922. A personagem principal é a diva Emilia Marty, que tem, na verdade, 337 anos e fora anteriormente Elena Makropoulos, filha de um médico, Hieronymos Makropoulos, da corte do Imperador Rudolfo II (1756-1612), o último imperador do Sacro Império a ter sua corte em Praga. Hieronymos desenvolvera uma porção da imortalidade.

** N. de T.: Personagem principal do conto homônimo de Henry James (1843-1916), escritor britânico, embora nascido nos Estados Unidos, do qual há uma tradução portuguesa na coletânea Biblioteca de Babel, produzida pela Editorial Presença.

Mantinham que esses deveres eram corretivos de suas inclinações naturais, que tendem a ser volúveis e egocêntricas, e, pelo menos em alguns casos, esses deveres assumem uma forma lógica que os habilita a serem descobertos por reflexão. Também os utilitaristas insistem que o conteúdo da moralidade é objetivo, porém o ponto de partida deles não é a racionalidade e a vontade, sobre as quais os kantianos insistem, mas a suscetibilidade dos seres humanos à dor e ao prazer – a aversão ao primeiro e atração pelo segundo. Concebem a moralidade não tanto como um conjunto de deveres e obrigações, mas como um conjunto de regras e práticas que podem ser determinadas calculando dores e prazeres que provavelmente serão consequentes aos vários cursos de ação. Contratualistas, por último, afirmam que o conteúdo da moral não está previamente fixado. Regras e práticas morais corretas, bem como deveres, são exatamente aquelas que refletem os compromissos que seres racionais e sensitivos, mas também com interesses próprios e com poder de se ajudarem ou de se prejudicarem mutuamente, podem acordar e acordarão, uma vez que estejam em posse de informações razoavelmente acuradas acerca do mundo.

Ao final de *Descartes*, Williams conclui que o dualismo cartesiano era insustentável, mas arriscou uma versão do dualismo, aparentada ao do próprio Descartes, que deu forma a muito de seus escritos posteriores. Via com alguma admiração a ambição de Descartes de formular os conceitos e métodos de um sistema completo do conhecimento empírico, guiado por umas poucas regras e por princípios de investigação e absolutamente isento de tendenciosidades e preconceitos. Mas Williams negava que o conhecimento moral pudesse ser obtido e organizado da mesma forma. Questionava a extensão em que poderíamos obter "alguma concepção do mundo que seja independente de nossas peculiaridades e das peculiaridades de nossas perspectivas." O que denominava "uma concepção absoluta da realidade" – uma teoria da natureza física e da geração de nossas percepções dele, diferente de todas as representações "locais ou distorcidas" do mundo – talvez pudesse ser finalmente obtida pela ciência, pensava ele. Williams afirmava que pensamentos de primeira pessoa, no entanto, nunca poderiam se ajustar a essa concepção absoluta, porque, à medida que pensamos em uma linguagem, o significado de nosso pensamento é indeterminado, como argumentara Quine em seu artigo sobre a indeterminação da tradução (*D* 297 ss.). A rejeição de Williams, em outro lugar, de todas as aspirações a uma explicação científica da moralidade, como julgava ser o utilitarismo, e sua constante ênfase na indecidibilidade de alguns dilemas morais, ao contrário da decidibilidade final dos problemas e enigmas científicos, refletia seu dualismo. Nos vários artigos que vieram a formar a coletânea *Problems of the Self and Moral Luck* (*Problemas do self e sorte moral*), bem como em sua monografia *Ethics and the Limits of Philosophy* (*Ética e os limites da Filosofia*), Williams explorou as consequências de seu ponto de vista segundo o qual nem a reflexão em primeira pessoa, nem o teorizar do filósofo poderiam produzir o conhecimento moral objetivo. Embora muito de seu trabalho fosse dedicado a desafiar a opinião segundo a qual a filosofia poderia produzir uma teoria objetiva do agir humano e das exigências morais atinentes a ele, seus escritos apresentam, no entanto, uma certa imagem peculiar do agir e das pressões morais a que responde e contra as quais algumas vezes se confronta.

Assim, Williams rejeitou as suposições básicas, subjacentes às principais escolas de filosofia moral, e expressou seu ceticismo acerca das tentativas de especificar critérios de correção moral. Em seu prefácio a *Moral Luck* (*Sorte moral*), declarou que "não pode haver nenhuma teoria muito interessante, satisfatória ou autocontida do que é a moralidade, nem, apesar das atividades vigorosas de alguns profissionais atuais, uma teoria moral no sentido de uma estrutura filosófica que, juntamente com algum grau de facticidade empírica, propicie um procedimento de decisão para o raciocínio moral" (*ML*, ix-x). Opinava que a "filosofia não deveria tentar produzir uma teoria ética, embora isso não signifique que a filosofia não possa oferecer alguma crítica de crenças e ideias morais... Na ética, a empresa redutiva não tem justificação e deveria desaparecer... O pensamento prático é radicalmente de primeira pessoa. Deve formular e responder a questão 'o que devo fazer?'" (*EL* 19-21). A resposta a essa questão, argumenta Williams, é relevantemente pessoal, pois o que faço não é apenas o resultado de minhas deliberações, envolve mudanças no mundo das quais eu sou a causa. Williams não era, porém, exclusivamente um filósofo da vida privada. Ocupava-se apaixonadamente com a vida real, com a política e, embora acalentasse uma espécie de ceticismo ou talvez meramente um pessimismo acerca da igualdade econômica e sexual, ele podia ser igualmente acerbo com os absurdos do capitalismo e do sistema de classes.

No que se segue, discutirei as contribuições filosóficas mais significativas de Williams na teoria moral, sob os títulos de identidade pessoal, sua rejeição de razões externas, suas críticas ao utilitarismo – desenvolvidas em paralelo com a economista Amartya Sen, sua discussão da sorte moral e suas posições céticas no tocante à convergência na ética ao termo da investigação.

IDENTIDADE PESSOAL

Williams aceitou a posição de que "identidade corpórea é sempre uma condição necessária da identidade pessoal" (*PS* 1). Ao fazer tal asserção, posicionou-se contra uma longa tradição na história da filosofia que começara com Locke. Locke argumentara no livro II, capítulo 23 de seu *Um ensaio sobre o entendimento humano* que, para ser a mesma pessoa – o ser com quem ocorreram várias coisas, e o ser que é responsável por suas ações voluntárias, merecendo por conta delas louvor e censura, punição e recompensa – o que era necessário, e tudo o que era necessário era a preservação de um conjunto substancial de recordações. Locke, na verdade, estava argumentando contra a postulação cartesiana de uma substância mental especial que constitua o ego e à qual tais recordações são inerentes; pensava que elas poderiam ser inerentes a uma substância física. Mas o ponto dele era que os requisitos psicológicos de personalidade poderiam ser inerentes a qualquer corpo e poderiam, em princípio, pular ou ser transferidos de um corpo a outro, se Deus permitisse ou facilitasse isso. A personalidade de A poderia ser imposta ao corpo de B, simplesmente removendo as recordações de B e introduzindo as de A em seu lugar. Em outras palavras, para a responsabilidade moral, é necessária e suficiente a consciência dos feitos bons e maus de alguém, e não apenas o envolvimento de seu corpo com os feitos.

A concepção lockiana era alegadamente justificada por experimentos mentais, como o seguinte: suponha que sua mente fosse transplantada para o corpo de outrem e a mente de outra pessoa transplantada para seu corpo. Quem você preferiria que fosse torturado. Evidentemente, você preferira que seu antigo corpo fosse torturado, e não sua velha mente em seu novo corpo. Mas outros experimentos mentais não dão apoio à tese de Locke, como indicou Williams. Pelo contrário, tendemos a pensar o "Eu" que passa por vários processos como um corpo que pode passar por diferentes estados mentais. Importamo-nos com o anúncio de que seremos torturados, mesmo se formos informados que estaremos inconscientes quando a tortura ocorrer e não teremos recordação dela, ou que teremos a memória de outra pessoa implantada em nós. Williams argumentou que aquilo a que respondemos e reconhecemos como os traços identificadores de pessoas não poderiam nem mesmo ser imaginados como sobrevivendo ao transplante no corpo de outro. Voz e expressão são elementos cruciais da personalidade e dependem da constituição do corpo; portanto, é praticamente impossível imaginar-se transposto para o corpo do sexo oposto. (Pessoas que sofreram cirurgia de mudança de sexo que estejam felizes no novo papel não são propriamente contraexemplos, pois tais casos apenas mostram que a identificação usual e ordinária com o corpo pode estar perturbada e ser retificada). Williams insiste que amar uma pessoa é mais próximo de amar um corpo particular que amar um conjunto de recordação e disposições narráveis, pois as mesmas memórias e disposições dificilmente seriam amáveis em um corpo tosco e descoordenado, a menos que seja o tipo de corpo que alguém ama.

Um *eu* (*self*) era, para Williams, certo corpo, com um passado e com uma particular relação com ele. Ser um *eu* implicava ser capaz de estabelecer vínculos profundos ou superficiais com outras pessoas, uma disposição para emoções retrospectivas de orgulho, vergonha e remorso, bem como ser uma fonte de ação no mundo. A noção de projeto era central para a concepção de Williams. Eu's (*selves*), dizia, são "inevitavelmente orientados para o futuro" e acumulam ou modelam combinações de ambições, esperanças, planos e esforços que ocupam suas atenções e comandam seus esforços. Projetos dão a razão de viver; são as condições da existência de um futuro para qualquer um de nós, pois "a menos que eu seja propelido adiante pelo impulso do desejo, projeto e interesse, não seria claro por que deveria de algum modo prosseguir; certamente, o mundo, como o reino de agentes morais, não tem nenhuma reivindicação especial sobre minha presença nele ou, de fato, interesse nela" (*ML* 12). Williams mantém dramática e controversamente que, sem projetos de uma importância tão grande, que os perseguir possa, às vezes, superar considerações morais, a vida de alguém não poderia ter "significação ou convicção" suficiente para motivar a devoção à própria vida.

Os projetos são diversos, no sentido de muitos serem elegíveis para adoção, e pessoais, no sentido de ordinariamente ninguém se preocupar com a realização deles tanto quanto o agente que os tem, e por isso não há uma resposta única para a questão "Como é viver melhor?"; como diz Williams, não há um modo de preencher completamente o quadro do espaço vital. Ao contrário do que afirmam os utilitaristas, não organizamos nossas vidas de sorte a maximizar o prazer e minimizar a dor, e o comportamento ético e prático não deve ser identificado com o comportamento e com a prática que de fato maximizam a felicidade agregada e minimizam a dor agregada. Pelo contrário, queremos produzir, realizar e experimentar certas coisas, e esses desejos e seus objetos mudam no decorrer da vida, algumas vezes, como resposta a oportunidades inesperadas que se oferecem e a caminhos que se revelam sem saída. Queremos certos resultados; queremos produzi-los, e obter esses resultados depende de nossos esforços e de nossos desejos de produzi-los. Mas vivemos em um mundo de informação limitada e de incerteza, e há limites do que podemos fazer para assegurar os resultados desejados, em parte por causa das maneiras imprevisíveis como os outros reagem e como as coisas se mostram. Não temos nenhuma ideia clara de como maximizar o prazer – que não é de modo algum o mesmo que a felicidade ou a satisfação geral com a vida e com o modo como as coisas se revelam – e, menos ainda, alguma ideia de como organizar a sociedade de modo a minimizar tanto quanto possível a dor para o maior número de pessoas. No entanto, "o fato de haver restrições no que podemos fazer é o que nos faz racionais. Não conhecer tudo é... uma condição de estar vivo" (*EL* 57). Ademais, temos que compreender nossos projetos atuais como os de uma pessoa cujos projetos, pelo menos alguns, mudaram no passado e cujos projetos futuros mudarão.

Williams concluiu que a identidade pessoal está ligada ao corpo e é tanto fixa como fluida e depende de representação, verdadeira ou ilusória, do futuro imaginado. Consequentemente, seu papel decisivo na discussão moral é limitado. Williams era cético quanto ao procedimento comum na discussão moral, a saber, o uso do experimento mental da "inversão de papéis" e o convite feito por Rawls e seus seguidores para considerar procedimentos do ponto de vista de qualquer um que seja afetado por eles. Williams parecia duvidar que os resultados de tais exercícios pudessem ser valiosos. Em primeiro lugar, o que quer que eu esteja fazendo quando tento me imaginar com corpo, voz, expressões, história, emoções e experiência de alguém cuja situação é distante da minha não tem, inerente a si, as condições de sucesso, e supor que seja um teste válido e, de fato, único para procedimentos políticos parece absurdo. Em segundo lugar, Williams indica que os testes de inversão de papéis poderiam legitimar abominações, porque são muito superficiais. Um nazista pode manter entusiasticamente que, se fosse judeu, deveria ser morto; que tais sacrifícios são necessários para salvar o mundo (*EL* 84). O contratualismo, considerado como uma teoria capaz de fornecer critérios para o justo ou o correto, fracassa, em sua opinião, pela impossibilidade psicológica do experimento mental exigido.

Williams argumenta que frequentemente certas práticas, análogas a rotinas pessoais e hábitos individuais, estão tão arraigadas em mim, como membro de uma cultura, que são praticamente imunes à revisão, ainda que haja modos alternativos de organizar minha sociedade "disponíveis" para mim, no sentido de estarem representados em textos filosóficos, porém não disponíveis para mim em um sentido que não seja meramente nominal. Williams afirmava que, para os gregos, um mundo sem escravidão era simplesmente impensável, ainda que ser escravo fosse um infortúnio ou, pelo menos, uma má sorte (*SN* 125). A consequência é que a mudança radical dessa sociedade em outra pode ser tão impensável e, portanto, tão impossível como seria a *minha* transformação em outra pessoa.

O tratamento de Williams ressuscitou o problema nietzschiano acerca da promessa: minhas ambições e preferências, bem como meus desejos futuros dependerão tanto do que faço agora quanto do acaso e da necessidade, mas eu não posso predizer exatamente como. A instituição da promessa parece exigir a execução do que fora prometido independentemente do que ocorra, mas como posso me vincular a fazer algo no futuro desconhecido. Williams não procura resolver esse problema teoricamente; em vez disso, indicou a importância na vida humana dos juramentos e das fugas, das promessas quebradas. Concorda implicitamente com alguns psicólogos contemporâneos que a ação impulsiva, dirigida pela emoção, é frequentemente sentida como altamente recompensadora e que oportunidades de satisfazer-se com elas poderiam ser condições do que o próprio sujeito consideraria ser uma vida feliz. Só esse ponto já era suficiente para distanciá-lo das principais tradições da ética.

A REJEIÇÃO DE RAZÕES EXTERNAS

Um velho problema na filosofia moral é se uma ação pode ser obrigatória para um agente, e se ele dispõe de razões para executá-la, mesmo se não se sente vinculado à suposta obrigação, nem sente que tenha uma razão para executá-la. O personagem de Henry James, Owen Wingrave, cuja família militar lhe apresenta muitas razões para ir à guerra, embora Owen não as aceite como razões, fornece um exemplo-chave (*ML* 106-7), consistente com a noção de Williams do eu (*self*) como aquele que projeta valores no mundo à medida que deseja e aspira, e que sente a força de várias espécies de "ter de" em sua vida. Tanto o kantismo como o utilitarismo implicam a existência de obrigações e razões para agir externas ao agente. No quadro de éticas, no entanto, é difícil explicar por que um agente real deveria agir de acordo com tais razões alegadamente objetivas e imparciais e como pode ser motivado a agir assim se professa ser inamovível ou mesmo chocado com os deveres impostos a ele como inelutáveis. A observação dos deveres kantianos pode ser tida como uma condição da racionalidade ou mesmo do agir, mas por que devo me preocupar se a filosofia julga-me racional ou mesmo um agente?

Frequentemente os moralistas argumentam que temos razões objetivas para agir de maneira benevolente ou benéfica para com os outros, mesmo se não reconhecemos essas razões, ou quando agir assim nos impõe sacrifícios indesejáveis. Sustentam que tais razões, transcendentes ao agente, repousam realmente em que ninguém, nem mesmo eu próprio, é mais importante que outrem, ou no fato que a ação altruísta pode fazer do mundo em geral um lugar melhor. Williams indicou quão difícil é estabelecer que um agente N tem uma razão para fazer X, quando o agente não quer fazer X. Frequentemente já é difícil ver que se deve agir de modo que é manifestamente em interesse próprio, quanto mais em interesse de outro; pressionar um agente a adotar um curso de ação porque estará em situação melhor no futuro não precisa resultar na aceitação pelo agente das pressões daquele que o persuade como uma razão para fazer essa coisa. Meu futuro não merece mais ou menos consideração que meu presente, alegam alguns filósofos, mas em qualquer momento dado posso preocupar-me desproporcionalmente com um ou com outro. Insistir no dever dar a cada segmento temporal de minha vida igual peso, ou em que poderia ou não poderia levar em conta o futuro, é dar uma prescrição, e não demonstrar obrigações objetivas de cuidar ou não cuidar. Confessadamente, Williams concorda que poderia ser considerado como do interesse real de Robinson parar de beber, quer Robinson o reconheça, quer não, mas como fornecer um critério geral para a existência de um interesse real oposto a um subjetivamente reconhecido?

Relacionar interesses reais a normas básicas do funcionamento humano parece ser muito limitado; a noção de "o que é bom para N" depende da peculiar pessoa que é N. Não é idêntico ao conjunto de suas preferências, tampouco pode ser o mesmo que o que é bom para qualquer um. Mesmo se fosse possível definir objetivamente a noção de "ser bem para N" ou de N dispor de uma razão não reconhecida para fazer X, é difícil gerar um direito da parte de outros de coagir N para seu próprio bem, ou um dever de N de agir em seu interesse real, ainda que não reconhecido. Williams sugeriu que talvez tenhamos o direito e o dever de informar, educar ou tentar persuadir as pessoas a não fazerem coisas manifestamente contrárias a seus interesses reais, mas não o de interferir com elas. No entanto, afirma que aparentemente estamos autorizados a tomar as medidas necessárias para impedir que Susan, deprimida e com pensamentos suicidas, mate-se, mesmo se a informação e a educação não ajudem a convencê-la de que pôr fim à sua vida agora não é seu interesse real.

Williams considerou que o caráter psicologicamente remoto das razões externas atuava negativamente tanto sobre o kantismo como sobre o utilitarismo. O primeiro postula deveres para consigo e para com os outros que eram inteiramente independentes de inclinações; o último insiste em que há regras da maximização da utilidade que os agentes devem obedecer, estejam ou não motivados. No que concerne ao utilitarismo, Williams argumentava que é quase um paradoxo que não queiramos que nossos interesses reais, opostos aqueles que nos são manifestos, sejam promovidos. Ao mesmo tempo, não queremos que nossas meras preferências, preferências que não são interesses nossos, sejam promovidas. Uma administração benevolente e bem-informada não pode, pois, visar à satisfação de nossos interesses, reais ou aparentes; à medida que esses são divergentes, porquanto, em um caso, nos tornaremos miseráveis e, no outro, seremos arruinados. À medida que nossos interesses percebidos podem ser conciliados com os reais por meio da educação, o problema é solúvel, mas é uma característica da condição humana que a qualquer momento um fosso pode se abrir entre ambos, fosso que não pode ser inteiramente tapado.

No tocante ao kantismo, quanto mais se evidencia o contraste entre as exigências morais objetivas e as inclinações subjetivas, menos nossas emoções morais parecem bem fundamentadas e menos razão temos para sermos morais. Kant fora obrigado a inventar uma emoção especial, lembra Williams, a "reverência pela lei moral", para explicar por que não apenas reconhecemos, mas também obedecemos à lei moral. Ao fazer isso, fracassa em explicar por que essa emoção opera tão esporadicamente, ou como o "mal radical", que via como anulador, é consistente com a existência de deveres transcendentais. Como Kant as via, exigências morais não emanam de "minha posição no mundo, de meu caráter, de minhas necessidades" ou mesmo de "outras" exigências que me sejam impostas, mas apenas de minha própria vontade noumenal autônoma; consequentemente, não posso ser constrangido a uma posição na qual eu faço algo impossível de ser justificado moralmente." Obrigações podem sobrepujar obrigações, mas a moralidade, gostemos ou não dela, nunca pode ser sobrepujada por qualquer coisa não moral, que consideremos importante. Para sustentar tais alegações, Kant precisou elaborar uma metafísica do agir moral cotidiano, afastada da experiência, uma metafísica que transcende os limites da filosofia, insistia Williams. Os apelos audazes de Williams a situações perigosas da vida e da literatura visavam a expor a vacuidade da metafísica da moral.

CONTRA O UTILITARISMO

Segundo Williams, havia ainda outros problemas com o utilitarismo. A principal dificuldade em tomar o bem-estar geral como o critério do direito não é apenas que somos egocêntricos e psicologicamente incapazes de considerar o bem-estar de outros em pé de igualdade com o nosso; pelo contrário, é que não articulamos nossos projetos segundo critérios utilitaristas, nem mesmo preferimos que outros ao nosso redor ajam desse modo. Não queremos estar envolvidos com pessoas que pensam em termos de cálculos utilitaristas acerca dos resultados gerais, mas com pessoas que são generosas, afetivas, vigorosas, resolutas, criativas e felizes, e que estabeleçam vínculos de amizade fortes. Regras utilitárias, ao insistirem que algumas ações espontâneas, compelidas pela emoção, muito tendenciosas, ou mesmo algumas ações motivadas meramente pelo senso de dever são justificadas ou exigidas com base em que, se todos fizessem o mesmo, o mundo seria um lugar melhor, incorrem no erro de serem demasiadamente cerebrinas* (*ML* 18). No entanto, Williams concedia a necessidade de clareza e caráter explícito aos códigos públicos, que deveriam ser harmonizados com o ser capaz de viver "aquela espécie de vida meritória que falta aos seres humanos, a menos que sintam mais do que podem dizer e aprendam mais do que possam explicar" (*ML* 82).

Frequentemente buscamos o risco e o esforço, e não os prazeres – pelo menos segundo a antropologia psicológica de Williams. Ademais, a visão bem-informada que tenho de minha própria experiência e de como a adquiri pode ser diferente da que teria se estivesse desinformado. A perspectiva de ser apanhado em uma máquina de nirvana pode ser corretamente julgada aterradora, mesmo se a experiência de ser apanhado em uma máquina de nirvana não seja aterradora. O que está errado em ser apanhado em uma máquina de nirvana não é que minhas experiências estarão nesse caso de algum modo abaixo do nível ótimo, pois poderiam me ser dadas as experiências de risco e esforço pela máquina, mas que algo fundamental para mim – a forma que dou a meus planos e projetos e o exercício de minha capacidade de agir no tocante a eles – está faltando objetivamente, não importa como me pareçam. Aqui, Williams parece endossar a noção de

---

* N. de T.: A expressão original "one thought too many" fora cunhada por Williams na obra citada e tornou-se famosa. Traduzida literalmente significaria "um pensamento além da conta".

razões externas e de interesses reais situados fora do conjunto acessível de motivações do sujeito, porém uma máquina de nirvana é, evidentemente, um caso particular.

Uma falha do utilitarismo relacionada a ela, do ponto de vista de Williams, era não levar em conta o fato de minhas ações serem percebidas não como executadas por alguém que venha a ser idêntico a mim, mas como fluindo de mim. Desse modo, o utilitarismo nos atribui, de maneira implausível, uma forma de "responsabilidade negativa" sempre que fracassamos em agir de maneira a aperfeiçoar as condições gerais do mundo. Sou obrigado, como alegam alguns utilitaristas, a produzir todos os estados de coisas em meu poder que, julgados impessoalmente, contêm menos sofrimento geral e uma felicidade geral maior que aqueles estados de coisas resultantes ou de minha recusa em agir ou de fazer outra coisa no lugar? Williams negava que qualquer um pudesse mostrar, de uma perspectiva metaética, que estou impessoalmente obrigado a produzir tais estados. Além disso, aventa a possibilidade de vir a ser incapaz, pessoal e inocentemente, de agir de um modo otimizado. Em seu experimento mental "Jim na Selva", é dado a um agente a escolha entre atirar em um prisioneiro dentre um grupo de 20 ou deixar todos os 20 prisioneiros serem fuzilados por outrem. Williams sustenta que se pode decidir de diferentes maneiras, mas não simplesmente perguntando qual estado de coisas é genericamente o pior resultado – uma morte ou a 20 mortes? (*ML* 38)

Segundo Williams, frente a tais dilemas, devemos nos perguntar não simplesmente quantas pessoas mortas deverá haver após a ação, mas antes "Posso ser aquele que deliberadamente mata alguém, mesmo que seja para impedir um horror em larga escala?" e "Posso ser aquele que se recusa a matar alguém quando poderia ter impedido um horror em larga escala?" (imagine que as mães das crianças pequenas do grupo implorem para que eu supere o que elas veem como minha covardia ou fastio e sacrifique uma criança para salvar a vida das restantes). Estar envolvido nisso é parte da situação tanto quanto os efeitos sobre os 20 seres considerados. E isso seria assim, pode-se acrescentar, mesmo que me fosse oferecido o esquecimento do evento e não fosse obrigado a viver com a lembrança do que havia feito ou recusado a fazer, pois ainda seria aquele que fez ou recusou fazer algo. No entanto, Williams não extraiu a conclusão reversa, ou seja, qualquer ato que aprovamos deve ser um que nós mesmos estamos preparados a fazer. Não devemos demandar dos políticos, cria ele, que, em princípio, queiram pessoalmente levar adiante atos repulsivos que julgam politicamente necessários. Tais atos aversivos poderiam incluir lutar na frente de batalha, interrogar suspeitos, espionar, que são normalmente delegados a outros que tenham gosto por eles. O critério de Williams aqui é surpreendentemente prático e mesmo utilitarista: impor tais exigências restringiria o papel político aos contendores mais brutais por cargos e funções.

SORTE MORAL E LAMENTO

Algumas escolas filosóficas antigas propunham que uma pessoa boa não poderia ser danosa; mantinham que apenas os interesses verdadeiros de uma pessoa boa estão presentes em sua própria conduta correta. A perda de coisas que pessoas comuns lamentam – fortuna, reputação, família ou amigos – não são perdas de bens verdadeiros, e a posse deles não está sob nosso controle, como a conduta virtuosa está. A pessoa boa, aquela que age corretamente em todas as situações, não terá razão para lamentar, seja de sua conduta, seja das consequências, e suporta as perdas impostas pelo destino com tranquilidade. Williams tinha pouco respeito por essa posição estoica, que ressurge na ética de Kant. A perda recém-citada de objetos e estados é precisamente o que nos importa mais e nosso pesar por ações passadas, por danos perpetrados a outros, involuntariamente ou por conta de nossos impulsos para satisfazer nossos próprios desejos, é inevitável na vida de qualquer pessoa razoavelmente sensível. O futuro não é previsível, e que tipo de pessoa alguém será no futuro, ou o que se sentirá sobre o passado, tendo feito certas coisas e evitado fazer outras, também não é previsível.

Podemos deliberar bem e ainda assim as coisas terminarem mal; por sinal, podemos deliberar mal e ainda assim as coisas acabarem bem. As experiências de pesar, remorso, vergonha, culpa e de autocondenação são, pelo menos em parte, independentes da racionalidade empregada na tomada de decisão. A razão prática pode nos ajudar a prever e a evitar certos males previsíveis, ou a recuperar algumas perdas, embora não todas; todavia, viver com o objetivo de minimizar a quantidade do que torna a vida ruim é, em certa medida, impossível e, em certa medida, possível, mas não recomendável. É impossível à medida que frequentemente não sabemos o que é ruim para nós até que realmente nos ocorra, e porque estamos psicologicamente inclinados de maneira radical a desacreditar no futuro, haja vista sua incerteza. E não é recomendável à medida que, ao adotarmos uma política de minimização do risco, perderemos muito do que a vida tem a oferecer.

Williams cria que o modo como as coisas calham acontecer, por razões que em grande parte estão fora de nosso controle, torna um episódio moralmente repreensível ou não: uma bela história de amor ou um episódio sórdido podem ter exatamente o mesmo material e os mesmos antecedentes emocionais. "É uma ilusão supor que devia haver, na época desses episódios, uma espécie particular de evento psicológico que ocorreu se as coisas resultaram de uma dessas maneiras e que não ocorreu, se resultavam da outra?" (*ML* 45). Nesse contexto, Williams introduziu a noção de "pesar do agente" para caracterizar uma atitude que significa não apenas o pesar sobre o que ocorrera, mas também sobre seu próprio papel no que ocorreu ou deixou de ocorrer. O pesar do agente entra em cena mesmo que o que ocorreu não fosse o resultado de um plano deliberado de minha parte para fazê-lo ocorrer, mas apenas uma situação na qual estava envolvido. "A história de alguém como agente é uma teia", diz Williams, referindo-se ao Édipo de Sófocles, "na qual qualquer coisa que é o produto da vontade está cercada, sustentada e parcialmente formada por coisas que não são" (*ML* 28). O motorista de caminhão que atropela uma criança que de repente se lança na rua não recuperará a autoconfiança tão cedo. Embora não haja maneira de atribuir-lhe um grau preciso qualquer de culpa, e embora o acidente possa ter sido em algum sentido inevitável, Williams insistia que era correto o motorista sentir-se culpado.

Em outros casos, porém, Williams sugeria que não haveria razão para se sentir pesaroso ou culpado, mesmo quando algum dever, social ou filosoficamente reconhecido, tivesse sido desrespeitado. Para ilustrar os problemas sobre promessas antigas, a importância de projetos e a palidez psicológica do dever, Williams analisou uma figura hipotética similar ao extravagante pintor Paul Gauguin (*ML* 20-39). "Gauguin", sem submeter suas ações propostas ao crivo kantiano ou utilitarista da permissão, seguia suas inclinações e abandonou sua esposa e seus filhos para ir pintar no Taiti. As coisas resultaram razoavelmente bem para os que foram abandonados, e "Gauguin" pintou quadros de uma beleza e profundidade que são uma contribuição significativa para a história da arte e para a experiência estética, mas as ações de "Gauguin" poderiam ter resultado em nada, salvo o empobrecimento, o suicídio, a aflição e a ruína. O que Williams denominou o "pesar do agente" teria sido (em uma pessoa normal) a sequência, e a natureza apropriada de tal pesar pretendia ser um substituto, em seu esquema, da atribuição de erro objetivo. A possibilidade do pesar do agente, não simplesmente a possibilidade de complicar-se moralmente, é o que torna certas decisões arriscadas. Como resultado de sua busca, ou antes, de fracassar em sua busca, por certa meta "alguém pode ter arruinado sua vida, ou se não permitir que nada assuma tal determinação absoluta nela, no mínimo o terá levado a um estado de incúria do qual grandes iniciativas e muita sorte seriam necessários para retornar a algo que valha a pena possuir" (*SN* 70).

OBJETIVIDADE E PERSPECTIVA NA ÉTICA

A meta de alguns teóricos morais é enunciar um sistema de normas que seja formalmente consistente e que viole o menor número possível de intuições morais fortemente mantidas por pessoas comuns. A investigação ética, nessa perspectiva, está amplamente interessada em resolver inconsistências teóricas. Assim, se você afirma crer na sacralidade da vida humana, seu princípio compromete-o aparentemente, como agente racional, a se opor, seja à guerra, seja ao aborto. Se você se opõe a um, mas não a outro, você deve, segundo critérios socráticos, reformular os termos pelos quais expressa sua crença. Williams, assim como Wittgenstein, via tal crítica técnica das crenças como amplamente sem função. Devemos visar à construção de conjuntos logicamente consistentes e, grosso modo, plausíveis de crenças morais ou visar a adquirir uma "compreensão absoluta" cartesiana da realidade moral?

Williams distinguia entre ética, o estudo de como viver, envolvendo uma atenção, analítica, sensível, familiarizada com a história, para com as questões da conduta e da atitude que procurava praticar, e a moralidade, que intermitentemente estigmatizava como uma "instituição peculiar" kantiana, organizada em torno dos conceitos de deveres inevitáveis e insuperáveis e de imunidade à sorte e à tragédia por parte do agente verdadeiramente moral. Em *Ethics and the Limits of Philosophy* (*A ética e os limites da filosofia*) defendeu que se refreassem as pretensões da teoria moral contemporânea de demonstrar a existência de obrigações e permissões obrigatórias para todos. Novamente, sobressai seu interesse nas perspectivas interna e externa. Negou que algum método filosófico pudesse conduzir a tal resultado, considerando um a um os problemas levantados pela opção amoral, pela existência de normas culturais divergentes e pela individualidade e projetos. Não podemos justificar as normas que restringem o egoísmo desenfreado para alguém que professa não se preocupar com isso, ou mostrar-lhe por que deve se submeter a alguma disciplina, embora, afortunadamente, poucos seres humanos realmente estão fora de nossas instituições e práticas éticas. A opinião científica deve e de fato converge ao termo da investigação, e ela emprega métodos que são eles próprios sujeitos ao consenso; por conseguinte, ela é objetiva. Porém, não há analogia na moral; é improvável que ocorra o consenso sem que haja coerção, e, mesmo se ocorrer, não indicaria a existência de normas objetivas morais mais do que a padronização de nossas roupas, poderíamos dizer, indicaria a existência de códigos objetivos de vestir-se. Williams indicava que aquilo em que alguém acredita de maneira veraz deve ser consistente com o que outros acreditam de maneira veraz, mas é falso que a deliberação moral, conduzida por mim de maneira apropriada na situação X, deva ser consistente com os resultados de deliberações conduzidas por outros também de maneira apropriada acerca do que eles ou mesmo eu deveria fazer na situação X.

"Conhecimento ético" pode se referir ou aos juízos do interior de um modo de vida que controla suas práticas, ou pode se referir aos juízos de pessoas que estão tentando avaliar criticamente suas próprias práticas ou as de outros. Nosso discurso moral serve principalmente para reafirmar e apenas ocasionalmente para ajustar ou subverter as crenças peculiares de pessoas que já aceitam a ideia de obrigações morais e que não as perderão. As características pessoais da tomada de decisão ética são análogas às características locais de instituições sociais, e ambos implicam a pobreza do contratualismo. Williams admirava-se por que a ética deveria postular regras com as quais todos podem concordar, em vez de permitir a coexistência de práticas rivais ou de um "tratado de não agressão"? Ao nos afastarmos de nossa própria cultura para avaliar diferentes práticas, temos uma base sempre mais frágil para decidir que propostas normativas os outros não poderiam razoavelmente rejeitar, dada a teia de crenças e práticas nas quais qualquer norma está imersa. Mesmo dentro de uma cultura, diferenças individuais são tais que é improvável que as pessoas concordem em muitas coisas, exceto a sabedoria de fornecer as necessidades mais básicas e manifestas dos próximos e observar algumas regras elementares de confiança e de convívio pacífico. Ao mesmo tempo, Williams observava que a convicção ética acerca do que devo fazer ou o que deve ocorrer não é uma decisão pessoal, ou mesmo uma decisão grupal, porque não é uma decisão: "A convicção ética, tal como qualquer outra forma de estar convencido, deve ter algum aspecto de passividade, em algum sentido, deve vir até você" (*EL* 169). Porém, a força da convicção é apenas um parâmetro relevante para a postulação de normas éticas válidas; o consenso, dependente da "discussão, do teorizar e da reflexão", é outro.

A tendência ao relativismo de Williams tem seus limites. Segundo seu sistema metaético, o relativismo não era uma teoria que poderia ser imposta, não mais que o universalismo, e ele não duvidava que as práticas de algumas culturas, antigas e atuais, eram cruéis e moralmente erradas. Pensava que a teoria crítica mantinha viva questões de ideologia e justificação; trazia diferentes práticas culturais para o espaço da comparação crítica, e Williams não questionava seu valor, enquanto estivesse entendido que exigências de justificação e crítica têm lugar em um contexto no qual há uma escolha do caminho que a sociedade está para percorrer.

Na investigação científica, o conflito e a contradição indicam uma falha na teoria disponível; a teoria deve ser consertada ou descartada em favor de uma melhor. Na investigação moral também, conflito e contradição indicam uma falha na teoria, mas não razão para pensar que a teoria pode ser corrigida ou substituída por uma teoria melhor; o conflito pode refletir uma tensão encravada nas próprias coisas, refletindo nossas preferências inconsistentes. Não apenas as vidas individuais podem estar prenhez de conflitos morais não resolvidos e pesares inescapáveis, como sociedades inteiras podem estar permeadas por contradições práticas, que não podem ser completamente passadas a limpo. Por exemplo, igualdade social e sexual é um ideal que nós, cidadãos das democracias modernas, afirmamos fazer algum esforço para realizar. No entanto, é incompatível com outros ideais, como a eficiência da divisão do trabalho. Consequentemente, participamos de muitas instituições que erode a igualdade e sustenta o oposto (*PS* 230 ss.) Muitas pessoas acreditam que se deve despender mais esforços para erradicar a desigualdade social, perniciosa e penosa, e, simultaneamente, que as pessoas devem ser livres para fazer o trabalho que lhes dê mais prazer e que deveriam ser livres para ganhar quanto dinheiro puderem induzir outros a lhes pagar por seus talentos e esforços. Querem a segurança e estabilidade dos casamentos contratados por toda a vida, mas também a liberdade de mudarem de opinião. Mesmo se pudéssemos reduzir tais conflitos nos ideais sociais, Williams insistia, poderíamos não conquistar nada com isso: "Você poderia talvez produzir uma sociedade cujos valores fossem menos conflituosos, mais claramente articulados, mais eficientes, e as pessoas, tendo atingido esses estágios, poderiam não ter um sentimento de perda. Mas isso não significa que não haveria perda. Significaria que teria havido outra perda, a perda do sentimento de perda" (*ML* 80).

CONCLUSÕES

Em vista da audácia de seu pensamento, o legado de Williams na filosofia é necessariamente ambíguo. Sua opinião fluída sobre a identidade pessoal e sua insistência em que o fato de um projeto ou uma ação vir a ser ou ter sido "meu" atribui-lhe uma significação que não teria, se considerado simplesmente como de qualquer um, encontraram adesão considerável entre filósofos morais. Assim também sua posição segundo a qual pessoas têm interesses pessoais – "desejos por coisas para si mesmo, para sua família e amigos, inclusive as necessidades básicas da vida e, em situações mais relaxadas, objetos de gosto... buscas e interesses de caráter intelectual, cultural e criativo" (*CU* 110). O projeto utilitarista para expandir todas as vidas não teria nenhum fundamento se isso não fosse assim; ao mesmo tempo, dado esses interesses, o cálculo utilitarista impessoal pode apenas ser um artifício do filósofo que pode ser adorado como um ídolo, mas não pode comandar a lealdade profunda de qualquer um que não seja um fanático perigoso. A crítica de William ao realismo moral ainda merece um estudo e desenvolvimento mais íntimo.

No entanto, o tratamento da filosofia política de Williams, um tanto quanto trágico, atraiu poucos adeptos. Muitos filósofos contemporâneos estão dispostos a julgar seu pessimismo exagerado e como injustificável seu ceticismo acerca da teoria moral e do que denomina "sistema moral" ou, para empregar um termo outrora usado com respeito à escravidão americana, "a peculiar instituição". Preocupado em romper com as dicotomias que achava artificiais, entre a motivação patológica e a moral, entre responsabilidade e isenção de responsabilidade, Williams defendeu certas dicotomias problemáticas, próprias dele. O contraste entre metas pessoais do agente e a "boa ordenação do mundo" considerada imparcialmente, por exemplo, não precisa ser assumida tão fortemente; uma boa ordenação do mundo imparcial envolve medidas que poupem e liberam o agente. Poderia ser observado que os kantianos podem acomodar políticas poupadoras e liberadoras dos agentes, desde que não reflitam privilégios e poderes excessivos de uma pessoa ou de um grupo, nem imponham níveis inaceitáveis de sofrimentos às vítimas. Williams reconhecia que o propósito da moralidade era refrear o egoísmo, combater a suposição de que "o conforto, a excitação, a autoestima, o poder ou outras vantagens do agente" poderiam ter prioridade sobre as necessidades de outros (*EL* 11); e ele estava disposto a aplicar sua conclusão aos assuntos do mundo real: a Royal Commission on Obscenity and Censorship, que presidira, recomendava a banimento dos filmes que retratassem "danos físicos reais" de forma sadomasoquista.

Sua metaética dificulta, no entanto, caracterizar o sucesso moral ou as condições do progresso moral ou a ajustar a seu esquema a crítica justificada de práticas histórica ou culturalmente "remotas". (Seu trabalho na Royal Commission era comprovadamente muito liberal ao restringir apenas filmes de pedofilia e sadomasoquismo, deixando a indústria da pornografia livre para criar e vender o restante de seus produtos para qualquer um.) Sua alegação de que adquirimos uma melhor apreciação da moralidade ao cuidarmos da aplicação de conceitos éticos "densos" – termos como "corajoso", "generoso", "falaz", no lugar dos conceitos "ralos" da tradição kantiana: "correto", "errado", "permitido", "proibido" e afins – foi vista como tendo uma certa tendência conservadora, uma vez que compreender um termo denso é normalmente concorrer para sua aplicação corrente. Por último, a tentativa de Williams de fazer sua noção de "pesar do agente" funcionar no lugar da noção de falha moral objetiva era problemática, pois tipos e graus adequados de pesar do agente só podem ser experimentados por agentes moralmente educados. Williams parece pressupor tacitamente a noção de uma boa educação moral, uma que leva aos sentimentos de vergonha ou culpa em situações nas quais se deve tê-los e a não tê-los de outro modo. Mesmo se os detalhes de tal educação forem explicitados sem alusão às principais escolas de filosofia moral que criticara, poderia ser afirmado que Williams assumiu erroneamente e de maneira atípica que suas próprias experiências educacionais fossem experiências universais.

Em alguns contextos, Williams enfatizou fortemente os aspectos improvisados da vida, a necessidade de responder às oportunidades, quebrando as amarras com o passado. Em outra passagem, expressou sua fascinação pelos modos nos quais o sentimento de um "dever" interno conduz ao desenvolvimento de posições éticas, posições rígidas, que são parte do "caráter", no sentido grego antigo do termo, e talvez uma das perdas da modernidade. Ele não dispôs esses dois traços opostos da vida moral em um quadro único, embora se tivesse escrito um ensaio sobre a rigidez e a improvisação na teoria moral, provavelmente ambos teriam sidos reveladores e perturbadores. Sua compreensão e seu amor pelo arcaico parecia conflitar-se com sua visão de que tipos de comportamento remotos não são, realmente, opções para os membros de outras sociedades. A mente frequentemente dividida de Williams – por exemplo, sobre a existência de "interesses reais" identificáveis e a possibilidade de igualdade social – reflete a indecidibilidade teórica e o conflito trágico que frequentemente supôs, ou Williams chega a essas conclusões antecipadamente? Essas questões, juntamente com outras suscitadas pela consideração de seus escritos, provavelmente continuarão a ocupar os filósofos por algum tempo.

REFERÊNCIAS BIBLIOGRÁFICAS

"A Critique of Utilitarianism" [CU], in *Utilitarianism: For and Against*, ed. with J. J. C. Smart. Cambridge: Cambridge University Press, 1973, pp. 82-117.

Descartes: The Project of Pure Inquiry [D]. Brighton, Sussex: Harvester Press, 1978.

Ethics and the Limits of Philosophy [EL]. London: Fontana, 1985.

Moral Luck [ML]. Cambridge: Cambridge University Press, 1981.

Morality: An Introduction to Ethics. Cambridge: Cambridge University Press, 1993; orig. pub. New York: Harper and Row, 1972.*

Problems of the Self [PS]. Cambridge: Cambridge University Press, 1973.

Shame and Necessity [SN]. Berkeley and Los Angeles: University of California Press, 1993.

Truth and Truthfulness: An Essay in Genealogy. Princeton, NJ: Princeton University Press, 2002.

---

* N. de T.: Tradução brasileira: *Moral: Uma introdução à ética*. São Paulo: Martins Fontes, 2005.

5 RORTY

ALAN MALACHOWSKI

> *Rorty tem uma visão perturbadora da filosofia, da ciência e da cultura e até que ponto ele está certo é importante.*
> Bernard Williams[1]

É um sinal seguro, embora não único, de que um filósofo tornou-se um "vulto" quando sua obra não pode ser discutida facilmente sem fracioná-la em diferentes períodos. Se isso ocorre durante a vida do filósofo e gera já alguma controvérsia acerca da adequação da periodização envolvida, então podemos estar bem certos de que o filósofo em questão é um vulto maior. Por esse padrão, Rorty fora um importante vulto filosófico um bom tempo antes de sua desafortunada morte em 8 de junho de 2007.

Desde pelo menos a publicação de seu livro *Contingency, Irony, and Solidarity* (*Contingência, ironia e solidariedade*) em 1989, os escritos filosóficos de Rorty são comumente divididos em três categorias:

1. aqueles que contribuem de maneira positiva direta para os debates importantes na filosofia analítica;
2. aqueles que procuram minar as pressuposições e principais preocupações da filosofia analítica; e
3. aqueles que expõem, exploram e celebram o que talvez seja melhor denominado de "pragmatismo pós-analítico".

Como é próprio de um "vulto", essas categorias correspondem a três períodos temporais sucessivos. Portanto,

1. corresponde ao "Rorty Inicial", alguém que fez contribuições sólidas e engenhosas para a filosofia analítica;

2. condiz com o "Rorty Intermediário", um filósofo que lançou um sério desafio para a autoimagem tradicional da filosofia, mas que não cortou seu próprio cordão umbilical; portanto, permanece preso a essa imagem de várias maneiras; e
3. recobre o "Rorty Tardio", um pensador que esposou o "pragmatismo pós-analítico", mas que, em geral, vagou sem as peias das convenções filosóficas, dispondo de sua própria agenda.

Controvérsias cercam os juízos de valor filosófico atribuídos a esses diferentes períodos e, como parte disso, as próprias divisões marcadas por eles são polêmicas. Aqueles que são mais hostis a Rorty tendem a se dividirem em dois campos. Dividem-se pelas avaliações opostas que fazem de sua obra ao longo desses três períodos. Os membros do primeiro grupo, que podemos denominar de tradicionalistas, admitem ressentidamente que o "Rorty Inicial" alcançou resultados significativos na filosofia analítica. Referem-se aqui principalmente a suas contribuições para a filosofia da mente e, em particular, a seus artigos sobre "materialismo eliminador". Mas ocasionalmente seu trabalho sobre "argumentos transcendentais" também recebe uma menção favorável. Nesse caso, Rorty fornecera "revisões e adições à nova versão, aperfeiçoada", de P. F. Strawson "do argumento central da *Dedução Transcendental*", no qual Kant defende "que a possibilidade da experiência envolve, de algum modo, a possibilidade da experiência de objetos" (SOA 213).

No entanto, tendo feito essa concessão, tais críticos alegam que em seu período intermediário Rorty abandonou seus sucessos anteriores e encetou um caminho que o impediria de fazer qualquer trabalho adicional com interesse filosófico. Sobre o "Rorty Tardio", a opinião deles é simplesmente que seus escritos confirmam o veredicto acerca do que ocorrera após Rorty ter perdido seu entusiasmo pela filosofia analítica: seus escritos da maturidade são filosoficamente suspeitos e podem ser muito danosos se tomados seriamente. Para eles, há apenas dois Rortys. O primeiro é o "Rorty analítico", um pensador que admiram e respeitam e teriam continuado a admirar e respeitar se tivesse se mantido na linha. Quanto ao segundo, o "Rorty vilão pragmatista", é visto como alguém que saiu dos trilhos filosóficos e, infelizmente, granjeou reputação ao agir dessa maneira.

No outro campo, estão os filósofos que trabalham fora da tradição analítica, principalmente com um desdobramento europeu. Podemos chamá-los de continentais. Eles se irritam com Rorty exatamente pelas razões opostas. Para eles, o "Rorty Inicial" é apenas mais um exemplo de um filósofo analítico que ajudou a marginalizar ou, na melhor das hipóteses, a tornar trivial uma grande tradição de pensamento sério que vai de Hegel a Heidegger e Derrida, passando por Nietzsche. Opõe-se ferozmente ao Rorty "intermediário" e "tardio". Não aceitam a opinião tradicionalista segundo a qual Rorty traíra a filosofia analítica. Pelo contrário, sentem que Rorty traíra a eles, os "continentais". Suspeitam da ideia de que Rorty se rebelara contra a filosofia analítica. Não aceitam que tenha alguma vez rompido com ela e veem seus escritos sobre pensadores não analíticos, tais como Heidegger e Derrida, como tentativas insidiosas de restabelecer a hegemonia do tratamento analítico. A seus olhos, a versão de Rorty do pragmatismo com modulações extra-analíticas é como que um cavalo de Troia. Novamente, há apenas dois Rortys. Nenhum deles é valioso, embora as razões para tal sejam diferentes. No primeiro caso, é simplesmente uma questão de indiferença, ao passo que, no segundo, há hostilidade escancarada, presumivelmente porque um inimigo que se posa de amigo é o inimigo mais mortal de todos.

É contra o pano de fundo dessa disputa acirrada que os escritos filosóficos de Rorty devem ser atualmente interpretados e avaliados. Mas, antes de dizermos um pouco mais acerca do significado dessa disputa e se ela tende a se resolver algum dia, devemos preencher alguns detalhes acerca da história pessoal de Rorty e da cronologia de suas principais obras.

RAÍZES RADICAIS

> *Aos doze anos, eu sabia que a razão de ser humano era despender a vida lutando contra a injustiça social ("Trotsky and the Wild Orchids", in PSH 6)*

Rorty nasceu em 4 de outubro de 1931 na cidade de Nova York. Ele cresceu no seio de uma família politizada, ligada a muitos dos pensadores progressistas importantes na época, o que encorajava o ativismo de esquerda. Sem dúvida, isso explica em parte o interesse ao longo da vida de Rorty pela política[2] e talvez sua habilidade em se envolver com questões sociais de uma maneira acessível, bem-informada e com clareza, ainda que optasse por seguir uma careira puramente acadêmica após estudar filosofia nas universidades de Chicago e de Yale. Essa careira se revelou distinguida. Em 1961, Rorty mudou-se de seu primeiro cargo docente importante no Wellesley College para um dos mais proeminentes departamentos de filosofia do mundo, na Universidade de Princeton, onde permaneceu por mais de 20 anos. Transferiu-se então para a Universidade de Virgínia, onde passou outros 15 anos extremamente produtivos, antes de assumir seu último cargo, tão profícuo como sempre, no Departamento de Literatura Comparada na Universidade de Stanford. Ele era Professor Emérito de Stanford quando morreu.

Como dissemos antes, os primeiros escritos notáveis de Rorty tratam da filosofia da mente e de argumentos transcendentais. Em uma série de artigos intrincados e influentes,[3] assume a causa do "materialismo", advogando uma explicação "eliminadora" ou "desvanecedora" da relação entre sensações e processos cerebrais. Segundo essa explicação, a linguagem associada às primeiras, a linguagem que se supõe designar ou descrever experiências subjetivas, é fadada a "desaparecer" ou a ser "eliminada" do discurso. Ela poderia se manter para alguns fins da interação social, mas não jogaria nenhum papel em uma explicação filosófica adequada da natureza da mente. A objeção óbvia que é absurdo concluir, como sua própria explicação parece fazer, que palavras tais como "comichão", "queimadura" e "dor" seriam redundantes, quando substituídas por outras palavras que têm referencial puramente físico, Rorty respondia com a espécie de despreocupação, que posteriormente seus críticos achariam provocativa, acerca da possibilidade de uma mudança radical nos usos linguísticos sob pressão da conveniência social:

> [o] absurdo de dizer "Ninguém jamais sentiu dor" não é maior que dizer "ninguém jamais viu um demônio" se dispomos de uma resposta adequada para a questão: "O que descrevia ao dizer que sentia dor?". A ciência do futuro pode responder essa questão: "Você está narrando a ocorrência de certo processo cerebral e a vida seria mais simples para nós se, no futuro, você dissesse: 'minhas fibras-C estão disparando', em vez de 'Estou com dor'". (*M-BI*: 30)

Rorty também publicou diversos artigos sobre o tema geral dos "argumentos transcendentais", na trilha, como indicamos antes, da tentativa de Strawson de reconstruir uma versão aperfeiçoada da estratégia de Kant contrária ao ceticismo. A principal asserção que Rorty tentava estabelecer foi bem resumida por Anthony Brueckner: "Se alguém é um ser autoconsciente e, portanto, possui o conceito de uma experiência, também possui o conceito de objeto físico".[4] Se Rorty não tivesse publicado nada mais do que as obras a que fizemos alusão até o momento, ele teria ainda garantido pelo menos o lugar em uma nota de rodapé de qualquer exposição adequada do capítulo analítico da história da filosofia. No entanto, foi o estágio seguinte em sua carreira de publicações que o catapultou para um nível superior e preparou o terreno para seu aparecimento como um pensador mais provocativo e influente.

DESAFIANDO A TRADIÇÃO

> *A imagem que mantém a filosofia tradicional cativa é a da mente como um grande espelho, contendo várias representações – algumas acuradas, outras não – e capaz de ser estudada por meios não empíricos.* (PMN 12)

A obra que aparentemente assinalou esse estágio seguinte foi *Philosophy and the Mirror of Nature* (1980),* um livro que cedo ganhou suficiente notorieda-

---

* N. de T.: tradução brasileira: *A filosofia e o espelho da natureza*. Rio de Janeiro: Relume Dumará, 1995; tradução portuguesa: *A filosofia e o espelho da natureza*. Lisboa: D. Quixote, 1988.

de para corresponder ao nível de suas ambições.[5] *PMN* era ambiciosa porque procurava livrar a filosofia ocidental moderna de seus problemas perenes, a espécie de problemas que a preocupara, sob uma forma ou outra, desde os gregos. E o que parecia tão infame para os oponentes era a maneira pela qual *PMN* tentava alcançar tal meta, pois não procurava resolver os problemas ou mesmo oferecer argumentos detalhados para mostrar que não eram de modo algum problemas realmente sérios. Pelo contrário, ela trama uma narrativa quase histórica na qual os problemas em pauta apareciam como inteiramente opcionais. Mais ainda, asseverava ter detectado uma "dialética interna", por meio da qual alguns jogadores-chave da filosofia analítica moderna marcaram alguns dos primeiros passos importantes para o desfecho dessa narrativa.

Ao assumir tal tratamento, Rorty parecia estar prestando um desserviço para a própria filosofia. Sugeria que se poderia desviar de seu tema tradicional impunemente, que não valia a pena gastar tempo procurando responder à espécie de questões com as quais os maiores filósofos se depararam ao longo do tempo. Muitos dos críticos de Rorty levam isso adiante, vendo a *PMN* como uma tentativa de matar a filosofia de uma vez por todas. E ressentiam-se das insinuações de Rorty de que, quando a filosofia finalmente tivesse sucumbido a seus ataques, talvez as mãos de vários importantes pensadores da tradição analítica, inclusive Wittgenstein, Sellars, Quine e Davidson, estariam mais manchadas de sangue que suas próprias, pois Rorty afirmava que tais pensadores tinham iniciado um processo de minar a filosofia analítica, o qual ele apenas estava conduzindo à sua conclusão natural. Muita tinta foi gasta no combate a seu suposto papel de pseudocoveiro. Isso foi um erro, encorajado por alguma retórica no livro, mas ainda assim um erro. Como veremos, a posição de Rorty acerca disso pode ser capturada pela seguinte linha de argumentação:

1. a filosofia não tem um "núcleo"
2. *a fortiori,* não possui uma quintessência intelectual e, portanto,
3. não tem sentido tentar destruí-la por meios intelectuais.

PMN abre com o enunciado: "Logo que comecei a estudar filosofia, fiquei impressionado pela maneira como os problemas filosóficos aparecem, desaparecem ou mudavam de formato, resultado de novas suposições ou vocabulário" (p. xiii). Isso é importante. Pavimenta o caminho para a nova concepção da natureza dos problemas filosóficos que Rorty desenvolve ao longo do livro como um todo. Nessa concepção, a filosofia é inteiramente "histórica". Não possui uma natureza essencial. Isso significa que a filosofia não depende de quaisquer questões, métodos ou temas gerais peculiares. Os problemas filosóficos podem ser vistos como inevitáveis, mas isso se deve a que as suposições de fundo que os geram e os termos com os quais são descritos são previamente aceitos de maneira não crítica. Submeta-os a inspeção, mostre como se enraízam em circunstâncias sócio-históricas, e os problemas em questão não precisam mais aparecer como compulsórios. Rorty dedica uma parte considerável de *PMN* para mostrar como questões filosóficas acerca da natureza da mente e da definição de conhecimento surgem de tais circunstâncias.

Rorty crê que esses dois conjuntos de questões, acerca da mente e do conhecimento, são vitais para a autoimagem da filosofia como a "disciplina-mestre". E afirma que ambos estão intimamente conectados. São vitais porque, uma vez que a filosofia os capture e lhes forneça sua explicação própria, o domínio sobre o resto da cultura parece naturalmente ser o passo seguinte. Se os filósofos possuem um conhecimento privilegiado da mente ou, mais precisamente, do que a faz especial, a saber, a consciência, então estão em uma posição privilegiada com respeito à compreensão da natureza dos seres humanos. Ademais, se os filósofos estão em posse de uma compreensão única do conhecimento, estão em posição de julgar todas as outras disciplinas. Podem classificá-las de acordo com a capacidade delas de propiciarem conhecimentos genuínos. A filosofia está no topo da árvore da cultura intelectual porque apenas ela está qualificada a levar a termo a classificação, apenas ela possui o conhecimento apropriado exigido para isso: conhecimento do conhecimento.

O vínculo a que nos referimos é importante, porque questões relacionadas ao conhecimento apenas ganham importância com base na concepção geral da mente que supostamente dá aos filósofos um acesso privilegiado à sua natureza. Se a consciência é o traço-chave da mente e é visto como um traço privado, no sentido de seu conteúdo só poder ser propriamente conhecido da interioridade, por assim dizer, então se abre um vão entre o "autoconhecimento" da mente e o "heteroconhecimento", o conhecimento de todas as outras coisas. A epistemologia, a teoria (filosófica) do conhecimento, lança-se nesse vão entre a mente e o mundo. Obviamente, tudo isso é muito esquemático, mas, em *PMN*, Rorty retrata detalhes históricos suficientes para mostrar como as vetustas questões filosóficas acerca da mente e do conhecimento – "Como mente e corpo estão relacionados?", "Como se pode superar o ceticismo sobre a própria possibilidade do conhecimento?" e assim por diante – apenas se tornam "problemas" no pano de fundo de uma riqueza de suposições historicamente contingentes.

De vez em quando, Rorty escreve como se a mera "contingência" fosse suficiente para tornar redundantes os problemas filosóficos tradicionais. Isso é errado. Do fato de algo ser optativo, não se segue que seja sem interesse ou sem importância. Se erroneamente crermos ser o xadrez um jogo que, uma vez descoberto sua existência, simplesmente *temos de jogar*, nossa estima por ele pode cair se descobrimos que estávamos errados acerca disso, errados em ter alguma vez crido que jogar xadrez fosse mandatório; porém, não precisamos vê-lo, então, automaticamente, como trivial, como um jogo que faríamos bem em abandonar.

No entanto, há algo no que Rorty diz. Opõe-se ao mito segundo o qual as questões das quais os filósofos tendem a se ocuparem são questões que *devem* surgir assim que começamos a refletir de maneira apropriada sobre o mundo e sobre nossa relação com ele. Rorty tem razão em sugerir que aqui a noção de "propriedade reflexiva" evade todas as questões interessantes, que os filósofos fracassaram em mostrar que *outras* maneiras de pensar acerca da mesma coisa, maneiras que não suscitam certos tipos de questões, são ilegítimas. Ademais, Rorty possui um recurso extra, mais prático.

Pondo juntas as ideias que certos problemas filosóficos são contingentes, no sentido a que acabamos de fazer alusão, e que os benefícios práticos de enfrentar esses problemas ao longo dos anos têm sido, na melhor das hipóteses insignificantes, parece perfeitamente razoável sugerir deixá-los de lado. Essa é a proposta do próprio Rorty em *PMN*. Não é que devamos deixar esses problemas de lado simplesmente porque podemos deixar, pelo contrário, não sendo mais visto como compulsórios (a alegação de "contingência") e observado que não se ganha nada os tratando como se fossem compulsórios (a alegação da "falta de resultados práticos"), seria muito sensato que nossa cultura se afastasse deles. No entanto, a exposição de Rorty dos passos envolvidos também provocou controvérsias. O próprio Rorty é responsável por isso. Mas seus críticos também são culpados em parte por não o terem lido de maneira suficientemente cuidadosa.

Rorty falhou porque permitiu, em certa medida, que uma ambiguidade estrutural contaminasse a composição de *PMN*. O livro tece uma narrativa complexa, sinuosa; porém, aparenta sempre se dirigir a um clímax: a um lugar no qual, após ter abandonado suas buscas tradicionais, infrutíferas, os filósofos finalmente estariam ocupados com o que deveriam se ocupar. Nesse lugar, ou assim os leitores poderiam ser ludibriados a crer, os filósofos gastariam todo o seu tempo praticando o que, próximo ao fim de *PMN*, Rorty assinala como "hermenêutica". Mas, se os leitores forem assim ludibriados, e muitos foram, eles ficarão intrigados com o significado do termo "hermenêutica". E ficarão decepcionados se pensam que, tendo atingido a seção final de *PMN*, intitulada simplesmente de "Filosofia", descobrirão sobre o que a filosofia deveria versar finalmente ao decifrar o significado de "hermenêutica". Antes, no Capítulo 4, que via como central em seu livro, Rorty introduz uma alternativa à epistemologia tradicional. Isso ele denomina "epistemologia comportamentalista" e glosa como "explicando racionalidade e autoridade epistêmica por referência àquilo que a sociedade nos deixa dizer, antes que esta por aquelas" (p. 174). No entanto, nunca desenvolve isso o suficiente para evitar a ideia de que a "hermenêutica" tem muito a fazer se lhe cabe permitir que a filosofia sobreviva sob uma forma reconhecível e estável.

A seu favor e em detrimento daqueles que se permitem ficar frustrados da maneira que acabamos de indicar, Rorty faz um esforço coordenado para minar qualquer expectativa de que oferecerá, na seção final de *PMN*, uma alternativa direta para a filosofia tradicional. No tocante à "hermenêutica", é inteiramente explícito: "Eu quero deixar claro, desde o início, que não apresento a hermenêutica como uma temática sucessora da epistemologia, como uma atividade que preenche a vaga outrora preenchida pela filosofia centrada na epistemologia" (p. 315). No entanto, tais esforços são insuficientes. Há duas razões principais disso.

Em primeiro lugar, Rorty não pode esperar criar um impulso estrutural que parece conduzir a um desfecho peculiar e, então, quando chega o momento, anunciar que o que parece e soa como o "ato final", no qual as questões-chave originadas pela trama serão resolvidas, não seja de modo algum o ato final. Esse é um passo particularmente ruim da parte de Rorty, dado que já descrevera o efeito miasmático que a filosofia tradicional tem sobre seus praticantes, os quais, seguramente, são o público visado. Esse erro é formado, e essa é a nossa segunda razão, pela maneira esquiva com a qual Rorty de fato explica a natureza da hermenêutica:

> Não é o nome de uma disciplina, nem de um método de obtenção da espécie de resultados que a epistemologia fracassara em obter, nem de um programa de pesquisa. Pelo contrário, a hermenêutica é uma expressão da esperança de que o espaço cultural deixado pela morte da epistemologia não será preenchido – que nossa cultura venha a ser tal, que a demanda por restrição e confronto não seja mais sentida. A noção de que há um arcabouço permanente e neutro, cuja "estrutura" a filosofia pode expor, é a ideia de que os objetos a serem confrontados pela mente ou as regras que restringem a pesquisa são comuns a todos os discursos, ou ao menos a todos os discursos sobre um dado tópico. A hermenêutica é, em grande parte, uma luta contra essa suposição. (*PMN* 315-6)

Além do "comportamentalismo epistemológico" e da "hermenêutica", Rorty invoca três heróis filosóficos que, se supõe, demonstram no *PMN* como a filosofia pode ser feita fora da tradição crítica. São eles: John Dewey, Martin Heidegger e Ludwig Wittgenstein. À primeira vista, parecem formar um grupo muito heterogêneo e historicamente incompatível. Porém, Rorty exibe notáveis poderes de apropriação ao conseguir encontrar nos escritos de cada um deles algo que se harmoniza com o que está tentando fazer em *PMN*. Assim, Dewey é louvado por sua "concepção do conhecimento como o que estamos justificados a crer", enquanto alguém que nos permite "ver a 'justificação' como um fenômeno social antes que uma transação entre 'o sujeito conhecedor' e a 'realidade'" (p. 9). Heidegger é cooptado como um pensador que encontrou uma maneira de recontar a história da filosofia que "nos permite ver os primórdios da imaginária cartesiana nos gregos e a metamorfose dessa imaginária durante os últimos três séculos". Rorty vê-o como alguém que "assim nos 'distancia' da tradição" (p. 12). E, por último, Wittgenstein é invocado por conta de seu "talento para desconstruir imagens cativantes" (*ibid*). Rorty lê as *Investigações Filosóficas* como uma tentativa de romper com o feitiço lançado por todas as ambições anteriores de transformar a filosofia em uma "disciplina-mestre". Embora sua discussão desses "heróis" tangencia algumas possibilidades intrigantes para o desenvolvimento futuro da filosofia, seu papel real é mais que emblemático. Muito mais deve ser dito para desvendar a espécie de preocupação tão decididamente levantada por Bernard Williams:

> De fato, duvido que Rorty tenha extraído das ruínas da filosofia, como ele a vê, qualquer atividade que dê sustentação a uma cultura pós-filosofia da espécie que ele esboça. Não é muito realista supor que possamos manter por longo tempo muito de uma cultura, ou mesmo que possamos afastar o tédio, jocosamente abusando dos textos de escritores que acreditavam em uma atividade que nós, agora, sabemos ser impotente.[6]

Embora a tentativa de Rorty de descrever a transição da filosofia tradicional para "a filosofia tal como abonada pelos princípios da *PMN*" seja insatisfatória, essa não é uma falha tão durável que manche toda a sua carreira, pois descobriu, posteriormente, que a maneira perfeita de resolver esse problema era simplesmente filosofar da nova maneira, sem olhar por cima dos ombros para ver como a tradição reagia. E fez isso com segurança em sua importante publicação seguinte, *Contingency, Irony, and Solidarity* (*Contingência, ironia e solidariedade*)[*] (1989).

O IRÔNICO LIBERAL

Em *Philosophy and the Mirror of Nature*, Rorty procurou mostrar que "a noção de conhecimento como um agregado de representações acuradas é optativa" (p. 11). Ele prosseguiu, então, generalizando essa empreitada, procurando mostrar também que mesmo os avanços mais recentes em filosofia, por exemplo, na filosofia da linguagem e da mente, falharem em escapar dos efeitos hipnóticos dessa "noção", que os respectivos "filósofos ainda laboram sob a ilusão de que podem construir um arcabouço permanente e neutro de investigação e, assim, para toda a cultura" (p. 8). Advertimos que mostrar que um problema filosófico é "historicamente optativo" não é, por si mesmo, suficiente para mostrar que deva ser abandonado. Em *Contingency, Irony, and Solidarity*, Rorty pinta um quadro muito mais amplo da "contingência". E, nesse quadro, a filosofia perde seu verniz de necessidade, de lidar com questões que temos de confrontar, não apenas porque suas alegações e os métodos

---

[*] N. de T.: Tradução brasileira: São Paulo, Martins Fontes, 2007; Tradução portuguesa, Lisboa, Editorial Presença, 1994.

empregados em apoio de tais alegações são optativos, mas também porque o próprio mundo no qual a filosofia encontra suas raízes e, em algum sentido, sua razão de ser, está prenhe de "contingências". O objetivo geral de Rorty é mostrar-nos como nos amistamos com a ideia, tão adversa à tradição analítica, de que tudo em nossas vidas é o "produto do tempo e do acaso".

Rorty expõe três estratégias principais em *CIS* para fomentar e posteriormente avivar essa espécie de "amizade", uma amizade que sente, pelas razões recém-aludidas, será especialmente difícil para muitos filósofos. Em primeiro lugar, nos três capítulos iniciais, ele redescreve amplas áreas de nossas vidas de maneira que revelem a ubiquidade do "tempo e do acaso". Essas áreas compreendem nosso uso da linguagem, nosso sentido de identidade pessoal e nossa concepção de comunidade. A segunda estratégia de Rorty é mostrar como desenvolvimentos recentes em nossa cultura intelectual nos prepararam para tal redescrição. Quer a conheçamos ou não, é chegado o momento de nos conciliarmos com o papel que o acaso joga nos negócios humanos. Finalmente, fornece um vocabulário cômodo que podemos empregar para conversarmos entre nós em termos que não envolvem e de fato celebram nossa liberação dos mitos a-históricos.

Ao elaborar essas estratégias, Rorty faz algo inusitado, talvez único. Introduz uma série de temas importantes, tal como a natureza da identidade humana, que ecoam preocupações filosóficas tradicionais, e faz isso de uma maneira que torna clara que *CIS* pertence definitivamente à seção de Filosofia das bibliotecas – assim, por exemplo, os nomes de muitos filósofos são mencionados. No entanto, ao fazer isso, o livro introduz o leitor em um novo território, além das fronteiras assinaladas pelos escritos filosóficos tradicionais. Ademais, Rorty despende muito pouco tempo construindo argumentos para teses particulares, e, quando cuida de um tema que parece emergir de uma longa tradição que se estende até pelo menos Platão, concede uma ênfase especial que a ergue acima da espécie de preocupações filosóficas que foram o sangue vital dessa tradição. Faz isso principalmente cortando imagens e metáforas dominantes por trás dessas preocupações e substituindo-as, então, por novas, que surgem de um tratamento mais "literário" da filosofia. Em *Philosophy and the Mirror of Nature*, Rorty procurou mostrar que as tentativas de fazer a linguagem responder à própria realidade estava fadado a terminar em lágrimas filosóficas. Isso punha em pé de igualdade diferentes usos da linguagem, por exemplo, científico, como oposto ao ficcional. Limpa o caminho para que poetas e romancistas deem uma contribuição mais significativa para a filosofia, pois eles são capazes de modificar a linguagem com formas que fazem a vida mais rica e mais interessante e, desse modo, alcançar metas filosóficas que, para Rorty, têm mais sentido que a tradicional, de fidelidade aos fatos ou "Verdade".

Tome-se o caso da identidade pessoal. Os debates filosóficos sobre esse tópico têm sido gerados por uma suposição básica essencialista: deve haver algo que distinga um ser humano de qualquer outra entidade, deve haver algo que me faz ser o que sou.[7] Essa suposição está embebida culturalmente, e muitos filósofos, de Hume a Parfit, tentaram refutá-la. Os candidatos para o "algo" especial variam de a "alma" a "razão", a "consciência" e até mesmo a "convenção social". Rorty não procura entrar no debate se tais candidatos são necessários ou adequados. Em vez disso, vai direto para uma discussão divagante de novas questões sobre nosso sentimento de "individualidade".[*] Nessa discussão, ficam à margem considerações filosóficas prévias. Na medida em que essas questões prendem a nossa atenção, não parece mais importante responder as questões antigas sobre identidade pessoal, questões como "O eu (*self*) tem um núcleo não contingente? E se possui, qual o critério que podemos empregar para identificá-lo?".

Rorty deixa em segundo plano a discussão independentemente dos pensadores cujas obras suscitaram essas "velhas questões" – pensadores como Descartes e Locke. Em vez disso, ele principia por algumas reflexões sobre as seções finais do poema *Continuing to Live*, de Philip Larkin.[**] Considera o temor da morte como principal tema do poema, no qual o principal objetivo do poeta é tornar mais explícita a natureza de tal "temor", refletindo sobre o que é aquilo que há de morrer, "o que é aquilo que não será" (*CIS* 23). Essas reflexões sugerem a Rorty que há maneiras de acompanhar e desenvolver as linhas de interesse de Larkin que evitam os temores filosóficos tradicionais de que o eu (*self*) seja extinto, temores como, quando a morte se aproxima, uma substância ou entidade especial, semelhante à alma, alguma "essência" da pessoa em pauta está prestes a ser preservada ou erradicada. Apreensão acerca do "que é que não será" não precisa ser enfrentada com truques socráticos, designados para trazer à tona ou para mostrar a impossibilidade de uma definição final do "eu" (*the self*).

O que Larkin mais teme, segundo Rorty, é a dissipação de sua lista idiossincrática de bens embarcados[***], seu senso individual do que era possível e importante. Isso é o que o faz diferente de todos os outros eus (*ibid*):

> E tendo percorrido a extensão de sua mente,
> o que você comanda é claro como uma lista de bens embarcados
> Qualquer outra coisa não deve ser pensada, por você, Existir.[8]

Essa compreensão diz respeito ao que é único no corpo da obra de Larkin, àquilo que é especial acerca dos diversos poemas que criara. O resultado

---

[*] N. de T.: No original: *selfhood*, e poderia ser traduzida também por "ser eu mesmo".
[**] N. de T.: Philip Larkin (1922-1995), poeta e escritor inglês.
[***] N. de T.: No original, *lading-list*; em português se diz "conhecimento", mas nesse contexto geraria ambiguidade e, por isso, optamos por uma tradução menos elegante.

que teme é que suas criações poéticas sejam discretamente absorvidas no anonimato da cultura de massa, que, por fim, "ninguém encontrará algo diferenciado nelas" (*CIS* 24). A moral que Rorty extrai daqui é que pessoas criativas podem se preocupar com que "as palavras (ou formatos ou teoremas ou modelos da natureza física), arregimentadas ao comando de alguém, possam parecer meros itens do estoque, rearranjadas de maneira rotineira ... [nesse caso] não se terá impresso sua marca na linguagem; pelo contrário, terá despendido uma vida remexendo peças já cunhadas" (*ibid*).

Tais comentários podem parecer nos afastar das questões filosóficas tradicionais, questões profundas acerca da "morte" e do "eu" (*the self*), à custa de entreter alguns pensamentos mundanos acerca da "originalidade" na arte e em outras formas de criatividade. No entanto, a sentença seguinte de Rorty elimina completamente tal impressão: "Assim, não se teria tido de modo algum realmente um eu" (*ibid*). Essa afirmação afasta ainda mais a discussão das interrogações essencialistas acerca do que constitui a individualidade (*selfhood*) em direção a uma discussão mais aberta acerca das possibilidades de se criar um eu (*self*). Nessa discussão, preocupações a respeito do já "dado" na constituição do eu deixam de ser relevantes. O importante é o que foi "feito". Mas não devemos tomá-lo como se Rorty estivesse defendendo alguma tese na linha "O eu nada é até que seja criado". Ele não está dizendo que o tratamento tradicional está errado, porque falha em subscrever tal tese, mas antes algo como isso: "Aqui está uma maneira potencialmente interessante de falar acerca do eu, uma maneira que não exige a continuação dos debates tradicionais estéreis. Vamos tentá-la."

Tendo se liberado das preocupações tradicionais acerca da identidade pessoal, Rorty ramifica para antecipar a objeção que sua maneira de "falar sobre o eu" é demasiadamente especializada; que, embora possa ser fina para conduzir figuras artísticas, ignora a pessoa ordinária, a pessoa que não apenas carece, mas que também é incapaz de produzir resultados criativos. Rorty opõe-se à alegação de que seu tratamento da "individualidade" cuida apenas de história de alguns, a elite criativa, apelando para Nietzsche e Freud e, no processo, afasta-se ainda mais das preocupações de filósofos tradicionais. Nietzsche é trazido à baila porque identifica "o poeta forte, o fazedor, como herói da humanidade" e vê "o autoconhecimento como autocriação" (*CIS* 27). Mas é apenas ao invocar Freud que se torna claro como o tratamento de Rorty pode ser generalizado para incluir qualquer um. Na opinião de Rorty, Freud democratiza Nietzsche ao tornar plausível crer que as minúcias de cada vida é material poético, o material bruto para o autoconhecimento – um ponto antecipado em termos mais suaves por Keats no *The Fall of Hyperion: A Dream* ("A queda de Hyperion: um sonho"):

> Who alive can say,
> "Thou art no Poet – may'st not tell thy dreams"?

> Since every man whose soul is not a clod
> Hath visions, and would speak, if he had loved,
> And been well nurtured in his mother tongue.*⁹

O Freud de Rorty dá um tom mundano a isso. Todos nós geramos um "resultado criativo" simplesmente vivendo:

> A exposição freudiana da fantasia inconsciente mostra-nos como ver qualquer vida humana como um poema – ou, mais exatamente, qualquer vida humana, não tão atormentada pela dor de sorte a incapacitar a aprendizagem de um língua, ou não tão imersa na labuta de sorte a não dispor do ócio necessário para gerar uma autodescrição. Freud vê qualquer vida como uma tentativa de se revestir de metáforas. (*CIS* 35-6).

Rorty desenvolve essa discussão mais esclarecendo que Freud não deve ser concebido como alguém que faz asserções à "maneira filosófica reducionista tradicional"; pelo contrário, faz como alguém que "simplesmente quer nos dar mais uma nova descrição das coisas a ser alinhada às outras, um vocabulário a mais, um conjunto a mais de metáforas, que crê ter chance de vir a ser usado e, consequentemente, tornado literal" (p. 39).

Para nos ajudar a ficar à vontade com a ideia de que é melhor os artistas e intelectuais nos surpreenderem com possibilidades linguísticas criativas, em vez de reivindicarem conhecimentos consagrados da realidade, Rorty nos convida a virarmos "irônicos liberais". Prefacia seu convite com um esboço do que ele chama de "vocabulário final":

> Todos os seres humanos portam um conjunto de palavras que empregam para justificarem suas ações, suas crenças e suas vidas. Essas são palavras nas quais formulamos o louvor de nossos amigos e o desdém pelos inimigos, nossos projetos de longo prazo, nossas mais profundas dúvidas íntimas e nossas mais altas esperanças. São palavras com as quais contamos, algumas vezes prospectivamente e algumas vezes retrospectivamente, a história de nossas vidas. Chamarei essas palavras de "o vocabulário final" de uma pessoa. (p. 141)

A tradição filosófica, da qual Rorty quer escapar, tem sua própria visão do que tal vocabulário deve conter. Deve conter aquelas palavras que captu-

---

* N. de T.: Em uma tradução que procura preservar apenas o significado imediato:

Quem vivo pode dizer,
"Tu arte não Poeta – não pode contar teus sonhos?
Uma vez que todo homem, cuja alma não seja um punhado de barro,
tem visões e falaria, se tiver amado
e tiver sido bem-educado em sua língua materna".

ram a natureza da realidade, palavras que podem ser usadas para dissipar, de uma vez por todas, qualquer dúvida acerca de nossa relação com essa "realidade". Naturalmente, Rorty tem uma visão diferente. Para ele, um vocabulário final é "final" apenas no sentido em que é o vocabulário do último *recurso prático,* final no sentido em que, "se forem lançadas dúvidas acerca do valor dessas palavras, o usuário não dispõe de recursos argumentativos não circulares" (*ibid*). "Irônicos liberais" são aqueles que compreendem o *status* contingente de seu próprio vocabulário final e devem estar em bons termos com ele. Ao fazer assim, embora Rorty não explicite, eles domesticaram o "pós-modernismo", pois uma pessoa assim vive confortavelmente em um estado que, para um filósofo tradicional, parece ser instabilidade radical:

1. Tem dúvidas continuadas e radicais acerca do vocabulário final que usa no momento, porque ficara impressionada por outros vocabulários tidos por finais por pessoas e livros que encontrara.
2. Percebe que a argumentação formulada em seu vocabulário atual não pode nem assegurar, nem dissolver essas dúvidas.
3. À medida que filosofa acerca de sua situação, não pensa que seu vocabulário é mais próximo da realidade que outros, não pensa que está em contato com um poder que não é ela própria. (p. 73)

Observe-se que, no vocabulário final do irônico liberal, as palavras filosóficas não têm uma posição especial. Elas não são banidas de tal vocabulário. Algumas pessoas ainda não encontrarão nada melhor para envolver "a história de suas vidas" que frases como "imperativos categóricos", "verdades necessárias" e "condicionais causais". No entanto, como "irônicos", observarão que tal linguagem não tem nenhuma vantagem inerente sobre outras espécies de palavras, com as quais deve competir em igualdade de condições. Em vez de procurar escavar o rochedo filosófico, Rorty nos encoraja a estender-se ao lado, por assim dizer, do trabalho de outras pessoas criativas na cultura, em torno daqueles que encontraram maneiras inovadoras de conviver com a contingência, pessoas como Proust:

> Proust temporalizou e finitizou as figuras de autoridade que encontrara, vendo-as como criaturas de circunstâncias contingentes. Tal como Nietzsche, ele próprio se livrou do temor que houvesse uma verdade antecedente acerca dele próprio, uma essência real que outros pudessem ter detectado. Mas Proust foi capaz de agir assim sem alegar conhecer uma verdade que estivesse oculta das figuras de autoridade de seus anos iniciais. Conseguiu desbancar a autoridade, sem se pôr como uma autoridade, desbancar as ambições dos poderosos sem partilhar delas. Ele finitizou as figuras da autoridade não por detectar o que realmente eram, mas os observando se tornarem diferentes do que haviam sido, e vendo como elas se pareciam, quando redescritas em termos oferecidos por ainda outras figuras de autoridade, que jogava contra as primeiras.

O resultado de toda essa finitização foi que Proust perdeu a vergonha por sua finitude. Dominou a contingência, reconhecendo-a, e isso o liberou do temor de que contingências que encontrara fossem mais que simples contingências. Converteu as outras pessoas de seus juízes em seus camaradas sofredores e assim logrou criar um gosto pelo qual julgou a si mesmo. (p. 103)

Contingency, Irony, and Solidarity fornece uma riqueza de outros materiais para criativamente fortificar a confiança do irônico liberal, sem ter que recorrer às formas filosóficas padronizadas de justificação. O livro também procura mostrar por que "liberalismo" e "ironia" são feitos um para o outro, pois essa forma política fornece ao indivíduo o espaço pessoal, a liberdade, para desenvolver seu próprio vocabulário de autocriação e é, ela própria, atendida de maneira ideal por tal vocabulário porque não requer suporte filosófico.

Na fase posterior de seus escritos, Rorty adquiriu a confiança para responder a grande questão que foi deixada suspensa no final de *Philosophy and the Mirror of Nature*: como a filosofia poderá continuar se romper com suas raízes ancestrais e abrir mão de suas ambições tradicionais? Ela pode fazer isso simplesmente explorando uma variedade de temas, incluindo identidade pessoal, solidariedade humana, a natureza da crueldade e da distinção entre público e privado, sem se deter para determinar se o que está fazendo é filosoficamente respeitável. O critério de sucesso para tal aventura é se esses temas, e a maneira de Rorty de lidar com eles, capturam, se estimulam interesse suficiente para suplantar as preocupações ridicularizadas em *Philosophy and the Mirror of Nature*.

ENSAIOS CONTRA A TRADIÇÃO

Podemos ver agora a disposição da carreira de Rorty em suas linhas gerais e podemos ver como ela se articula às caracterizações de Rorty "inicial", "intermediário" e "posterior". Porém, terminar a narração nisso seria omitir um elemento vital: o papel dos ensaios no desenvolvimento filosófico de Rorty. Esses são importantes, não por causa da mera quantidade envolvida (muitos dos quais estão agora coligidos em quatro volumes separados),[10] mas antes por conta do papel estratégico que desempenharam. Se esses ensaios forem levados em consideração, a configuração da carreira a que acabamos de nos referir sofre uma deformação significativa, ao ponto da própria noção de "os três Rorties" ser subvertida. E isso tem influência sobre as controvérsias a que nos referimos no início.

Essa "subversão" inicia-se bem cedo, bem antes da publicação de *Philosophy and the Mirror of Nature*. Começa não por algum volume de ensaios do próprio Rorty, mas pela substantiva introdução de editor, de 39 páginas, a uma coleção de escritos de outros filósofos, que ele reuniu sob o título *The Linguistic Turn* ("A Virada Linguística") (1967). Para aqueles que querem compreender o desenvolvimento filosófico de Rorty em sua totalidade, essa "introdução" é por si mesma um importante texto – ainda mais porque o próprio Rorty negligenciou seu significado. Em *"Twenty-five Years After"* ("Vinte e cinco anos após"), um ensaio retrospectivo, anexado a uma reimpressão muito posterior (1992) de *The Linguistic Turn*, Rorty está muito ocupado repreendendo-se por umas poucas sentenças que celebravam o triunfo da "filosofia linguística", para observar o quadro destrutivo que havia construído em torno dessas observações. Diz que essas observações o chocavam:

> Como meramente a tentativa de um filósofo de trinta e 33 de se convencer que tivera a sorte de ter nascido na época certa – de se persuadir que a matriz disciplinar na qual calhava se encontrar (a filosofia tal como ensinada na maioria das universidades de língua inglesa nos anos de 1960) era mais do que meramente uma escola filosófica a mais, mas uma tempestade em copo de água (*LT* 371)

Todavia, essa autoavaliação deve ser posta contra o pano de fundo de muitas outras observações introdutórias de Rorty, nas quais ele demonstra que pensara seriamente acerca da fraqueza potencial do tratamento linguístico da filosofia. Nessas, manifesta uma acurada sensibilidade ao contexto histórico dos "problemas filosóficos", uma falta de entusiasmo pela noção de um "método filosófico" universal, uma empatia com o pragmatismo clássico americano e um interesse entusiástico com questões metafilosóficas; tudo isso o punha em descompasso com as concepções estabelecidas da filosofia linguística. Com efeito, começa fazendo algo que nenhum expoente desse tratamento normalmente estaria inclinado a fazer: fornece uma descrição *historicista*, quase hegeliana, de como as revoluções têm lugar em filosofia. Nessa descrição, identifica um problema geral que torna difícil para qualquer filósofo estar satisfeito que o método de fazer filosofia que adotara é o correto:

> Para saber qual método adotar, já se deve ter alcançado algumas conclusões metafísicas e epistemológicas. Se se procura defender essas conclusões usando o método escolhido, expõe-se à acusação de circularidade. Se não se as defende assim, defendendo que, dadas as conclusões, decorre a necessidade de adotar o método escolhido, expõe-se à acusação de que o método é inadequado, pois não pode ser usado para estabelecer as teses metafísicas e epistemológicas cruciais que estão em disputa. Uma vez que o método filosófico é, ele próprio, um tópico filosófico (ou, em outras palavras, uma vez que tenham sido adotados e defendidos critérios diferentes para a solução satisfatória de um problema filosófico por diferentes escolas filosóficas), todo revolucionário filosófico está exposto

à acusação de circularidade ou à acusação de ter cometido uma petição de princípio (*LT* 1-2)

Pode bem ser o caso que a precoce consciência de Rorty desse "problema geral" foi um dos fatores que o fez, ao longo de sua carreira e para grande embaraço de seus críticos, tão relutante em "justificar" suas próprias predileções filosóficas.[11]

Finalmente, ao refletir mais detalhadamente sobre os possíveis desdobramentos futuros da filosofia, as opções que Rorty descreve têm algumas afinidades marcantes com seus próprios escritos posteriores, embora não seja mesquinho com a filosofia linguística. Elas incluem:

1. a filosofia linguística é vista como "tendo levado a um beco sem saída";
2. a filosofia cresce mais próxima da poesia;
3. a filosofia é vista como "uma doença cultural que foi curada"; e
4. de modo mais presciente, os filósofos preocupam-se com "a criação de maneiras novas e frutíferas de pensar acerca das coisas em geral".

A última opção coaduna bem com a retórica "redescritiva" de *Contingency, Irony, and Solidarity*.

A conclusão a ser tirada aqui é que Rorty, que atrairia atenção por conta da controvérsia em torno da publicação de *Philosophy and the Mirror of Nature* mais de uma década depois, não era um rebelde recém-nascido, alguém que tinha apenas acabado de desertar do campo analítico; pelo contrário, era um pensador mais profundo que, nesse livro, encontrara finalmente uma voz sistemática para a espécie de preocupações e dúvidas que tinha desde que se tornara um filósofo profissional. Quando o número considerável de "ensaios iniciais" de Rorty forem tornados mais acessíveis,[12] novas provas emergirão do cerne de seu "trabalho analítico" em apoio dessa avaliação.

Os ensaios de Rorty tendem a ser "estratégicos" de uma segunda maneira e, nesse caso, também a caracterização tripartite de sua carreira editorial é abalada. Considere, por exemplo, a ideia segundo a qual *Philosophy and the Mirror of Nature* representa um divisor de águas na carreira de Rorty. Já aduzimos algumas provas contrárias a isso, mas, se nos voltarmos aos ensaios que escrevera antes e logo depois de *PMN*, o grosso deles coligidos em *Consequences of Pragmatism* (*Consequências do Pragmatismo*) (1982), descobrimos que eles também minam a ideia que *PMN* era, de algum modo, uma traição que mostrava Rorty como sendo um vira-casaca. Esses ensaios completam alguns dos materiais em *PMN* e preparam, em certa medida, o solo para essa obra. Na "Introdução", novamente um texto que assume uma importância em si mesma, Rorty diz muito acerca de como o pragmatismo é capaz de superar algumas das questões tradicionais associadas à "verdade", um tópico que recebe escassa atenção em *PMN*. Também põe alguma carne no relato esquelético que oferece de seus três heróis designados: Dewey, Heidegger e Wittgenstein. A impressão adquirida da leitura desses ensaios e, de fato, de outros ensaios de Rorty, é que sua carreira filosófica progrediu muito mais suavemente do que sugere a compreensão "tripartite". Se há uma ruptura no contínuo geral, ela ocorre quando adquire a confiança a que nos referimos antes e começa a praticar o tratamento relativamente autônomo da discussão e investigação filosófica que encontramos em *Contingency, Irony, and Solidarity*.

PRAGMATISMO

> *"Pragmatismo" é uma palavra vaga, ambígua e exaurida. No entanto, nomeia a principal glória da tradição intelectual de nosso país.* (CP 160)

Rorty é um dos principais atores do recente reavivamento do pragmatismo. Portanto, pode parecer surpreendente que não tenhamos ainda discutido isso. No entanto, a explicação é bem imediata, embora tenha dois ângulos. O primeiro diz respeito ao papel que o pragmatismo de fato desempenha nas principais obras publicadas de Rorty, deixando de lado seus ensaios. O papel é mínimo. Em *Philosophy and the Mirror of Nature*, o pragmatismo não tem sem senão uma presença honorária, alinhada a de Dewey, Heidegger e Wittgenstein. Um olhar de relance no índice mostra, por exemplo, que o filósofo Gilbert Ryle merece mais atenção que o pragmatismo. Em *Contingency, Irony, and Solidarity*, o pragmatismo é quase invisível. Alguns ensaios dedicam uma atenção mais detalhada ao tópico, mas não procuram delinear uma posição pragmatista única.[13] Frequentemente, Rorty faz apenas alusões muito gerais aos escritos dos pragmatistas clássicos, sobretudo James e Dewey, sem elaborar o material em princípios imutáveis ou asserções teóricas. Um exemplo típico: "Para os pragmatistas (entre os quais me incluo), as questões tradicionais da metafísica e da epistemologia podem ser negligenciadas porque não têm utilidade social. Não que sejam desprovidas de significado, nem que repousam sobre falsas premissas; trata-se simplesmente que o vocabulário da metafísica e da epistemologia não tem nenhum uso prático" (WUT 37-8). O que faremos de tudo isso?

A resposta vem sob a forma de um segundo ângulo. Isso envolve o que anteriormente assinalamos como "pragmatismo pós-analítico". Tal pragmatismo é pós-analítico não no sentido de vir *após* ou *substituir* a filosofia analítica, mas, pelo contrário, no sentido em que define sua identidade filosófica independentemente dessa tradição. É a espécie de pragmatismo que, ao contrário de seu progenitor, não se deixa mais definir pelas preocupações da tradição analítica. Os pragmatistas clássicos, especialmente William James e John Dewey, ocupavam uma grande parte de seu tempo discutindo com seus colegas e desviando das críticas de filósofos como Bertrand Russell e G. E. Moore. Isso era errôneo de diferentes modos, porque permitia aos inimigos do pragmatismo decidirem os termos do debate e travarem as batalhas em seu próprio território. Rorty identificou esse erro e resolveu evitá-lo. Portanto, ao falar no "pragmatismo", fala em algo que deriva do pragmatismo clássico porquanto tende a substituir os constructos altamente teóricos que os filósofos em geral preferiram por concepções rasteiras de utilidade prática (que incluem "o que nos ajuda a lidar", "o que alivia a nossa dor", "o que é de nosso máximo interesse" e "o que achamos ser o melhor a fazer na circunstância"). Esse pragmatismo – pragmatismo pós-analítico – tem a coragem de se bater por conta própria. Ele não se tem mais por responsável perante a tradição filosófica da qual diverge.[14]

Portanto, quando Rorty está efetivamente fazendo filosofia, muita da terminologia do pragmatismo clássico – terminologia que torna a espécie de referências a tópicos filosóficos tradicionais, tais como "conhecimento" e "verdade", ser tida por necessárias na ocasião – fica fora de consideração. O pragmatismo pós-analítico não precisa ficar recordando que é uma forma de "pragmatismo", pode simplesmente prosseguir com a tarefa de explorar questões interessantes. Por essa razão, quando Rorty não está expondo um arcabouço de ideias que tornem as coisas mais seguras para o pragmatismo, frequentemente escreve sem invocar explicitamente o nome do pragmatismo.

Não é fácil, nesse momento, avaliar os feitos de Rorty, porque grande parte de seu projeto envolve questionar os padrões correntes para tais avaliações. Mostramos que pelo menos algumas das controvérsias acerca de Rorty morrem quando sua obra é lida mais cuidadosamente, pois, desse modo, a distinção rígida de sua obra será amaciada. O Rorty mais homogêneo, que emerge desse processo, ainda enfurece provavelmente os tradicionalistas. Mas terá triunfado em seus próprios termos se tiver persuadido a história a não julgá-lo segundo os critérios dos tradicionalistas. Se superou Proust na criação de um gosto pelo qual é julgado, ao contrário de simplesmente aquele "pelo qual julga a si próprio", cabe à história decidir. Se essa decisão for favorável, a história assumirá uma visão prática dos feitos de Rorty, pagando tributo à maneira em que deu abertura à discussão filosófica, encorajou os filósofos a cruzarem a fronteira filosófica entre analíticos e continentais, introduziu novos autores no cânone e estimulou o debate em diversas áreas, inclusive, direito, feminismo, teoria literária e mesmo contabilidade. Nessa contagem, ele deve, de fato, ser julgado muito gentilmente.[15]

NOTAS

1. B. Williams, "Auto-da-fe: Consequences of Pragmatism," em Malachowski (ed.), *Reading Rorty*. Oxford: Blackwell, 1990, p. 33.

2. Provas úteis desse "interesse" podem ser encontradas em seu texto *Against Bosses, Against Oligarchies*.
3. Veja-se, por exemplo, "*Mind–Body Identity, Privacy, and Categories*."
4. A. L. Brueckner, "Transcendental Arguments I," Nous 17/1 (1983): 551-75.
5. Para uma visão de conjunto mais detalhada de *Philosophy and the Mirror of Nature*, ver A. Malachowski, "Richard Rorty: *Philosophy and the Mirror of Nature*," em J. Shand (ed.), *Central Works of Philosophy*, vol. 5: *The Twentieth Century: Quine and After*. Chesham: Acumen, 2006, p. 126-45.
6. "Auto-da-fe: Consequences of Pragmatism," p. 33.
7. Essas duas formulações não são estritamente equivalentes. Suscitam diferentes questões, mas elas podem ser identificadas aqui por brevidade.
8. P. Larkin, Collected Poems. London: Faber and Faber, 1988, p. 94.
9. John Keats: Collected Poems. London: Penguin, 1988, p. 435.
10. Ver *Philosophical Papers*, vols. I–IV: *Objectivity, Relativism, and Truth* (1991); Essays on Heidegger and Others (1991); Truth and Progress (1998); and Cultural Politics (2007).
11. Essa especulação é reforçada pelas observações biográficas de Rorty nas quais assere que esteve preocupado desde o início que os filósofos nunca são capazes de fornecerem uma justificação objetiva, não circular de suas posições. Veja-se "*Trotsky and the Wild Orchids*."
12. Há planos para publicá-los no formato de coletâneas, embora sejam ainda provisórios e não haja data de publicação prevista.
13. Para uma esclarecedora tentativa de fazer do tratamento de Rorty do pragmatismo algo mais sistemático, ver G. Brodsky, "Rorty's Interpretation of Pragmatism," *Transactions of the Charles Pierce Society* XVII/4 (1982): 311-37; R. Kraut, "Varieties of Pragmatism," Mind 99 (Abril 1990): 157-83, reimpr. em A. Malachowski (ed.), *Richard Rorty*, vol. III. Londres: Sage Publications, 2004, pp. 260-84.
14. Para certa elaboração desse ponto, ver A. Malachowski, "Pragmatism in its Own Right," em Malachowski, *Pragmatism*, 3 vols. Londres: Sage Publications.
15. Sou grato aos editores pelos comentários úteis que fizeram a uma versão inicial desse artigo.

REFERÊNCIAS

Achieving Our Country: Leftist Though in Twentieth-Century America. Cambridge MA: Harvard University Press: 1998.

Against Bosses, Against Oligarchies. Chicago: Prickly Paradigm Press, 2002.

Consequences of Pragmatism [CP]. Cambridge: Cambridge University Press, 1982.

Contingency, Irony, and Solidarity [CIS]. Cambridge: Cambridge University Press, 1989.

The Linguistic Turn (ed.), 2nd edn [LT]. Chicago: University of Chicago Press, 1992; orig. pub. 1976.

"Mind–Body Identity, Privacy, and Categories" [M-BI], *Review of Metaphysics* 19 (September 1965): 24-54.

Philosophical Papers I: Objectivity, Relativism, and Truth. Cambridge: Cambridge University Press, 1991.

Philosophical Papers II: Essays on Heidegger and Others. Cambridge: Cambridge University Press, 1991.

Philosophical Papers III: Truth and Progress. Cambridge: Cambridge University Press, 1998.
Philosophical Papers IV: Cultural Politics. Cambridge: Cambridge University Press, 2007.
Philosophy and the Mirror of Nature [*PMN*]. Oxford: Blackwell, 1980.
Philosophy and Social Hope [*PSH*]. Harmondsworth: Penguin, 2000.
"Strawson's Objectivity Argument" [SOA], *Review of Metaphysics* 24 (December 1970): 207-44.
"Trotsky and the Wild Orchids," em *Philosophy and Social Hope*.
What's the Use of Truth? [*WUT*]. New York: Columbia University Press, 2007.

Uma seleção de outros artigos de Rorty
(não publicados em *Philosophical Papers I–IV*)

"Davidson Between Wittgenstein and Tarski," *Critica: Revista hispanoamericana de Filosofia* 30/88 (April 1998): 49-71.
"In Defense of Eliminative Materialism," *Review of Metaphysics* 24 (September 1970): 112-21.
"Empiricism, Extensionalism, and Reductionism," *Mind* 72 (April 1963): 176-86.
"Incorrigibility as the Mark of the Mental," *Journal of Philosophy* 67 (June 1970): 399-429.
"Pragmatism, Categories, and Language," *Philosophical Review* 70 (April 1961): 197-223.
"Remarks on Deconstruction and Pragmatism," in C. Mouffe (ed.), *Deconstruction and Pragmatism*. London: Routledge, 1996, pp. 13-18.
"Thugs and Theorists: A Reply to Bernstein," *Political Theory* 15 (November 1987): 564-580.
"Transcendental Argument, Self-reference, and Pragmatism," in P. Bieri, R. P. Hortsman, and L. Kruger (eds.), *Transcendental Arguments and Science*. Dordrecht: Reidel, 1979, pp. 77-92.
"Truth and Freedom: A Reply to Thomas McCarthy," *Critical Inquiry* 16 (1990): 633-43.
"Verificationism and transcendental Arguments," *Nous* 5 (1971): 3-14.
"Wittgenstein, Privileged Access, and Incommunability," *American Philosophical Quarterly* 7 (July 1970): 192-205.

6 FODOR

JOSÉ LUIS BERMÚDEZ

A ciência cognitiva, embora talvez não seja em si mesma uma disciplina acadêmica no sentido tradicional, vale-se de e integra os recursos de muitas disciplinas, entre as quais a inteligência artificial, a neurociência, a linguística, a psicologia cognitiva e a ciência da computação. No entanto, a relação da filosofia com a ciência cognitiva é, na melhor das hipóteses, ambígua. Alguns filósofos repudiam abertamente a ciência cognitiva, vendo-a como uma tentativa maldita de submeter o reino da razão, do pensamento e da reflexão às leis mecânicas do tipo daquelas que governam o mundo inanimado e impensante. Outros foram ao extremo oposto, procurando na ciência cognitiva respostas para os problemas que tradicionalmente foram pensados como filosóficos e, consequentemente, não suscetíveis de uma solução empírica. Para um terceiro grupo de filósofos, que assumem uma posição intermediária entre esses extremos, a filosofia da mente tornou-se muito uma espécie de ciência cognitiva teórica, preocupada em pensar segundo princípios e suposições básicas que simultaneamente conduzem o trabalho empírico e determinam como ele é interpretado.

Jerry Fodor (1935-) inquestionavelmente é um dos expoentes proeminentes desse tratamento da filosofia da mente (outras duas figuras bem conhecidas são John Searle e Daniel Dennett). Fodor contribuiu significativamente para a interface entre filosofia e ciência cognitiva. Enquanto muitas pessoas que trabalham nas fronteiras entre dois campos acadêmicos conseguem apenas serem ignorados nos dois, Fodor é amplamente reconhecido como tendo estabelecido a agenda que domina amplamente o debate contemporâneo. No que se segue, examino duas das ideias com as quais Fodor está mais intimamente associado. O objetivo é tanto introduzir Fodor quanto dar uma amostra dos debates centrais nessa área.

A primeira seção explica o "argumento-mestre" de Fodor em favor do que ele chama de hipótese da linguagem do pensamento. Muitos cientistas cognitivos tomam o computador digital como um modelo para compreender a mente. Mentes são computadores, e pensar é uma forma de computação. Fodor interpreta isso de uma maneira distinta, a fim de fornecer o que denomina a "teoria representacional da mente". Segundo Fodor, mentes são computadores que processam sentenças da linguagem do pensamento. Defende, de maneira mais detalhada em seu livro *Psychosemantics* (*Psicosemântica*) (1987), que essa maneira de pensar a mente serve para legitimar nosso hábito corrente de explicar o comportamento em termos de crenças, desejos e outras instâncias do que os filósofos chamam *atitudes proposicionais*.[1] Pensar a mente como um computador rodando sentenças da linguagem do pensamento não é, segundo Fodor, uma alternativa rival a pensar as pessoas como tendo crenças e desejos. Pelo contrário, isso nos dá uma maneira (talvez a única) de explicar como crenças e desejos podem produzir comportamentos.

Na segunda seção, consideramos a famosa proposta de Fodor para compreender a organização em larga escala da mente. Devemos distinguir, segundo ele, entre dois tipos fundamentalmente diferentes de cognição. Por um lado, há as tarefas altamente especializadas de processar informações, como identificar os contornos de objetos no ambiente imediato, ou determinar onde entram espaços entre palavras em um fluxo sonoro. Essas tarefas podem ser levadas a termo automaticamente e compreendem apenas uma quantidade limitada de informação. Em sua influente obra, *The Modularity of Mind* (*O caráter modular da mente*) (1983), Fodor argumenta que as tarefas dessa primeira espécie podem ser executadas por sistemas cognitivos dedicados, que ele denomina módulos. Esses módulos são *específicos de domínios* – ou seja, são responsáveis apenas pelas tarefas que caem sob domínios específicos. Por outro lado, há as tarefas, como decidir onde jantar ou o que plantar no jardim da frente, que compreendem inferências muito mais complexas e amplas e para as quais é relevante uma quantidade indefinida de informação secundária. O processamento de informação envolvido na execução dessas tarefas é de *domínio genérico* (o oposto de domínio específico). Com base nessa análise, Fodor desenvolve uma imagem da organização da mente como compreendendo módulos especializados e o que chama cognição não modular, de domínio genérico.

Na seção final, examino a relação entre essas duas alegações. Há uma clara tensão entre elas que veio à tona em alguns dos escritos mais recentes de Fodor, em particular na obra *The Mind Doesn't Work That Way* (*A mente não funciona desse modo*) (2000). Os traços característicos do modelo computacional da mente, que Fodor enfatiza a fim de explicar como pode validar a psicologia de senso comum, parecem ser mais bem aplicáveis ao processamento de informação compreendida na cognição modular, de nível inferior. No entanto, raciocínios e inferências envolvendo atitudes proposicionais são exemplos paradigmáticos de cognição não modular, de ordem superior, que Fodor toma como operando de uma maneira fundamentalmente diferente. Isso o leva a certo grau de pessimismo sobre as perspectivas da ciência cognitiva como uma ferramenta para compreender a mente. Creio que isso também cria um problema para sua tentativa de legitimar a psicologia de senso comum.

DA PSICOLOGIA DE SENSO COMUM À LINGUAGEM DO PENSAMENTO

Uma das duas suposições básicas da ciência cognitiva é que a mente é uma máquina de processamento de informação. É óbvio que a mente recebe informações acerca do ambiente. Algumas dessas informações são conduzidas por ondas luminosas chegando à retina ou ondas sonoras atingindo o tímpano. Também é óbvio que o que fazemos não é *determinado* pela informação que recebemos. Diferentes pessoas ou a mesma pessoa em diferentes momentos reagem diferentemente à mesma situação. Não há uma resposta canônica para o padrão de ondas sonoras associado (em português) ao grito de "socorro", por exemplo. Como nos comportamos depende do que nossas mentes fazem com a informação que recebem – como *processam* essa informação. Se correr para ajudá-lo quando você grita "socorro", é porque minha mente conseguiu, de algum modo, decodificar seu proferimento como uma palavra portuguesa, determinar o que tentava comunicar e decidiu, então, como responder. Isso tudo é processamento complexo da informação inicial que chegou a meu tímpano.

Mas como tem lugar esse processamento da informação? Como vibrações no tímpano conduzem às contrações musculares presentes quando lhe salvo do afogamento? A informação deve ser transportada por algo. Sabemos como a informação é transportada no sistema auditivo; sabemos, por exemplo, que vibrações no tímpano são transmitidas pelos ossículos ao ouvido interno. O que ocorre quando a informação se afasta mais ainda do tímpano não é bem compreendido; porém, é uma parte integral da imagem geral da mente como um processador de informação que há estruturas físicas que conduzem a informação e, ao fazerem isso, servem como *representações* do ambiente imediato (ou, obviamente, de coisas mais abstratas ou remotas). Essa é a segunda suposição básica da ciência cognitiva. O processamento de informações é, basicamente, uma questão de transformação dessas representações de um modo que gere, por fim, a atividade do sistema nervoso que "instrui" minhas pernas a pular na água.

Eis as duas suposições básicas da ciência cognitiva:

1. A mente é um processador de informações.
2. O processamento de informações envolve a transformação de representações que são estruturas físicas que conduzem informações.

Fodor está particularmente interessado nas representações que correspondem a crenças, desejos e estados psicológicos semelhantes, como esperanças e temores. Esses são chamados *atitudes proposicionais* pelos filósofos, porque podem ser analisados em termos de um pensador entretendo diferentes atitudes (por exemplo, crença ou esperança) com proposições particulares (tal como a proposição que está chovendo ou que o trânsito logo começar a fluir). Fodor está convencido de que deve haver representações internas correspondentes a atitudes proposicionais. Grosso modo, somos bem-sucedidos em explicar e predizer o comportamento de outros em termos do que acreditam acerca do mundo e o que querem realizar. Segundo Fodor, esse sucesso só pode ser explicado se crenças e desejos realmente forem o que causa nosso comportamento. Isso significa que crenças e desejos devem ser itens internos que provocam os movimentos corporais que estamos tentando explicar. Fodor denomina essa posição de realismo intencional. É uma forma de realismo, porque as atitudes proposicionais são consideradas como entidades físicas realmente existentes. E é *intencional*, porque todas as atitudes proposicionais possuem o que os filósofos chamam de *intencionalidade* – ou seja, representam o mundo como sendo de certo modo.

O que estou chamando "argumento-mestre" de Fodor é seu argumento a favor de sua versão particular do modelo computacional da mente (que ele chama teoria representacional da mente) a partir do realismo intencional. O realismo intencional exige que sejamos capazes de pensar crenças e desejos como as espécies de coisas que podem causar o comportamento. Mas esse é um tipo especial de causalidade. Há uma diferença fundamental entre minha perna mover-se porque procuro realizar algo (talvez a caminhada das mil milhas que se inicia com um passo isolado) e minha perna se mover porque um médico atinge meu joelho com seu martelo. No primeiro caso, o que causa meu movimento é aquilo que desejo – a saber, o início da caminhada de mil milhas. Isso é o que os filósofos chamam de conteúdo do desejo. Fosse o conteúdo diferente, o movimento teria sido diferente. Crenças e desejos causam o comportamento em virtude de como eles representam o mundo – em virtude de seus conteúdos. Qualquer exposição satisfatória do realismo intencional deve explicar como esse tipo de causalidade pelo conteúdo é possível. Em particular, tem de fazer justiça às relações racionais vigentes entre, por um lado, crenças e desejos e, por outro, o comportamento que causam. Crenças e desejos causam o comportamento que adquire sentido à luz deles. Mover minha perna é algo racional a fazer se desejo iniciar a caminhada das mil milhas e creio que estou na direção certa.

No entanto, a causalidade pelo conteúdo é profundamente misteriosa. Em um sentido, representações são simplesmente objetos como quaisquer outros – eles podem ser padrões de ondas sonoras, populações de neurônios ou pedaços de papel. Pensados dessa maneira, a dificuldade em compreender como representações podem causar comportamentos não é maior que compreender como o martelo do médico pode fazer com que minha perna se mova. Mas as representações que nos interessam (as atitudes proposicionais) são também coisas que mantêm uma relação semântica especial com o mundo – ou seja, elas possuem significado; elas são relativas a coisas tais como a mãe de alguém ou o planeta Marte. O enigma não é apenas como representações podem ter efeitos causais no mundo, mas, antes, como representações podem ter efeitos causais no mundo em função do que significam, em função das relações nas quais estão por outros objetos no mundo (objetos que podem de fato não existirem).

A maior vantagem do modelo computacional da mente, segundo Fodor, é que ela resolve o enigma da causação pelo conteúdo. A fim de perceber por que precisamos formular o enigma de maneira mais precisa, Fodor, acompanhando quase todos os cientistas cognitivos e a ampla maioria dos filósofos, mantém que as manipulações que o cérebro procede sobre representações são puramente físicas e mecânicas. Os cérebros e as representações contidas neles são entidades físicas, e isso significa que eles são sensíveis apenas a certos tipos de propriedades das representações mentais. Meu proferimento da palavra "gato" não é, em última instância, mais que um peculiar padrão de ondas sonoras. Essas ondas sonoras podem ter certas propriedades físicas capazes de resultar em certos efeitos sobre o cérebro. Possuem uma amplitude, um comprimento de onda, uma frequência e assim por diante. Essas são propriedades as quais o cérebro é diretamente sensível por meio dos sentidos. Mas o fato dessas ondas sonoras representarem gatos para uma falante do português é uma propriedade de tipo muito diferente – e uma com respeito a qual o cérebro não é diretamente sensível (ou, pelo mesmo, assim reza o argumento).

Chamemos de *propriedades formais* as propriedades físicas que podem ser manipuladas no cérebro. Nós as chamamos assim porque elas têm a ver com a forma física da representação. E chamemos de *propriedades semânticas* as propriedades em virtude das quais as representações representam – da mesma forma como a semântica é o ramo da linguística que trata dos significados das palavras (como palavras representam). A principal fonte do problema da causalidade pelo conteúdo é que propriedades semânticas não são propriedades formais. É fácil imaginar exemplos de pares de representações que possuem as mesmas propriedades formais, mas propriedades semânticas muito diferentes. Pense, por exemplo, nas duas inscrições seguintes:

1101   1101

É fácil dar uma descrição formal dessas duas inscrições. Cada uma delas pode ser descrita, por exemplo, como dois "1"s seguidos de um "0" e então outro "1". Ou, de maneira mais abstrata, podemos descrevê-las em termos de traços verticais e traços circulares. É evidente que a descrição formal da inscrição à esquerda será exatamente a mesma que a descrição formal da inscrição à direita. No entanto, é perfeitamente possível que as duas inscrições, formalmente idênticas, tenham propriedades semânticas muito diferentes. Imagine, por exemplo, que a inscrição à esquerda represente o número 1.101 (mil cento e um) em nossa notação ordinária, decimal, ao passo que a da direita representa o número 13 (treze) na notação binária. Temos aqui duas representações idênticas no tocante a suas propriedades formais/físicas, mas que possuem propriedades semânticas/significativas muito diferentes.

Isso torna muito explícito o problema da causalidade pelo conteúdo. O cérebro é uma máquina de processamento de informação que é sensível apenas às propriedades formais da representação. No tocante aos *inputs* diretos do cérebro, não há diferença entre as inscrições à direita e à esquerda. No entanto, há toda a diferença no mundo entre 13 e 1101. De algum modo, nossos cérebros são sensíveis a tal diferença. Afinal de contas, podemos distinguir entre "1101" como uma representação binária e "1101" como uma representação decimal. Podemos ver que as duas inscrições veiculam informações de tipos muito diferentes – e somos capazes de reagir de maneira muito diferente a cada uma das duas inscrições. O problema da causalidade pelo conteúdo é o problema de explicar como isso é possível. Como o cérebro pode ser uma máquina de processamento de informação se é cego às propriedades semânticas das representações? Como o cérebro pode ser uma máquina de processamento de informação se tudo que pode processar são as propriedades formais das representações?

Há uma importante analogia entre cérebros e computadores a esse respeito. Computadores essencialmente manipulam sequências de símbolos e, nesse contexto, podemos pensar um símbolo como uma representação que possui certo formato. Um computador programado no sistema binário, por exemplo, manipula sequências de 1s e 0s. As manipulações que um computador realiza são determinadas apenas pelo formato desses símbolos. Essa sequência de 1s e 0s pode representar um número natural à maneira como 10 representa, na notação binária, o número 2 e 11 o número 3. Ou pode representar algo completamente diferente. Pode representar, por exemplo, se cada um dos membros de uma série de pixel estão ativados ou desativados. Com efeito, com uma codificação adequada, uma sequência de 1s e 0s pode representar praticamente qualquer coisa. Para o computador, no entanto, é totalmente irrelevante o que a sequência de 0s e 1s representa. As propriedades semânticas da sequência são irrelevantes. O computador simplesmente manipula as propriedades formais da sequência de 1s e 0s.

Todavia, e isso é o ponto crucial, computadores são programados para manipular sequências de 1s e 0s de tal modo que geram o resultado correto relativo a interpretação pretendida, mesmo que o computador seja cego para essa interpretação. Se o computador for uma calculadora, por exemplo, e se lhe forem fornecidas duas sequências de 0s e 1s ele fornecerá, como resultado, uma terceira sequência de 0s e 1s. Se as duas primeiras representam, respectivamente, os números 5 e 7, então a terceira será uma representação binária do número 12. Mas essas propriedades semânticas são irrelevantes para a mecânica do que o computador realmente faz. Tudo o que o computador faz é manipular mecanicamente 1s e 0s, operando com suas propriedades formais. Mas é projetado de tal maneira que essas manipulações formais produzem o efeito desejado no nível semântico. A calculadora de bolso manipula 0s e 1s de tal modo que termina por executar operações aritméticas (corretas) com os números representados por aquelas sequências de 0s e 1s.

Desse modo, computadores manipulam símbolos de uma maneira sensível apenas às suas propriedades formais, embora respeitando suas propriedades semânticas. E isso, afirma Fodor, é exatamente o que os cérebros têm que fazer. Cérebros são sistemas físicos que podem ser sensíveis apenas às propriedades formais das representações mentais. No entanto, como máquinas de processamento de informações, eles (tais como os computadores) devem respeitar as propriedades semânticas de representações mentais. Podemos compreender o argumento de Fodor para o modelo computacional da mente, a partir do realismo intencional, da seguinte maneira: uma vez que cérebros e computadores devem resolver o mesmo problema e nós compreendemos como os computadores resolvem-no, a maneira mais fácil de compreender como o cérebro o resolve é conceber o cérebro como uma espécie de computador.

Mas como exatamente a analogia funciona? As três asserções seguintes resumem a maneira peculiar de Fodor de determinar o modelo computacional da mente.

1. A causalidade pelo conteúdo é, em última instância, questão de interação causal entre estados físicos.
2. Esses estados físicos têm a estrutura das sentenças e suas estruturas semelhantes a sentenças determinam como são constituídos e como interagem uns com os outros.
3. As transições causais entre sentenças da linguagem do pensamento respeitam as relações racionais entre os conteúdos dessas sentenças da linguagem.

A segunda e a terceira asserções representam a contribuição característica de Fodor para o problema da causalidade pelo conteúdo. Essa é sua influente posição, segundo a qual o meio cognitivo é aquele que denomina linguagem do pensamento. Segundo Fodor, pensamos com sentenças, mas elas não são sentenças de uma linguagem natural como o português. A linguagem do pensamento se assemelha muito mais a uma linguagem formal, tal como a do cálculo de predicados, que foi projetada pelos lógicos para representar a estrutura lógica de sentenças e argumentos em português. Tal como as linguagens nas quais os computadores são programados (as quais está, de fato, intimamente relacionada), o cálculo de predicados é presuntivamente livre das ambiguidades e da falta de rigor do português.

A analogia entre a linguagem do pensamento e linguagens formais tais como as linguagens computacionais e do cálculo de predicados está no coração da solução de Fodor do problema da causalidade pelo conteúdo. É o que está por trás da terceira asserção. O fato básico acerca de linguagens formais que Fodor explora é a clara separação que elas permitem entre propriedades formais e propriedades semânticas. Vista sintaticamente, uma linguagem como a do cálculo de predicados é apenas um conjunto de símbolos de vários tipos, juntamente com regras para a manipulação desses símbolos segundo seus tipos. Os símbolos do cálculo de predicados caem sob diferentes tipos. Alguns símbolos, normalmente representados por letras minúsculas do início do alfabeto (a, b e assim por diante) desempenham o papel de representar objetos individuais. Outros, normalmente representados por letras maiúsculas tais como F, representam propriedades. A combinação desses símbolos fornece representações de estados de coisas. Assim, por exemplo, se "a" representa Jane e "F" representa a propriedade de correr, então o símbolo "Fa" representa o estado de coisas de Jane correr. O cálculo de predicados contém símbolos correspondentes às várias operações lógicas, como "&" (para a conjunção de diferentes símbolos) e "¬" para negar símbolos, bem como os quantificadores "∃" e "∀" denotando "todos" e "ao menos um", respectivamente.

As regras que governam como os símbolos individuais podem ser combinados para formarem sentenças podem ser enunciadas com recurso apenas às propriedades formais dos símbolos individuais. Um exemplo seria a regra que o espaço depois de uma letra maiúscula (o espaço em "F—") só pode ser preenchido por uma letra minúscula (por exemplo, "a"). Essa regra é a maneira de capturar, na esfera sintática, a ideia intuitiva de que propriedades aplicam-se primariamente a coisas, mas ela faz isso sem advertir de modo algum à ideia que letras maiúsculas servem como nomes de propriedades, enquanto letras minúsculas servem como nomes de coisas. É questão apenas de *sintaxe* da linguagem. Aplicar a regra é uma questão puramente mecânica, exatamente da mesma espécie que computadores primam por executar.

Por outro lado, a conexão entre o sistema formal e sobre o que ele versa introduz-se na esfera da *semântica*. Atribuímos objetos às constantes individuais, propriedades aos predicados e às operações lógicas aos conectivos, ao concebermos a semântica da linguagem formal. Fornecer uma semântica para uma linguagem é dar uma interpretação aos símbolos que ela contém – convertê-la de uma coleção de símbolos sem significado em um sistema representacional.

Assim como podemos ver os símbolos de um sistema formal tanto sintática, quanto semanticamente, assim também podemos ver a transição entre esses símbolos de qualquer uma dessas duas maneiras. A regra de generalização existencial no cálculo de predicados, por exemplo, pode ser vista seja sintática, seja semanticamente. Vista sintaticamente, a regra enuncia que, se uma linha de uma demonstração contiver uma fórmula da forma Fa, então, em uma linha seguinte da prova, pode-se escrever a fórmula ∃x Fx. Vista semanticamente, a regra enuncia que, se é verdade que uma coisa particular é F, então deve ser verdade que algo é F (uma vez que a interpretação de ∃x Fx é que ao menos uma coisa é F). Todas as transições nos sistemas formais podem ser vistas dessas duas maneiras: ou como regras para a manipulação de símbolos essencialmente sem significados ou como regras determinando relações entre proposições interpretadas.

A proposta básica de Fodor, portanto, é que empreguemos esse modelo de relação entre sintaxe e semântica em um sistema formal para compreendermos a relação entre a sentença da linguagem do pensamento e seu conteúdo (o que ela representa). A mente é um computador operando com sentenças da linguagem do pensamento. Essas sentenças podem ser vistas de maneira puramente sintática, como estruturas físicas simbólicas compostas de símbolos básicos concatenados segundo certas regras de composição, ou podem ser vistas semanticamente, em termos de como representam o mundo (caso no qual são vistas como os veículos de atitudes proposicionais). Assim, por extensão, transições entre sentenças da linguagem do pensamento podem ser vistas ou sintática ou semanticamente – ou em termos de relações formais entre estruturas simbólicas físicas ou em termos de relações semânticas entre estados que representam o mundo.

Voltemo-nos à asserção (3) de Fodor. O processamento de informação na mente é, em última instância, uma questão de transições causais entre sentenças da linguagem do pensamento, assim como o processamento de informação em um computador é, em última instância, questão de transições causais entre sentenças da linguagem de programação. Suponha que pensemos que as transições causais entre sentenças da linguagem do pensamento sejam essencialmente formais, vigem unicamente em virtude das propriedades formais dos símbolos pertinentes, pouco importando a que esses símbolos possam se referir. Então o que estamos efetivamente perguntando é: o que faz com as relações formais vigentes entre sentenças da linguagem do pensamento devam ser mapeadas em relações semânticas vigentes entre os conteúdos proposicionais que correspondem a essas sentenças? E se assumirmos seriamente a ideia que a linguagem do pensamento é um sistema formal, então essa questão tem uma resposta inteiramente imediata. Transições sintáticas entre sentenças da linguagem do pensamento rastrearão transições semântica entre os conteúdos dessas sentenças por precisamente a mesma razão pela qual a sintaxe rastreia a semântica em qualquer sistema formal adequadamente planejado.

Fodor pode apelar (e o faz) a um resultado bem conhecido da metalógica (o estudo das capacidades expressivas e da estrutura formal de sistemas lógicos) que estabelece um grau significativo de correspondência entre a derivabilidade sintática e a validade semântica. Assim, por exemplo, é sabido que o cálculo de predicados de primeira ordem é correto e completo. Quer dizer, em qualquer demonstração bem-formada no cálculo de predicados de primeira ordem, a conclusão é realmente consequência lógica das premissas (*correção*) e, de maneira conversa, para qualquer argumento no qual a conclusão decorre logicamente das premissas, e premissas e conclusão são formuláveis no cálculo de primeira ordem, há uma demonstração bem-formada (*completude*). Formulando nos termos que vimos empregando, se uma série de transições inferenciais formalmente definíveis conduz de uma fórmula A a uma segunda fórmula B, então se pode estar seguro que A não pode ser verdadeiro sem que B seja verdadeiro – e, conversamente, se A acarreta B em um sentido semântico, então se pode estar certo que haverá uma série de transições inferenciais formalmente definíveis que conduz a B, a partir de A.

Em resumo, então, crenças e desejos são concretizados pelas estruturas físicas semelhantes à linguagem (sentenças da linguagem do pensamento), e o raciocínio prático e outras formas de pensamento devem ser compreendidos, em última instância, em termos de interação causal entre essas estruturas. Essas interações causais são sensíveis apenas às propriedades formais, sintáticas das estruturas físicas. No entanto, como a linguagem do pensamento é uma linguagem formal com propriedades análogas às de correção e completude, essas transições puramente sintáticas respeitam as relações semânticas entre os conteúdos das crenças e os desejos pertinentes. Isso é como (assere Fodor) a causalidade pelo conteúdo tem lugar em um sistema puramente físico tal como o cérebro humano. E assim, argumenta ele, a explicação psicológica do senso comum é trazida à tona ao pensarmos a mente como um computador que processa sentenças da linguagem do pensamento.

O CARÁTER MODULAR DA MENTE

Os filósofos tenderam a se ocuparem dos fenômenos cognitivos de nível superior, como o raciocínio prático, a compreensão linguística e a experiência perceptiva consciente. Psicólogos e cientistas cognitivos, contrariamente, tenderam a pôr muito mais ênfase nas tarefas cognitivas de nível inferior, tais como extrair contornos de padrões luminosos na retina, ou separar palavras de fluxos sonoros que chegam aos ouvidos. É manifesto que a mente realiza os dois tipos de tarefas com grande sucesso, e para o filósofo da mente, interessado em ciência cognitiva, é obviamente uma questão intrigante como os dois tipos de tarefas estão relacionados. Há um mecanismo cognitivo único que realiza os dois tipos de tarefas? A diferença entre tarefas de nível superior e inferior é de gênero ou meramente de grau?

Em vários estágios da história da psicologia, a ideia que há um único mecanismo subjacente a todas as cognições teve grande circulação. Durante a pré-história da psicologia, no século XVIII, por exemplo, os filósofos conhecidos como empiristas britânicos propuseram uma compreensão associacionista da mente, segundo a qual todo pensamento está fundado na força das associações entre ideias. A psicológica do estímulo-resposta, no coração do comportamentalismo psicológico, é um descendente identificável dessa visão e assim também, dizem alguns, a popularidade crescente do apelo a redes neurais artificiais. Uma das contribuições mais significativas de Fodor para conceber aquilo que é, às vezes, chamado a arquitetura da cognição é a ideia de que qualquer visão assim monolítica da cognição está fundamentalmente errada.[2]

Em uma manobra tipicamente provocativa, Fodor apresenta sua tese principal no *The Modularity of Mind* (*O caráter modular da mente*) como uma defesa do tipo de psicologia de faculdades, proposta pelo frenologista Franz Joseph Gall.[*] Embora Fodor não esteja propondo reabilitar a ideia de Gall, completamente desacreditada, segundo a qual traços de caráter e propensão à criminalidade podem ser lidos do formato do crânio, ele argumenta que Gall estava fundamentalmente certo ao pensar que a mente é feita de faculdades cognitivas semiautônomas. Gall estava errado ao pensar essas faculdades cognitivas como individualizadas por sua localização no cérebro, mas (segundo Fodor) estava inteiramente certo em defender que eram especializadas na execução de tarefas cognitivas específicas.

Fodor defende que a psicologia de faculdades é uma alternativa não apenas para o tipo de concepção monolítica da arquitetura cognitiva que encontramos no comportamentalismo de estímulo-resposta, mas também para o que chama de psicologia horizontal da faculdade, que caracteriza grande parte da psicologia e da ciência cognitiva contemporâneas. Embora tendam a não usar a linguagem de faculdades, psicólogos e cientistas cognitivos fre-

---

[*] N. de T.: Franz Joseph Gall (1758-1828), originalmente um neuroanatomista, nascido na Alemanha, mas de descendência italiana, acreditava que traços de caráter e aberrações mentais eram orgânicas, inatas; criador da frenologia, pela qual se procura determinar traços do intelecto e da personalidade de alguém a partir de características de seu crânio.

quentemente se descrevem como estudando, por exemplo, a memória ou a atenção. Essas são tidas por mecanismos cognitivos separados, que podem ser estudados, cada um deles, em seus próprios termos. Tampouco é simplesmente um artifício da especialização das disciplinas que o estudo experimental da memória é independente do estudo experimental da atenção. A suposição norteadora é que memória e atenção são mecanismos cognitivos distintos, que executam tarefas cognitivas distintas. No caso da memória, a tarefa é (em linhas gerais) reter e recordar informações, ao passo que, no caso da atenção, a tarefa é selecionar o que é particularmente importante em um corpo de informações. O que faz disso uma versão da psicologia *horizontal* de faculdades é, segundo Fodor, que essas faculdades são o que chama de domínio genérico. Não há limites para os tipos de informações que podem ser recordadas ou a que a atenção pode ser aplicada. As faculdades da atenção e da memória atravessam domínios cognitivos.

O que Fodor vê como a grande intuição de Gall é a existência do que denomina faculdades cognitivas verticais, que são sistemas cognitivos de domínios específicos. Executam determinados tipos de processamento em corpos de informações fixos e circunscritos. Mais ainda, são isoladas quanto à informação. Não se trata apenas de processarem tipos específicos de informações. Podem apelar apenas para um espectro muito limitado de informações exclusivas na execução de suas tarefas. Essas faculdades cognitivas verticais são o que Fodor chama de módulos cognitivos.

Elaborando essa ideia, Fodor faz uma distinção geral entre processos cognitivos modulares e não modulares. Essa é, na essência, uma distinção entre processos cognitivos de alto nível, abertos, que envolvem a introdução de um amplo espectro de informações concernentes a problemas muito gerais, e processos de nível inferior que operam silenciosamente para fornecer soluções rápidas para problemas muito bem determinados. Mais detalhadamente, os processos modulares são tomados geralmente como tendo a maioria, se não todas, as quatro características seguintes:

1. *Especificidade do domínio*. Os módulos são mecanismos altamente específicos com uma especificação e um campo de aplicação relativamente circunscritos.
2. *Isolamento informacional*. O processamento modular permanece inalterado por aquilo que ocorre em outra parte da mente. Conhecimentos de fundo e expectativas não podem "penetrar" nos sistemas modulares.
3. *Aplicação compulsória*. Os módulos cognitivos respondem automaticamente a estímulos do tipo apropriado, em vez de estarem sob algum controle executivo. A prova que certos tipos de processamentos visuais são modulares é que não podemos evitar perceber ilusões visuais, mesmo quando sabemos que são ilusões.

4. *Rapidez*. O processamento modular transforma a entrada (por exemplo, padrões de intensidade luminosa apreendidos por fotorreceptores na retina) em saída (por exemplo, representações de objetos tridimensionais) de maneira suficientemente rápida para ser usada no controle *on-line* da ação.

Além dessas características "canônicas" dos processos modulares, Fodor chama a atenção para dois traços adicionais que, às vezes, caracterizam os processos modulares

5. *Arquitetura neural fixa*. É possível, às vezes, identificar determinadas regiões do cérebro associadas a tipos específicos de processamento modular.
6. *Padrões específicos de falha*. O processamento modular pode falhar segundo maneiras altamente determinadas. Essas falhas fornecem pistas sobre a forma e a estrutura desse processamento.

A razão de Fodor para subestimar essas duas últimas características é ver os módulos cognitivos como individualizados antes funcional que fisiologicamente. Um módulo cognitivo deve executar uma tarefa única, circunscrita, específica de um domínio. Mas não é necessário mapeá-la a uma parte específica do cérebro. Alguns módulos parecem ser localizáveis, mas no tocante a outros (ainda) não dispomos de nenhuma evidência. Certamente, não parece haver nenhuma incoerência na ideia de que o processamento de informação compreendido em um módulo cognitivo deva estar distribuído ao longo dos limites anatômicos no cérebro.

Os módulos cognitivos formam a primeira camada do processamento cognitivo. Estão intimamente ligados a sistemas perceptivos. Aqui, Fodor considera vários mecanismos que lhe parecem candidatos a módulos cognitivos:

> Candidatos podem incluir, no caso da visão, mecanismos para a percepção de cores, para a análise de formatos e para a análise de relações espaciais tridimensionais. Podem incluir sistemas de "nível superior", muito estritamente especializados, sistemas que se ocupam da condução visual dos movimentos corpóreos ou do reconhecimento de faces de membros da mesma espécie. Candidatos na audição podem incluir sistemas computacionais que atribuem descrições gramaticais a proferimentos ou que detectam a estrutura melódica ou rítmica de disposições acústicas; ou, a propósito, mecanismos que mediam o reconhecimento de vozes de membros da mesma espécie. (*MM*: 47)

Alguns desses módulos candidatos estão próximos da periferia sensória. Ou seja, relativamente pouco processamento intervém entre a informação chegando aos órgãos sensórios e ela servindo como entrada para o módulo.

Esse é, evidentemente, o caso da percepção de cor. Outros sistemas estão muito mais "profundos". Um exemplo seria o sistema de reconhecimento de rostos. Ademais, alguns módulos cognitivos podem tomar as saídas de outros módulos como entradas. É bem provável que informações sobre a estrutura rítmica de uma disposição acústica sejam relevantes na identificação da voz de um membro de sua própria espécie.

Todavia, nem toda cognição pode ser executada por mecanismos modulares. Fodor é enfático na necessidade de haver processos psicológicos que cruzem domínios cognitivos. Ele salienta a distinção entre o que os sistemas cognitivos computam e no que os organismos creem. As representações processadas nos módulos cognitivos são muito diferentes das atitudes proposicionais que foram o foco da última seção. Também não podemos identificar crenças e outras atitudes proposicionais a saídas de módulos cognitivos. As mesmas características dos módulos cognitivos que os tornam computacionalmente poderosos, como a velocidade e o isolamento informacional, significam que suas saídas nem sempre são boas guias da disposição do ambiente percebido. Aparências podem ser enganadoras! Como Fodor formula,

> tais representações esperam correção à luz de conhecimento de fundo (por exemplo, informação memorizada) e de resultados simultâneos da análise das saídas em outros domínios. Chame o processo de chegar a tais representações corrigidas de "a correção da crença perceptiva". Em uma primeira aproximação, podemos assumir que os mecanismos que efetuam esse processo operam assim: examinam simultaneamente as representações fornecidas pelos vários sistemas de entrada e a informação disponível na memória e chegam à melhor (a melhor disponível) hipótese acerca de como o mundo deve ser, haja vista essas várias espécies de dados. (*MM*: 102)

Como ele imediatamente indica, sistemas que podem fazer isso tudo não podem ser nem de domínio genérico, nem isolados no tocante às informações. Portanto, deve ser um processamento não modular – ou o que Fodor e outros frequentemente denominam processamento central, para distingui-lo do processamento modular, que é periférico.

Fodor sugere que o processamento central tem dois traços distintivos. É *quiniano* e *isotrópico*. O que pretende dizer ao descrever o processamento central como quiniano (segundo o filósofo Willard Van Orman Quine, que sabidamente propôs uma visão holística do conhecimento e da confirmação) é que o processamento central visa a certas propriedades epistêmicas que são definidas com respeito ao sistema de atitudes proposicionais como um todo. Fodor vê cada sistema de crenças de um organismo como análogo, em aspectos importantes, a uma teoria científica. Com efeito, é a teoria do mundo do organismo. Como tal, partilha de algumas importantes propriedades com as teorias científicas. É o sistema de crença como um todo que é avaliado segundo a consistência e a coerência, por exemplo. Não podemos considerar isoladamente quão acuradas ou confirmadas são as crenças individuais, uma vez que não podemos divorciar o modo como avaliamos as crenças individuais de como pensamos os outros elementos do sistema na qual elas estão imersas. A natureza isotrópica é, de várias maneiras, um corolário de sua propriedade quiniana. Dizer que o processamento central é isotrópico é, em essência, dizer que *não* está isolado no tocante a informação. Em princípio, qualquer parte do sistema de crença é relevante para confirmar qualquer outro. Não podemos traçar fronteiras em um sistema de crença e ter a esperança de conter o processo de confirmação nesses limites.

A distinção básica que Fodor traça no *The Modularity of Mind* entre processamento modular e não modular recebeu mais atenção que a moral que extraíra dessa distinção. O capítulo do livro dedicado ao processamento central contém aquilo a que Fodor provocativamente se refere como "A primeira lei de Fodor da inexistência da ciência cognitiva". Basicamente, "quanto mais global (ou seja, mais isotrópico) for um processo cognitivo, menos alguém o compreende. Processos muito globais, como o raciocínio analógico, não são compreendidos de modo algum" (*MM*: 107). Em *The Modularity of Mind*, essa asserção controversa não é respaldada em argumentos. À medida que ela é de algum modo respaldada, Fodor a justifica por alegações um tanto quanto controversas acerca da ciência cognitiva contemporânea – tal como a alegação de que o projeto tradicional da inteligência artificial, de desenvolver um modelo geral da solução inteligente de problemas, chegara ao fim sem sucesso e de que relativamente poucos trabalhos sérios estavam ainda sendo feitos para construir uma máquina inteligente. Não é surpreendente que os entusiastas da IA e da ciência cognitiva não tenham sido muito afetados por suas alegações polêmicas. No entanto, em trabalhos mais recentes, Fodor forneceu de fato um argumento para sua "Primeira Lei". Na próxima seção, examinaremos esse argumento e consideraremos como se vincula ao projeto que examinamos na primeira seção – o projeto de usar a hipótese da linguagem do pensamento para legitimar a psicologia do senso comum.

FODOR E OS LIMITES DA CIÊNCIA COGNITIVA

Nas duas seções anteriores, consideramos duas alegações fundamentais de Fodor acerca da mente. A primeira, que a mente é um mecanismo computacional. Pensamentos são representados por sentenças de uma linguagem interna do pensamento, cuja estrutura sintática corresponde à forma lógica de seu conteúdo. As transições entre pensamentos são funções somente de suas propriedades sintáticas. Fodor defende que os pensamentos podem ser eficazes e o realismo intencional pode ser preservado, apenas se compreendidos nesses termos. A segunda é a distinção entre dois tipos fundamentalmente diferentes de processamento mental. Certos processamentos são modulares, tendo lugar em sistemas especializados, que realizam apenas um conjunto restrito de operações com um tipo limitado de dados. A forma de análise da matriz visual que tem lugar em um sistema visual primitivo é um paradigma do processamento modular. Mas os tipos mais interessantes de processamento (pelo menos do ponto de vista filosófico) não são nem específicos de um domínio, nem isolados no tocante às informações. Módulos como o sistema visual primitivo produzem entradas para o processamento não modular que fornece suporte à fixação das crenças e à deliberação prática.

Uma vez que o sistema de atitudes proposicionais é paradigmaticamente quiniano (com respeito a certas propriedades epistêmicas definidas no conjunto total das atitudes proposicionais) e isotrópica (qualquer membro podendo ser relevante para a confirmação de qualquer outro), a "Primeira Lei da Inexistência da Ciência Cognitiva" de Fodor implica a evanescente fraqueza das perspectivas de uma explicação computacional do raciocínio prático e da tomada de decisão ordinária. E, assim, é inteiramente consistente com ataque empreendido por Fodor contra os cientistas cognitivos que alegam ser possível explicar computacionalmente o processamento central. Seu livro *The Mind Doesn't Work That Way* (2000) é um ataque concentrado no que denomina a Nova Síntese.[3] Essa é uma visão híbrida que combina a psicologia computacional à teoria evolucionária em uma exposição abrangente da mente. O princípio básico da Nova Síntese é o de que a mente é massivamente modular. Não há tal coisa como um processamento central. A mente é composta inteiramente de módulos dedicados e específicos de domínios que evoluíram nas profundezas da pré-história humana para resolver problemas enfrentados por nossos ancestrais primordiais.

Fodor oferece um argumento elegante contra a hipótese da natureza modular massiva. O traço central de um sistema modular é que assume apenas um espectro limitado de entradas. Porém, como as entradas relevantes são selecionadas? Em particular, algum processamento está envolvido na seleção? Para o que podemos chamar módulos fodorianos clássicos, a resposta é imediata. Módulos responsáveis por tarefas de baixo nível, como o processamento visual preliminar e a análise sintática, podem ser descritos, de maneira plausível, como operando diretamente sobre entradas sensoriais, e é corrente postular sistemas sensórios (assim chamados transdutores) que filtram diretamente as entradas relevantes. No entanto, é evidente que, se a hipótese da natureza modular massiva estiver bem-fundamentada, então a mente é composta de módulos que não são senão os de baixo nível. O "Módulo de detecção de trapaça", postulado pelos psicológicos evolucionários Cosmides e Tooby, por exemplo, alegadamente teria evoluído para detectar trapaças nas mudanças sociais.[4] Suas entradas são presuntivas representações das mudanças sociais. Mas apenas o empirista mais radical alegaria que representações de mudanças sociais podem ser imediatamente identificadas de uma maneira que torne plausível postular transdutores de mudança social. Nesse caso, é necessário certo processamento para gerar as entradas apropriadas ao módulo de detecção de trapaças. Segundo a tese da natureza modular massiva, esse processamento deve ser modular – porém, como indica Fodor, qualquer módulo que possa realizar esse processo de filtragem será menos específico de um domínio (ou seja, terá um espectro mais amplo de entradas) que o módulo para o qual está realizando a filtragem. Fodor afirma que a mesma linha de argumentação poderá ser aplicada ao próprio módulo de filtragem, e, desse modo, conclui, acabamos em um processo que dificilmente pode ser descrito de algum modo como modular. A tese da natureza modular massiva naufraga – e, com ela, o projeto de uma psicologia computacional que abranja tudo.

Fodor está bem feliz em aceitar que não há perspectivas para uma psicologia computacional que abarque o processamento não modular. O que quero enfocar no resto dessa seção, no entanto, são as implicações que essa tese negativa tem para sua tentativa de legitimar a psicologia do senso comum mediante a hipótese da linguagem da mente.

Como vimos na primeira seção, a chave da estratégia de legitimação é a ideia que transições causais determinadas por propriedades sintáticas de sentenças na linguagem do pensamento podem rastrear as propriedades semânticas desses itens semânticos. As sentenças na linguagem do pensamento são estruturas físicas que concretizam crenças e outras atitudes proposicionais. As propriedades semânticas dessas estruturas físicas são os conteúdos dessas crenças. A plausibilidade dessa alegação repousa, por sua vez, em considerar as propriedades sintáticas de uma sentença na linguagem do pensamento como uma propriedade intrínseca, física dessa estrutura física. Se esse não for o caso, então é difícil ver como propriedades sintáticas podem entrar em interações causais. Todo o problema da causalidade por conteúdo brota da suposição básica que propriedades semânticas, ao contrário de propriedades sintáticas, não são propriedades físicas, intrínsecas das sentenças na linguagem do pensamento. A ideia básica, por trás da estratégia de legitimação de Fodor, é que a teoria representacional da mente é uma maneira de assegurar que propriedades físicas intrínsecas de sentenças mudem *pari passu* suas propriedades semânticas, não intrínsecas – de maneira análoga a como transformações de formatos físicos dos símbolos mudam *pari passu* a interpretação desses símbolos.

Uma questão natural nesse contexto é como exatamente compreender "intrínseco". Parece plausível que as propriedades intrínsecas de representações mentais não podem ser sensíveis ao contexto. Quer dizer, as propriedades intrínsecas de uma representação mental não podem variar com os processos cognitivos nos quais está envolvida e/ou com outras representações mentais às quais responde. A analogia com a lógica é novamente útil. A interdependência da derivabilidade e da validade seria completamente minada se o formato de um símbolo lógico em uma linha de uma prova variasse segundo o que estivesse ocorrendo em linhas posteriores ou anteriores dessa prova.

Pondo tudo isso junto, podemos concluir que propriedades sintáticas devem ser *in*sensíveis ao contexto. E isso é a fonte da dificuldade para a tentativa de Fodor de legitimar a psicologia do senso comum mediante a hipótese da linguagem do pensamento. O problema básico é que a insensibilidade ao contexto vai par a par com o isolamento informativo. Dizer que um processamento de informação é insensível ao contexto é, na verdade, apenas outra maneira de dizer que repousa sobre relativamente poucas informações contextuais e de fundo. No entanto, o processamento de informação, associado à psicologia das atitudes proposicionais, é um exemplo paradigmático de processamento que não é informativamente isolado. Segundo Fodor, processamento não modular é quiniano e isotrópico. Porém, como o processamento não modular é quiniano e isotrópico, ele frequentemente termina por ser sensível ao contexto.

Eis um exemplo. Muitas das crenças que formamos são casos da inferência pela melhor explicação (também conhecida como abdução). Crenças obtidas por inferência pela melhor explicação não são acarretadas pelas provas sobre as quais se baseiam. Não há maneira de *deduzir* a crença das provas. Simplesmente, a crença desincumbe-se melhor da tarefa de explicar as provas que qualquer uma das alternativas. Mas o que significa "melhor" aqui? Em muitos casos, uma explicação é melhor porque é mais simples que suas alternativas. Em outros casos, uma explicação é melhor porque explica outros fenômenos que as alternativas não podem explicar. E, em ainda outros casos, uma explicação é melhor porque é mais conservadora (exige que aquele que crê faça menos ajustes em outras coisas que crê). O que todas essas considerações (simplicidade, poder explicativo e conservadorismo) têm em comum é que dependem de propriedades globais do sistema de crença. Porém, o processamento que depende de propriedades globais dessa maneira é *ipso facto* sensível ao contexto.

Vemos, agora, a tensão fundamental entre a teoria da mente representacional e a maneira como Fodor caracteriza a distinção entre processamento modular e não modular. A hipótese da linguagem do pensamento no coração da teoria da mente representacional exige que as transições entre sentenças na linguagem do pensamento seja função somente das propriedades sintáticas dessas sentenças. Essas propriedades sintáticas devem ser insensíveis ao contexto. Todavia, as características do sistema de atitudes proposicionais que Fodor sublinha ao traçar a distinção entre processamento modular e não modular têm como consequência que, ao tratar com sentenças na linguagem do pensamento correspondente a crenças e a outras atitudes proposicionais, temos transições entre sentenças na linguagem do pensamento que são sensíveis ao contexto. Como essas transições são sensíveis ao contexto, não podem ser puramente sintáticas. Mas se essas propriedades não são puramente sintáticas, então a solução de Fodor para o enigma da causalidade por conteúdo fracassa.

Em *The Mind Doesn't Work That Way*, Fodor claramente se mostra ciente do problema. Com efeito, reconhece que apenas o processamento modular é sintático, no sentido tradicional (ver Capítulo 5 dessa obra, por exemplo) e exprime sua confiança que o processamento não modular se provará sintático em um sentido mais fraco. Mas ele não tem nada a dizer acerca de como compreender esse sentido mais fraco ou como esse sentido poderia ser explorado para resolver o enigma da causalidade por conteúdo. No entanto, a permanência dessas questões, seja na filosofia da ciência, seja na ciência cognitiva, é um testemunho do poder e da originalidade do pensamento de Fodor nessas áreas. A hipótese da linguagem do pensamento e a distinção entre processamento modular e não modular foi tão influente que as notícias acerca de uma tensão entre eles é de fato notícia.

NOTAS

1. As atitudes proposicionais incluem, além de crenças e desejos, esperanças, temores e assim por diante. Eu posso crer que está chovendo, desejar que esteja chovendo, ou temer que esteja chovendo. Em cada caso, há uma única proposição (a proposição "está chovendo") com a qual entretenho diferentes atitudes (a atitude de crer, desejar e assim por diante).
2. J. A. Fodor and Z. W. Pylyshyn, "Connectionism and Cognitive Architecture: A Critical Analysis," *Cognition* 28 (1988): 3-71.
3. Ver Stephen Pinker, *How the Mind Works*. New York: Norton, 1999.
4. Jerome H. Barkow, Leda Cosmides, and John Tooby (eds.), *The Adapted Mind: Evolutionary Psychology and the Generation of Culture*. Oxford: Oxford University Press, 1992.

REFERÊNCIAS

The Mind Doesn't Work That Way: The Scope and Limits of Computational Psychology. Cambridge, MA: MIT Press, 2000.

The Modularity of Mind [*MM*]. Cambridge, MA: MIT Press, 1983.

Psychosemantics. Cambridge, MA: MIT Press, 1987.

7
NAGEL
SONIA SEDIVY

Estamos inseridos no mundo, embora não exista um mundo único. Thomas Nagel (1937-) oferece uma compreensão sinóptica dos problemas filosóficos milenares acerca de nossa natureza e de nossa relação com o mundo que os remete a essa situação aparentemente paradoxal. Defende, de maneira aguerrida, a nossa intuição central, a intuição realista de que estamos inseridos em um mundo, mas mostra como ela acarreta, talvez surpreendentemente, que não há um mundo único, haja vista a multiplicidade de pontos de vista que são partes do real. A realidade de tais perspectivas, juntamente como nossa capacidade de separarmo-nos de nossa subjetividade em favor de visões mais objetivas, não apenas nos põe na senda do conhecimento e franqueia-nos os valores morais, mas também introduz tensões irreconciliáveis nos dois domínios. A situação frequentemente nos leva a conceder primazia distorcida ao fornecimento de um ponto de vista em detrimento do outro.

O sucesso de Nagel repousa em uma lúcida argumentação que explica como essa estrutura fundamental dos pontos de vista e de fatos subjetivos e objetivos, bem como das tensões amplamente irreconciliáveis que criam, dá origem à maioria dos problemas filosóficos perenes, de fato, à maioria dos problemas com os quais nos confrontamos como seres humanos comuns, pelejando para agir em um mundo que queremos compreender. Sua contribuição repousa também em sua habilidade para defender que essa situação, inerentemente contraditória, é algo que devemos encarar sem simplificações exageradas, sem priorizar uma das perspectivas à custa da outra. E seu foco nunca é apenas teórico: seus trabalhos tratam dos modos pelos quais devemos encarar essa situação tanto para viver e agir nesse mundo quanto para teorizar.

A maioria de suas obras foram escritas enquanto era professor de filosofia e direito na Universidade de Nova York, onde lecionava desde 1980. Sua atividade profissional começou na Universidade da Califórnia, Berkeley, em 1963, e ganhou impulso na Universidade de Princenton, onde lecionou de 1966 a 1980. Nagel escreveu sua tese de doutorado sob a orientação de John Rawls e recebeu o título da Universidade de Harvard em 1963. A amplitude da obra de Nagel pode ser, em parte, devida à extensão de seu treinamento filosófico, iniciado nos anos de 1950 em Cornell, onde o trabalho do último Wittgenstein era calorosamente considerado; continuou em Oxford, onde adquiriu uma perspectiva britânica com seu bacharelado em Filosofia em 1960 e então chegou a termo em Harvard, pelo contato com algumas das figuras definidoras da filosofia analítica nos meados do século, como Quine, Goodman e, obviamente, Rawls.

Não há dúvidas que Nagel destaca-se entre seus contemporâneos em diversas dimensões. Em primeiro lugar, sua obra é tematicamente distinguida pela oposição às tendências filosóficas e culturais que ganhavam impulso ao longo da última metade do século XX. Seu arcabouço nos ajuda a compreender o teor paradoxal do pensamento tardio do século XX que se enganava com respeito à perspectiva subjetiva e objetiva. Nagel qualificava o ânimo dominante como idealismo e subjetivismo, que era manifesto no tom relativista dos tempos e nos objetivos reducionistas da maioria das teorias. Isso faz sentido, porque Nagel pode mostrar que, embora teorias reducionistas privilegiem certas formas de explicação científica, elas são formas de idealismo porque adotam um "critério epistemológico de realidade – que existe apenas o que pode ser compreendido de certa maneira" (*VN* 15). Nagel decididamente oferece alternativas antirreducionistas e antirrelativistas na metafísica, na teoria da mente e do conhecimento. Na ética, opõe-se à tendência crescente em direção ao relativismo, segundo o qual somos capazes apenas de percepções paroquiais no lugar de raciocínios genuinamente morais. Mas também combate as teorias morais que privilegiam as percepções objetivas ao ponto de ou totalmente negarem os valores ou reconhecerem apenas valores altamente imparciais, "neutros com respeito aos agentes". O próprio Nagel descreve seu clássico *The View of Nowhere* (*A perspectiva de lugar algum*) como "em alguns aspectos uma obra deliberadamente reacionária" e identifica sua perspectiva antirrelativista da linguagem e da lógica em *The Last Word* (*A palavra final*) como "herética".

A sistematicidade da obra de Nagel também é característica. Sua filosofia oferece uma maneira unificada de compreender questões que vão da metafísica até a teoria do valor ou, mais especificamente, de problemas metafísicos centralizados em torno de nossa natureza – problemas sobre consciência, identidade e liberdade – passando por problemas da teoria do conhecimento, até os desafios maiores que confrontam a teoria moral, seja na teoria ética, seja na teoria política. Isso é significativo, em uma era de especialização, quando poucos teóricos oferecem visões sinópticas.

No entanto, as posições de Nagel são também quase surpreendentes pela modéstia de seus conselhos, segundo os quais em muitos domínios carecemos dos recursos conceituais apropriados que nos permitiria conciliar as tensões fundamentais que resultam de nossa inserção em um mundo formado por fatos subjetivos e objetivos, valores pessoais e impessoais. Isso significa que devemos reconhecer que, em alguns domínios, não se chegará a uma integração das perspectivas objetivas e subjetivas e a uma resolução de seus confrontos problemáticos.

Por último, Nagel destaca-se pela natureza inteiramente não técnica de sua argumentação e pelo caráter cristalino de seus escritos. Embora seus argumentos mostrem o domínio dos argumentos de contemporâneos como Saul Kripke e Donald Davidson, que se baseiam na lógica simbólica e na filosofia da linguagem modernas, seu tratamento dos argumentos deles não envolve nenhuma tecnicalidade explícita, embora permaneça respondendo a seus resultados e comprometendo-se com eles. Talvez esse notável dom para a escrita filosófica explique em parte o último traço que separa Nagel da maioria de seus contemporâneos, a saber, seu engajamento em questões e problemas sociais contemporâneos, a começar pelas questões suscitadas pela guerra do Vietnã nos anos de 1960, passando por problemas como pobreza e caridade, privacidade, suicídio assistido e atualmente dirigindo-se à políticas de identidade e à teoria evolucionista, entre outros. Tanto em artigos profissionais e inumeráveis resenhas de livros para a impressa pública – sem mencionar um livro, não técnico, ainda assim conceitualmente inovador, mudando as atitudes usuais sobre impostos –, Nagel continuamente abordou as questões difíceis que confrontam a sociedade. Sua obra procura contribuir para o debate público, a despeito do clima cultural que parece não atribuir valor algum às preocupações e aos métodos da filosofia analítica.

Nagel é identificado pela posição realista de *The View of Nowhere* e pelo forte igualitarismo desenvolvido por meio de seus escritos, de *The Possibility of Altruism* (*A possibilidade do altruísmo*), passando por *The View from Nowhere*, até *Equality and Partiality* (*Igualdade e parcialidade*). Uma vez que o espectro sistemático de sua obra impede o exame de seu inteiro escopo, focalizarei o livro que o define, *The View of Nowhere*, juntamente com dois textos posteriores *Equality and Partiality* e *The Last Word*, para traçar seu raciocínio ao longo de quatro orientações principais, consideradas na mesma ordem que em sua exposição clássica no *The View of Nowhere*: mente e conhecimento, valor e ética política.

A MENTE E O CONHECIMENTO

O único problema que preocupa Nagel em todos os aspectos surge do fato da subjetividade. Esse é o fato não controverso que algumas criaturas são não apenas sensíveis, mas também suficientemente complexas para reconhecerem sua subjetividade. Em outras palavras, algumas criaturas sensíveis – como nós – podem reconhecer que percebem e pensam o mundo de uma perspectiva que é marcada por suas disposições como membros individuais de uma espécie. Disso decorre outro fato, talvez não tão evidente, que Nagel destaca. Assim como reconhecer uma coisa ou um evento é reconhecer uma instância de uma categoria, reconhecer sua própria subjetividade ou a de sua espécie é reconhecer a subjetividade como uma instância de uma categoria ou de um tipo. Porém, apreender que sua subjetividade é uma instância de uma categoria é confrontar-se com a possibilidade de outras espécies de subjetividades, e esse reconhecimento é a mesma coisa que o "impulso objetivo", a percepção de que é possível obter uma compreensão que não é limitada – ou é menos limitada – pela natureza de sua própria forma de subjetividade (*VN* 18). Reconhecer sua própria subjetividade *é o mesmo* que reconhecer a possibilidade de se separar dela – de sua peculiaridade, bem como de seu tipo –, a fim de compreendê-la e transcendê-la em concepções crescentemente desapegadas do mundo.

Todavia, a natureza própria da perspectiva subjetiva não deve ser erroneamente tomada como matéria privada. Perspectivas subjetivas não são privadas. Pelo contrário, a subjetividade de alguns aspectos de nossa vida mental é uma questão da particularidade delas. Nagel acompanha Wittgenstein na defesa da natureza intersubjetiva dos conceitos de experiências, pensamentos, etc. que são públicos, embora sua natureza pública ou intersubjetiva difira daquela dos conceitos que se aplicam ao mundo físico. Isso é importante, porque a natureza intersubjetiva desses conceitos gera a gravidade dos problemas que confrontamos: "As ideias subjetivas de experiência, de ação e do eu são, em algum sentido, propriedade pública ou comum. É por isso que os problemas da mente e do corpo, da vontade livre e da identidade pessoal não são apenas problemas acerca de nosso próprio caso" (MQ 207).

Nagel retraça esses problemas à nossa capacidade de reconhecer nossa subjetividade, insistindo que desse fato decorrem implicações crescentemente controversas. Em primeiro lugar, a mera generalidade do conceito de experiência – o simples fato de haver tal conceito – acarreta que o conceito se estende a casos nos quais há sinais externos de uma vida mental experiencial, ainda que essa vida mental pareça tão diferente da nossa que não possamos imaginativamente extrapolar a partir de nossa apreensão em primeira pessoa de como nossa experiência é. Nagel torna esse fato vívido, conclamando-nos a imaginar "O que é ser como um morcego?", em um artigo com esse título, que imediatamente se tornou um clássico na teoria da mente.[1] O artigo, assim como a abertura de *The View of Nowhere*, defendem que podemos significativamente atribuir o conceito de experiência para além do que o torna aplicável a nosso próprio caso.

O passo seguinte de Nagel nessa linha de defesa é ainda mais contencioso. Uma vez reconhecido o gênero do caso que morcegos exemplificam, devemos também contemplar casos nos quais pode haver uma vida mental sem qualquer sinal externo identificável. Esse movimento-chave procura estabelecer que possuímos conceitos com respeito aos quais não podemos conceber algumas de suas condições de aplicação, mas que são, no entanto, conceitos *bona fide*. A questão controversa é se, "com base em exemplos da realidade com a qual se está familiarizado", podemos ter "um conceito geral que se aplica, além de tudo, àquele com que se (alguém) está familiarizado ou poderia provavelmente vir a estar?" (*VN* 96). Nagel defende que o fato de nossos conceitos terem complementos estende-se a exemplos como "todas as coisas que não podemos descrever", "todas as coisas que não podemos conceber" e, por último, "todas as coisas que, por constituição, os homens serão sempre incapazes de conceber" (*VN* 98).

Esse é um momento central no tratamento oferecido por Nagel. É um ponto que contraria a tendência, ainda hoje corrente, de argumentar acerca do que pode ser concebido, acerca do que pode ser conhecido e, em última instância, acerca do que existe, a partir de limitações das aplicações significativas de nossos conceitos. E gera a estrutura básica que Nagel crê configurar nossa relação – como agentes, pensadores, teóricos – com o mundo.

Essa estrutura é antes realismo que idealismo. Realismo e idealismo são teorias acerca da natureza da realidade e de nosso lugar na realidade. Defender que temos conceitos gerais de experiência, mente e realidade que se estende ou transcende as condições sob as quais podemos aplicá-los – o conjunto de implicações com as quais acabamos de cruzar – é argumentar em favor do realismo. Mais especificamente, Nagel sugere que reconhecer nossa subjetividade como uma instância de um fenômeno geral mostra que nossa relação com o mundo é uma relação de mera inserção, na qual somos partes do mundo com o qual não travamos qualquer outra relação mais específica. A ideia de estar inserido é o núcleo ou "a ideia pura de realismo" (*VN* 70):

> Criaturas que reconhecem tanto suas naturezas limitadas quanto sua inserção no mundo devem reconhecer que a realidade pode se estender para além de nosso alcance conceitual, bem como que pode haver conceitos que poderíamos não compreender. A condição é satisfeita por um conceito geral de realidade que subsume, como instâncias, a concepção efetiva de alguém, bem como as possíveis extensões dessa concepção. Esse conceito me parece adequadamente explicado pela ideia de um conjunto hierárquico de concepções, contíguas daquelas

muito mais limitadas que a própria a alguém, mas contido nela, até aquelas maiores que sua própria, mas a contendo – das quais algumas são alcançáveis por descobertas que se poderia fazer, mas outras, ainda maiores, não. (*VN* 98)

Esse realismo, no entanto, inclui a torção paradoxal de não haver um modo único de as coisas serem, nenhuma realidade única que pudesse ser abarcada por um ponto de vista objetivo, separado das particularidades de pontos de vista subjetivos, porque é parte da realidade a multiplicidade dos pontos de vista subjetivos e dos fatos manifestos desses pontos de vista. Esse é o custo do realismo que Nagel oferece. É a marca distintiva de seu tratamento, uma vez que solapa as ambições de teoria objetivas e reducionistas em oferecer explicações completas do que é real. Precisamente porque explicações crescentemente objetivas, que se separam de nossas maneiras específicas de experimentar o mundo, deixam para trás essas experiências e as "aparências" evidentes nessas experiências, tais explicações – apesar de seus sucessos explicativos – não podem pretender ser exaustivas. Não devemos esquecer, aconselha Nagel, a distinção entre a objetividade, que é um modo de explicar, e a realidade. "[O] impulso fundamental atrás do impulso objetivo é que o mundo não é nosso mundo. Essa ideia pode ser traída se transformarmos a compreensibilidade objetiva em um novo padrão de realidade" (*VN* 18).

Na teoria da mente, o fisicalismo é o modo de explicação que objetifica e devemos nos guardar contra sua sedução. O fisicalismo mantém que toda realidade é física e, portanto, reclama explicações que mostrem como nossos pensamentos e nossas experiências são físicos, apesar de suas naturezas qualitativas, subjetivas e conscientes. O fisicalismo reclama alguma forma de redução – "comportamentalista, causal ou funcionalista" – a qual mostre que as condições de identidade de estados mentais podem ser e são especificados em termos identificáveis, em última instância, a condições físicas. O fisicalismo, na teoria da mente, é um exemplo da espécie de extensão exagerada ou traição do impulso objetivo contra o qual Nagel alerta:

> O fisicalismo, embora inaceitável, tem atrás de si o impulso amplo ao qual dá expressão distorcida e, em última instância, autodestrutiva. Esse é o impulso para encontrar uma maneira de pensar o mundo como ele é, de sorte que tudo nele, e não apenas átomos e planetas, possam ser vistos como reais da mesma maneira: não apenas um aspecto do mundo tal como ele se nos aparece, mas algo que *realmente existe*. (*VN* 16)

Mas se o fisicalismo distorce a necessidade fundamental de mostrar que os pontos de vista subjetivos são partes da realidade, como tal necessidade poderia ser satisfeita? Se rejeitarmos qualquer forma de redução psicofísica (qualquer mapeamento explicativo de fatos psicológicos a fatos físicos), que alternativa resta? Esse é um ponto central no qual o tratamento de Nagel assume um viés marcadamente modesto. Ele argumenta que não temos ainda recursos conceituais para aprender como a realidade poderia ser fundamentalmente dual em sua natureza – tanto mental como física. Nossa compreensão atual, física e metafísica, não está nem próxima de compreender a natureza das mentes. Precisaríamos de uma teoria dual de aspectos, que explicasse como os constituintes fundamentais da realidade têm propriedades tanto físicas quanto mentais (ou protomentais), de sorte que suas combinações podem gerar sistemas que possuem propriedades físicas ou mentais, ou ambas. Mas isso é um gesto em direção a uma área do espaço conceitual do qual não temos ainda nenhuma ideia de como preencher, dada nossa atual compreensão física do universo.

Todavia, cabe também à física alertar-nos para a necessidade de abertura à mudança conceitual radical. Assim como a eletricidade e o magnetismo exigiram o desenvolvimento de novas ferramentas conceituais, que mudaram nossa compreensão do universo, afastando-nos do arcabouço mecanicista de Newton, assim necessitamos de novos conceitos para explicar a subjetividade. Mas isso requer que empreendamos o primeiro passo, que parece ser antitético no momento, a saber, reconhecer que mentes não podem ser explicadas em quaisquer termos compatíveis com a teoria física vigente – assim como explicar a eletricidade e o magnetismo exigiu reconhecer a necessidade de novos recursos conceituais peculiares, antes que fosse possível elaborar uma nova teoria física unificadora:

> A estranha verdade parece ser que certos sistemas físicos, complexos, gerados biologicamente, dos quais cada um de nós é um exemplo, têm ricas propriedades não físicas. Uma teoria integrada da realidade deveria dar conta disso, e eu creio que se e quando a alcançarmos, provavelmente não por séculos, ela alterará nossa concepção do universo tão radicalmente como nada o fez até o momento. (*VN* 51)

O que esse arcabouço realista sugere no tocante à nossa capacidade de conhecer em geral à nossa habilidade de explicar as mentes, como no caso particular recém-considerado? Nagel divide as teorias do conhecimento em três categorias: cética, reducionista e heroica (ou quixotesca, dependendo de sua perspectiva realista ou idealista). Uma das tendências definitórias na filosofia analítica do século XX é deflacionar os desafios céticos, mostrando que transgride condições de uso, significado ou referência de nossos conceitos. Tais condições podem ser concebidas de diversas maneiras – como condições de verificação, condições de uso, condições de interpretação ou condições causais de referência. Mas o desfecho é alegadamente o mesmo, a saber, a negação de que possamos articular a possibilidade cética de que o mundo seja diferente, de uma maneira inimaginável, de como o tomamos como sendo.

Tais objeções, baseadas na linguagem, são parceiras de considerações mais epistemicamente fundamentadas contra a possibilidade de uma justificação, no atacado, que reclamaria um ponto de vista independente e exterior a qualquer um que possamos assumir – um ponto de vista a partir do qual pudéssemos questionar a validade de todos os nossos recursos conceituais, ainda que precisássemos usar esses recursos para articular a exigência. Em oposição direta a isso, Nagel defende que os desafios céticos podem ser formulados de maneira significativa e acompanham inevitavelmente nossa perspectiva "natural" realista. Sua opinião é a de que dispomos de conceitos gerais da mente e da realidade que se estendem para além de suas condições causais, ou as condições nas quais aplicamos tais conceitos contradizem teorias que atam nosso uso de conceitos a condições sob as quais poderíamos verificá-los ou aplicá-los de maneira interpretativa. Assim, sobre quem recai o ônus da prova nessa rematada oposição de perspectivas? Nagel esforça-se para fazer a força dos argumentos anticéticos voltar-se contra eles próprios. Em vez de mostrar que as possibilidades céticas não podem ser significativamente articuladas, a inabilidade dos teóricos recentes da linguagem em explicar como podemos formular possibilidades céticas expõe o fracasso deles em se adequarem a todas as nossas capacidades, conceituais e linguísticas. Com efeito, Nagel acusa os argumentos anticéticos recentes de viciarem as posições acerca da linguagem das quais dependem.

O resultado é que podemos (e devemos) aspirar ao conhecimento sem restringir o que cremos existir ao que podemos conceber. Podemos expandir nossa compreensão objetiva – sob a condição de evitar a objetificação e a falsa redução, onde a explicação objetiva e redutiva não for apropriada. Tentativas de ampliar nossa compreensão devem proceder sob o reconhecimento que tais tentativas podem ser mais ou menos limitadas, como alerta a posição cética. O conhecimento objetivo e o ceticismo se unem como "produtos de uma única capacidade", a capacidade que repousa no impulso objetivo, a "ideia pura do realismo" de separar-se de nossos próprios pontos de vista para formar concepções do mundo em que estamos inseridos (*VN* 71).

No entanto, apesar da clareza persuasiva com a qual Nagel extrai essas implicações do mero fato da sensibilidade complexa, podemos nos sentir desconfortáveis com sua sugestão de que a "ideia pura do realismo" é a de inserção. Sim, pode-se concordar que boa parte da filosofia contemporânea depende de uma desnorteadora objetificação, que acata critérios epistêmicos para o que é real, exatamente da maneira como Nagel diagnostica: considerando erroneamente um modo de compreender o que é real como a própria realidade. Porém, não haveria uma alternativa entre aceitar o que podemos conceber como o que existe e a posição de Nagel segundo a qual reconhecer nossa subjetividade e, por conseguinte, nossa inserção em uma realidade formada por fatos tanto objetivos quanto subjetivos "não implica nada específico acerca da relação entre aparências e realidade, salvo que nós e nossa vida interior somos partes da realidade" (*VN* 70)? O que está em questão é a confiança de Nagel na figura imaginativa da inserção. A alternativa seria defender que somos partes integrais da realidade, de sorte que a compreensão dessa relação seria mais informativa acerca de nós mesmos e do mundo. A questão é se seria possível defender tal posição sem empregar um critério obtido epistemicamente do que é real e de nossa relação com a realidade.

Esse ponto de compressão no arcabouço de Nagel poderia explicar sua permanente fascinação pela filosofia posterior de Wittgenstein. *The View from Nowhere* elege Wittgenstein como "uma das fontes mais importantes do idealismo contemporâneo" (*VN* 105). No entanto, Nagel tem um sentimento crescente que o idealismo – a posição segundo a qual o significado funda-se apenas em nossas formas de vida –, progressivamente atribuído a Wittgenstein a partir dos anos de 1980, "gera um visão da verdade em vários domínios tão radical e obviamente falsa que penso que não pode ser uma interpretação correta, ainda que não disponha de uma alternativa" (*OT* 45: introdução a uma reimpressão de "Wittgenstein: the Egocentric Predicament" ["Wittgenstein: o embaraço egocêntrico"]). A atitude conflitante de Nagel frente a Wittgenstein é reveladora, especialmente à luz do fato de que, aproximadamente na mesma época, filósofos contemporâneos como Cora Diamond, John McDowell e Hilary Putnam defendiam que, longe de idealismo, a obra tardia de Wittgenstein oferecia um "realismo com face humana". Essa posição seria um exemplo de um realismo alternativo, que procura mostrar como nossas capacidades racionais e conceituais – caracterizadas por uma dimensão normativa e um domínio que transcende suas aplicações reais – dependem e emergem de práticas contingentes. Se sustentável, figuraria em uma posição intermediária entre as formas de idealismo dominante no século XX e o realismo vigoroso do "mero compromisso" defendido por Nagel.

Com efeito, Nagel dedicou uma obra recente a essa questão, focalizando a justificação e a explicação de nossas capacidades racionais e conceituais. *The Last Word* (*A palavra final*) põe a questão de qual é a última palavra ou o último fundamento de nossa habilidade de conceitualizar e raciocinar em diversos domínios, da matemática à moral. Considera a obra de Cora Diamond e, embora argumente contra a influente compreensão antirrealista de Saul Kripke das considerações wittgensteinianas sobre seguir uma regra, que dá o tom de grande parte do debate, desde sua publicação em 1982. Nagel concorda com a interpretação realista segundo a qual o objetivo de Wittgenstein é opor-se à explicação de nossos conceitos e pensamentos do exterior – de uma maneira que apresente fatos não normativos como constitutivos de capacidades que são normativas, compreendendo um modo certo e um modo errado de proceder, tal como uma aplicação incorreta de um conceito. Mas não vai tão longe ao ponto de encontrar um realismo alternativo na obra de Wittgenstein. É revelador que Nagel se sinta desconfortável com a argumentação de Wittgenstein porque encoraja a errônea leitura relativista segundo a qual tudo o que há no significado e na racionalidade deve ser encontrado em nossas práticas locais – embora seja verdade e importante que essas práticas só possam ser examinadas e justificadas a partir do interior, e não do exterior.

> Talvez não haja uma compreensão mais profunda do alcance do significado que aquela abarcada em nossa compreensão ordinária das próprias expressões. Mas, então, essa compreensão não é adequadamente representada pela espécie de descrição relativa a nossas práticas que Wittgenstein recomenda como um instrumento de desmistificação. Preferiria dizer que o alcance infinito da linguagem matemática só pode ser compreendido de seu interior pelo engajamento nessa forma de vida. Isso significa que nem mesmo podemos entender a forma de vida descrevendo suas práticas do exterior. A ordem da explicação é a reversa daquela na (má) interpretação comum de Wittgenstein: as práticas de seguir uma regra de nossa comunidade linguística podem ser compreendidas apenas pelo conteúdo substantivo de nossos pensamentos – por exemplo, os conteúdos aritméticos. De outro modo, elas são rituais impotentes. Não podemos lhes dar sentido vendo-as como itens da história natural. (*LW* 52-3)

Essa interpretação nuançada de Wittgenstein ilustra o desenvolvimento do pensamento próprio de Nagel. Mostra sua ênfase crescente na necessidade de compreensão e argumentação "do interior" de nossas práticas contingentes, para evitar a explicação reducionista – enquanto mantém seu forte realismo metafísico. No entanto, o quadro conceitual próprio de Nagel, ao oferecer um realismo normativo não metafísico no tocante aos valores, que poderia servir de modelo também para o realismo metafísico, suscita a questão se o seu realismo metafísico não seria forte demais.

VALOR E ÉTICA POLÍTICA

Nagel argumenta em favor de um realismo normativo, enfatizando a diferença entre realismo acerca de valores e realismo acerca de fatos. Essa é uma distinção que ele sustenta como a base crítica de sua teoria moral do *The View from Nowhere* até o *The Last Word*:

> Realismo normativo é a posição segundo a qual as proposições acerca do que nos fornece razões para a ação podem ser verdadeiras ou falsas, independentemente de como as coisas nos parecem, e que podemos esperar descobrir a verdade transcendendo as aparências, sujeitando-as à avaliação crítica. O que pretendemos conhecer por esse método não é um novo aspecto do mundo exterior, chamado valor, mas apenas a verdade acerca do que nós e outros devemos fazer e queremos fazer...

> A imagem que associo ao realismo normativo não é de um conjunto extra de propriedades das coisas e dos eventos no mundo, mas a de uma série de passos possíveis no desenvolvimento da motivação humana, que aperfeiçoaria a maneira como conduzimos a vida, quer realmente os dermos ou não. Começamos com uma visão parcial e não acurada, mas saindo de nós mesmos e construindo e comparando alternativas, podemos alcançar uma nova condição motivacional, em um nível mais elevado de objetividade. (*VN* 139-40)

Antes de examinar o realismo normativo de Nagel em si mesmo, é importante considerar o contraste com o realismo metafísico acerca de fatos. Sua transição do realismo metafísico ao realismo normativo não metafísico acerca dos valores é um cruzamento-chave que fornece a forma peculiar de seu arcabouço sinóptico. Distinguir o realismo normativo do realismo metafísico, como faz Nagel, suscita a questão se o realismo acerca dos fatos deveria ser estruturalmente semelhante ao realismo normativo acerca de valores, contrariando a alternativa rejeitada por Nagel, que o realismo acerca dos valores deve ser análogo ao realismo metafísico acerca dos fatos. Por que o realismo não é unificado pelo método e definido pela possibilidade que Nagel reserva ao realismo normativo? A possibilidade de passos no desenvolvimento de conceitos e crenças, não apenas de motivações, contribuiriam para aperfeiçoar nossas capacidades de compreender o mundo, bem como de conduzir nossas vidas, quer venhamos realmente a dar ou não esses passos – uma vez que, dada a possibilidade deles, os passos estão "aí" para serem dados, quer venhamos a agir ou não desse modo. (Esse é comprovadamente o tipo de realismo alternativo antes em questão).

Erguer essa contestação é questionar o modo como Nagel conecta o impulso objetivo a dois tipos distintos de realismo: um realismo "forte" acerca de fatos e um realismo "fraco" ou normativo e não metafísico; porém, não é questionar seu ponto fundamental, que nossa capacidade para formular uma visão mais objetiva e desprendida subjaz tanto às nossas capacidades de compreender o mundo quanto às de sermos éticos. Com efeito, a bifurcação fundamental de pontos de vista é a responsável pelo fato de sermos de algum modo seres éticos – uma vez que o impulso objetivo nos faz considerar o que é importante para nós, não apenas do ponto de vista de nossos desejos e de nossas motivações, mas também do ponto de vista que inclui a nós próprios como um entre muitos agentes que necessitam agir no mundo, uma perspectiva da qual não se pode alegar que o que é importante para si próprio seja mais importante que o que é importante para outros. Embora o impulso objetivo nos abra para os valores, torna difícil agir a partir das razões que se tornam disponíveis. A ética começa da assunção de uma perspectiva mais desprendida e impessoal e da tentativa de resolver os conflitos que surgem não simplesmente entre valores e razões que são manifestas de uma perspectiva imparcial e os desejos e motivos peculiares à nossa visão, mas entre a variedade de valores impessoais que se tornam manifestos ao se adotar uma visão imparcial. Nagel argumenta que, teoricamente, uma resolução fortemente igualitária kantiana na forma poderia, em princípio, aplainar pelo menos algumas tensões-chave. Mas sua modéstia é arrepiante, uma vez que também salienta muitos obstáculos, alguns aparentemente insuperáveis, situados no caminho. Nagel alcança o máximo de sua empatia e eloquência ao extrair as implicações de nosso ponto de vista bifurcado para a teoria moral e política.

Em primeiro lugar, a teoria moral deve evitar a tendência errônea pela objetificação excessiva e pela redução que acompanha a visão objetiva. Objetificação, redução e ceticismo modelam as opções teóricas, mas fazem isso diferentemente da maneira como estruturam o domínio das teorias metafísicas e epistêmicas. Ao contrário do realismo acerca de fatos, que é acompanhado de dúvidas céticas no tocante à nossa capacidade de apreender tais fatos, o realismo normativo opõe-se ao ceticismo, que insiste na inexistência de valores genuínos. Uma importante diferença entre valores e fatos é que o ponto de vista objetivo ameaça fazer os valores desaparecerem, de modo que tudo que parece restar de um ponto de vista objetivo são fatos subjetivos acerca de desejos e inclinações de agentes individuais. Essa é, em traços largos, a situação humiana na teoria moral. O diagnóstico de Nagel dever ser previsível: a perspectiva humiana objetiva exageradamente ao tomar certo modo de conhecimento – por exemplo, conhecimento causal, em uma psicologia naturalista – como o padrão do que há. A maneira de evitar a objetivação exagerada e a redução é peculiar do domínio moral por conta da natureza não metafísica das razões e dos valores. Nagel argumenta que, ao contrário de fatos subjetivos e objetivos, as motivações surgidas de nossos pontos de vista particulares e de valores acessíveis a partir de pontos de vista imparciais não são "partes" da realidade. E também pode defender que eles não são irredutivelmente distintos. Pelo contrário, a questão é encontrar formas apropriadas que razões impessoais podem assumir, de sorte a podermos abarcá-las e agir segundo elas. Porém, mesmo que admitamos serem os valores reais – sem que sejam "partes" ou ingredientes extras da realidade – e terem sua própria objetividade – uma objetividade de forma –, a tendência à objetivação exagerada retorna agora como a crença que devemos encontrar "o relato mais objetivo de todas as razões para a ação, o relato que nos comprometa de um ponto de vista maximamente neutro". Essa tendência se expressa no consequencialismo. Nagel discute ambos, o consequencialismo e a ética deontológica, para argumentar contra o primeiro e explicar a natureza intrigante da última – uma explicação que se mostrou da máxima importância para o debate em curso. As duas discussões alimentam seu propósito maior, que é explorar as importantes diferenças entre razões que podem receber uma forma geral – razões que se mantêm à vista ou entram em consideração em uma perspectiva impessoal – de modo que podemos reconciliar as tensões e desenvolver nossas motivações.

Talvez o aspecto mais importante pelo qual diferem entre si as razões que podem assumir uma forma geral repousa sobre ela incluir ou não uma referência essencial ao agente. Tais razões são, respectivamente, relativas a agentes e neutras quanto ao agente, e podemos falar em valores correspondentes como sendo, respectivamente, pessoais e impessoais. Nagel desenvolve essa distinção em termos de duas distinções correlativas, geradas também por nosso ponto de vista dual: a distinção entre o que *fazemos* e o que *ocorre*, e a distinção entre escolher *ações* como o oposto a escolher *estados do mundo*. As razões *relativas* ao agente são "especificadas por princípios universais que, todavia, referem-se de maneira inelimínavel a características ou circunstâncias do agente para o qual são razões." Razões que são *neutras* com respeito ao agente "dependem do que qualquer um deveria valorizar, independentemente da relação consigo mesmo" (*EP* 40). Como agentes, agimos com razões *relativas a agentes* porque, ainda que as ações afetem o que ocorre no mundo, nossa escolha é, em primeira instância, entre nossas próprias ações. Todavia, cada um de nós é também um eu objetivo que vê o mundo desprendido de sua perspectiva particular. Consequentemente, o eu objetivo escolhe entre diferentes estados possíveis do mundo, e sua escolha é baseada em razões *neutras com respeito ao agente*. Isso fornece um meio de explicar o conflito moral como devido ao fato de "toda escolha ser duas escolhas", toda escolha é simultaneamente uma escolha entre ações e entre estados do mundo. Conflitos morais surgem quando a escolha do agente acerca do que *fazer* entra em conflito com a escolha do eu objetivo acerca do que deve *ocorrer*. Esse quadro conceitual permite a Nagel explicar que o consequencialismo concede primazia aos valores neutros com respeito aos agentes, com base nos quais o eu objetivo escolhe entre estados do mundo, enquanto teorias deontológicas, contrariamente, conferem primazia a certas razões relativas a agentes que confinam os agentes a agirem de certos modos.

> Estamos frente a uma escolha. Para os propósitos da ética, devemos nos identificar com a vontade impessoal, desapegada, que escolhe resultados totais e age por razões consequentemente determinadas? Ou isso é a negação do que nós realmente fazemos e uma rejeição do espectro total de razões que se aplicam a criaturas como nós? Esse é um verdadeiro dilema filosófico; surge de nossa natureza, que inclui diferentes pontos de vista sobre o mundo... creio que a dualidade humana de perspectivas é profunda demais para ser razoável esperar que a superemos. (*VN* 185)

Porém, o dilema não nos impede de progredirmos um pouco, pondo de lado algumas posições. Nesse tom, Nagel argumenta vigorosamente contra o consequencialismo, por ser uma forma de objetivação exagerada. Nem todos os valores são impessoais, embora alguns sejam, e não há "um valor impessoal, completamente geral, da satisfação de desejos e preferências". A objetividade na ética não exige que "eliminemos, ao máximo possível, do domínio do valor real a perspectiva" (*VN* 173). Ele também explica as restrições deontológicas pelo fato de nossas ações serem dirigidas a metas, de sorte que tem sentido, em geral, qualquer agente particular estar proibido de dirigir suas ações por metas ruins ou más, independentemente dos resultados impessoalmente visíveis dessas ações. Mas também alerta que nossa compreensão das restrições deontológicas específicas ainda estão em andamento, e que pode haver conflitos com o ponto de vista impessoal, que nos obrigue a alterar algumas das restrições na ação humana que atualmente consideramos fixas.

Sua posição na ética é paralela à sua posição na metafísica:

> É claro que estamos em um estágio primitivo do desenvolvimento moral. Mesmo os seres humanos mais civilizados têm apenas uma compreensão fortuita de como viver, como tratar os outros e como organizar as sociedades. A ideia de que os princípios básicos da moralidade são conhecidos e que todos os problemas advêm de sua interpretação e de sua aplicação é uma das mais fantásticas presunções a que nossa presunçosa espécie foi levada. (*VN* 187)

Isso nos leva à inseparabilidade da ética da política e aos argumentos de Nagel por uma solução kantiana e igualitária dos conflitos que surgem de nossas perspectivas duais. Esses são os focos de sua obra *Equality and Partiality (Igualdade e parcialidade)*. Embora a teoria política seja comumente compreendida como tratando da relação do indivíduo e da sociedade, Nagel sustenta que ela lida com a relação de cada indivíduo consigo mesmo, uma vez que cada um de nós detém tanto um ponto de vista individual particular quanto uma perspectiva desprendida da coletividade. O conflito entre "a perspectiva da coletividade e a do indivíduo" tem de ser resolvido individualmente, e cada um deve conciliar, por si mesmo, as reivindicações concorrentes da coletividade que pode reconhecer de um ponto de vista imparcial e os valores que surgem de sua própria personalidade única e de seus comprometimentos. É por isso que qualquer organização social deve, em primeiro lugar, habilitar cada um a acomodar esses conflitos em si se essa organização deve nos permitir viver juntos harmoniosamente.

O ponto fundamental de Nagel, que a reconciliação dos valores da coletividade e do indivíduo é um problema de unir as duas perspectivas que cada um de nós ocupa, leva-o a defender que a resolução teria uma forma kantiana. Como deixa claro, as motivações subjetivas e o fato de nosso impulso objetivo revelar valores tanto relativos a agentes como valores neutros com respeito aos agentes exigem que avancemos para além da questão "O que todos nós concordamos que seria o melhor, concebido impessoalmente?" e perguntemos "O que, se algo, podemos todos concordar que devemos fazer, dado que nossos motivos não são meramente impessoais?" (*EP* 15). Mas a última é já a forma que Kant sugere dever ser assumida por nossos raciocínios morais. O quadro conceitual de Nagel permite-nos reconhecer que a forma kantiana do raciocínio moral é aparentada a uma perspectiva, aquela que desenvolve o ponto de vista imparcial inerente a nós de uma maneira que não despreza a importância de valores e comprometimentos pessoais. Tal raciocínio é importante porque "procura ver as coisas simultaneamente de cada ponto de vista individual e chegar a uma forma de motivação que todos podem partilhar, em vez de apenas substituir a perspectiva individual por uma impessoal, a que se chega descartando todas elas – como ocorre na atitude de pura benevolência imparcial" (*EP* 15-16). É por isso que a perspectiva kantiana oferece pelo menos a possibilidade de reconciliação, à medida que exige "o que posso afirmar que qualquer um deve fazer em meu lugar, e, portanto, o que todo mundo deve concordar que, como são as coisas, é para mim o correto a fazer" (*EP* 17).

Porém, o que tais reconciliações encontrariam mais substantivamente é tema de disputa mesmo entre kantianos contemporâneos, e Nagel não oferece nenhuma resposta fácil. Pelo contrário, como era de se esperar, ele é cauteloso sobre o que, se algo, poderia ser defendido mais especificamente:

> Suspeito que não existam princípios gerais governando tanto as razões pessoais, relativas ao agente, quanto as razões imparciais, neutras com respeito ao agente, e suas combinações, que sejam aceitáveis de todos os pontos de vista, à luz de suas consequências sob todas as condições realisticamente possíveis. Sob algumas condições – incluindo aquelas do mundo real –, qualquer padrão de conduta individual que procure acomodar ambas as espécies de razões será ou muito exigente em termos do primeiro ou insuficientemente exigente em termos do segundo. (*EP* 49)

Nagel é pessimista acerca da possibilidade, dado o ponto de partida nesse momento – a nauseante disparidade vigente entre nós –, de podermos elaborar instituições políticas que nos permitam desenvolver as motivações e os valores ou "uma forma de racionalidade que nos conduza à harmonia coletiva". Mas isso sublinha a importância de instituições e formas públicas de vida. O tempo todo, o alvo de Nagel não é uma questão de tomar inclinações, motivos e raciocínios tais como são e encontrar uma solução moral para o conflito entre valores pessoais e impessoais. Pelo contrário, o que está em questão é encontrar um meio de "reordenar nossas mentes" de modo que cada um de nós encontre um meio de equilibrar nosso ponto de vista imparcial e inerente com nossos valores pessoais. São as instituições e as práticas que permitem – ou impedem – tal desenvolvimento. A forma kantiana de nosso raciocínio moral sugere que as ordenações sociais ou as instituições políticas são legítimas apenas se são apoiadas unanimemente pelos indivíduos – embora não pelos indivíduos como de fato são, mas como seriam à medida que se encontrem nas instituições que lhes permitem transformar alguns de seus valores e motivos.

Unanimidade, de fato, é uma condição forte para a legitimidade política. Porém, Nagel acusa que utópico é insistir em transformar nossas motivações em uma única direção apenas – a impessoal –, visto que isso exigiria renunciar a nossos motivos pessoais ou a transcendê-los. Não é utópico transformar nossas sociedades para um resultado – tal como a abolição da escravidão, de um sistema de castas ou da submissão das mulheres – "que gera seu próprio apoio ao invocar novas possibilidades de respeito mútuo e reconhecimento da igualdade moral pela adesão a instituições cooperativas" (*EP* 26, 27).

Nagel dá um apoio qualificado à proposta liberal, muito explorada, de que as instituições políticas podem nos permitir transformar nossas próprias motivações por meio de uma "divisão do trabalho moral". Seu quadro conceitual nos fornece uma compreensão mais profunda da ideia de que a resolução repousa em encontrar "o projeto de instituições que penetram em seus membros individuais e em parte os reconstroem, pela produção de diferenciações no eu entre os papéis privados e públicos" (*EP* 53). Segundo tal divisão, as instituições sociais das quais participamos nos permitiria agir segundo nossos motivos igualitários e imparciais, liberando-nos, então, para agir segundo nossos motivos pessoais, fora de nossos papéis sociais. No entanto, isso é apenas a forma de uma solução, delineando as condições que tornam minimamente adequada uma proposta real. Como tal é importante. Mas Nagel adverte também que não é específica e que pode não ser suficientemente transformadora. O que é importante, Nagel insiste, é que uma solução desse tipo não apenas separe nossos motivos pessoais e impessoais existentes em distintas esferas de ação, mas é necessário que transforme e desenvolva aqueles motivos por meio de suas separações. Ainda assim, ele teme que soluções desse tipo possam não ser suficientemente transformadoras.

Sociedades liberais são uma maneira, embora presumivelmente não a única maneira, de tentar tal divisão do trabalho. No entanto, por causa das amplas disparidades entre as condições de nossas vidas – algumas das quais devidas a outros aspectos das sociedades liberais –, os conflitos entre nossos valores permanece intenso. Como Nagel formula, mesmo onde dispomos de instituições que nos habilitem como indivíduos a exteriorizar, a agir segundo nossos valores imparciais, se as condições forem muito iníquas – como de fato são –, continuaremos inevitavelmente, apesar das melhores intenções, a nos encontrar em conflitos que "se aproximam do caso do último colete salva-vidas em contraste com o caso do último biscoito" (*EP* 61).

É por isso que precisamos de instituições mais transformadoras e práticas, que os "indivíduos venham a achar naturais" e que nos permitam não apenas agir segundo nossas razões impessoais como ocupantes de diversos papéis sociais – como cidadão, eleitor, contribuinte, em um nível, e como professor, doutor, juiz, etc. em outro –, mas que "nos leve adiante em direção à acomodação das duas perspectivas". Tais instituições e práticas forneceriam para nós "a imagem rousseauniana do contrato social retornando a cada um de nós um eu reconstruído" em uma alta resolução (*EP* 60-2). Todavia, Nagel não pode oferecer nenhum esboço de tais instituições e práticas.

Todavia, de uma coisa ele está bem certo. Todo mundo é igual, não apenas no sentido que a vida de ninguém é mais importante que de outrem, mas no sentido em que é mais importante melhorar as vidas em pior estado que adicionar vantagens às em melhor condições. Essa posição igualitária é tanto forte – na substância – quanto geral no escopo, uma vez que se aplica antes ao longo do espectro de vidas humanas em uma sociedade economicamente estratificada que apenas àqueles no nível muito baixo de necessidade. Nagel defende, de maneira controversa, que a imparcialidade é em si mesma igualitária. Isso significa que soluções igualitárias para problemas de desigualdade não são simplesmente aquelas que podem achar – de um ponto de vista imparcial – como consequências de fatos adicionais que estruturam as circunstâncias. Um exemplo de tal fato extrínseco, que recomenda a visão igualitária, é a diminuição da utilidade marginal, segundo a qual "recursos transferíveis usualmente beneficiam mais uma pessoa que dispõe de menos do que beneficiariam uma pessoa que dispõe de mais" (*EP* 65).

Nagel procura encontrar meios de mostrar que a preocupação pelos outros, inerente à perspectiva imparcial, envolve a prioridade daqueles que estão em piores condições. Primeiramente, porque o que está em questão diz respeito à "qualidade prospectiva" de vidas individuais inteiras, e expectativas ao nascer são tão diferentes em sociedades desiguais como as nossas, que parece "intuitivamente correto" melhorar aquelas em piores condições, dado que tal melhora terá grande impacto, mesmo no caso de pessoas que não são completamente abjetas. Em segundo lugar, a "melhor interpretação teórica" da imparcialidade diz respeito a todos os indivíduos, não apenas aos mais necessitados. O cuidado com todos é uma preocupação de todos os indivíduos. Mas a preocupação singular, que considera cada indivíduo, não pode ser simplesmente conglomerada ou agregada. Isso sugere que questões de igualdade precisam ser tratadas por meio de "comparação dois a dois, e não agregadora". Tais comparações dois a dois estendem o domínio das medidas igualitárias do mais abjeto a todos aqueles que estão de uma maneira significativa em estado pior que os outros. Esse método indicaria melhorar muitos situados em posições inferiores em tais contrastes dois a dois, e não apenas aqueles que ocupam o nível mais inferior em uma série descendente de contrastes.

> Essa é uma consequência direta de ... a própria forma da identificação imaginária com os pontos de vista de outros, quando reconhecemos suas importâncias do ponto de vista impessoal. Em vez de combinar todas as suas experiências em um todo indiferenciado, ou escolher como se tivéssemos as mesmas chances de ser qualquer um deles, devemos ten-

tar pensar como se fôssemos cada um deles separadamente – como se cada uma de suas vidas fosse nossa única vida. Ainda que isso seja uma exigência absurda e não descreva uma possibilidade lógica, creio que significa imaginária e moralmente algo: pertence à mesma visão moral que exige unanimidade como condição de legitimidade. (*EP* 68)

Muitos problemas – que surgem de questões acerca da responsabilidade, coerência e motivação – acompanham qualquer tentativa de pôr tais princípios igualitários em prática na política. *Equality and Partiality* trata em detalhe desses problemas sempre dirigido para nossa perspectiva individual bifurcada. Esses detalhes estão além do escopo aqui. Mas deve ser claro que a moral de Nagel e sua visão política vão contra as tendências atuais de objetificação que tipicamente se estendem no máximo a um igualitarismo limitado àqueles que têm as maiores necessidades, antes que em direção a um igualitarismo mais abrangente, que considere o inteiro espectro das vidas humanas em sua complexidade plena. A contra-argumentação extensa de Nagel a esse *ethos* está no *The Last Word*. Sua defesa do raciocínio moral é semelhante a seus argumentos acerca da linguagem, da lógica e da matemática, considerados antes. Razões morais não são nem mesmo compreensíveis como tais, exceto de um ponto de vista moral. E apenas de uma perspectiva que seja interna ao raciocínio moral podemos desafiar visões que alegam ser morais – para defender, desenvolver ou talvez não encontrar recurso algum e abandoná-las.

Em resumo, a obra de Nagel assume a substância igualitária da teoria da justiça social de Rawls e esforça-se para lhe dar uma significação ética mais ampla. Mas ele não pode partilhar as "expectativas psicológicas" de Rawls e, de maneira característica, qualifica sua proposta com dúvidas se podemos chegar a uma "unanimidade kantiana" nessa questão. Essa qualificação não é uma pequena nota marginal, uma vez que se lhe opõe sua defesa de que tal unanimidade é exigida pela legitimidade política. "Podemos chegar mais próximos (da unanimidade kantiana acerca do igualitarismo) por meio de instituições políticas, mas permanece um fosso que só pode ser transposto por uma transformação humana que parece, no momento, utopia, ou por uma invenção institucional que está além de qualquer coisa imaginável no presente" (*EP* 63).

CONCLUSÃO

A influência do realismo cauteloso metafísico e normativo é difícil de avaliar. A importância de seu ataque encorpado contra o pensamento reducionista em todas as suas formas não pode ser exageradamente enunciada. No entanto, não é de modo algum claro que esses argumentos sejam bem-pensados, ou, pelo contrário, elaborados na pressa de formular explicações teóricas da mente, da linguagem e do conhecimento. Por essa razão, a obra de Nagel parece situar-se isolada nessas áreas, em uma categoria própria, como uma restrição a que muitos teóricos não se endereçarão. Por contraste, suas posições integram o debate em curso acerca da teoria moral e política, nas quais não podem ser negligenciadas. Seus ensaios, frequentemente na imprensa pública, continuam a oferecer contribuições profundamente pensadas, mas acessíveis, para questões difíceis – tais como a natureza mutável da privacidade nos Estados Unidos, com suas consequências políticas de longo alcance.

Sem dúvida, a obra de Thomas Nagel situa-se como uma contribuição única para a filosofia do século XX na sua sensibilidade aguda para com a complexidade do que é ser humano – filosofia que equilibra e unifica, de maneira única, o lado humano dessa complexidade com suas dimensões e repercussões teóricas.

NOTA

1. "What Is It Like to Be a Bat?" reimpresso in *Mortal Questions*.

REFERÊNCIAS

Equality and Partiality [EP]. Oxford: Oxford University Press, 1991.
The Last Word [LW]. Oxford: Oxford University Press, 1997.
Mortal Questions [MQ]. Cambridge: Cambridge University Press, 1979.
Other Minds: Critical Essays, 1969-1994 [OT]. Oxford: Oxford University Press, 1995.
The Possibility of Altruism. Oxford University Press, 1970; reimpr. Princeton: Princeton University Press, 1978.
The View from Nowhere [VN]. Oxford: Oxford University Press, 1986.

Uma seleção de outras obras de Nagel

Concealment and Exposure and Other Essays. Oxford: Oxford University Press, 2002.
The Myth of Ownership: Taxes and Justice (com Liam Murphy). Oxford: Oxford University Press, 2002.
What Does It All Mean? A Very Short Introduction to Philosophy. Oxford: Oxford University Press, 1987.

8 KRIPKE

ALEXANDER BIRD

INTRODUÇÃO

Saul Kripke, nascido em 1940, foi uma criança prodígio. Publicou seu primeiro trabalho, sobre a semântica da lógica modal, aos 16 anos e continuou a estudar matemática em Harvard. Grande parte de sua obra desde então tem sido de natureza matemática técnica. Porém, Kripke combinou seus trabalhos em lógica formal com uma obra filosófica que é simultaneamente acessível e amplamente influente. Essa última desempenhou um papel central na reabilitação da metafísica na última metade do século XX, definindo a agenda da lógica filosófica desde então. Kripke foi professor na Universidade de Princeton, tendo anteriormente lecionado nas universidades Rockefeller e Cornell; atualmente, está no Centro de Pós-Graduação da Universidade da Cidade de Nova York (CUNY).

O significado histórico da obra de Kripke deve ser compreendido contra um pano de fundo peculiar. A filosofia "analítica" do início e dos meados do século XX era dominada por uma combinação de empirismo, em particular positivismo lógico, com a virada linguística na filosofia, especialmente a obra de Ludwig Wittgenstein. Para apreciar a importância de Kripke não se faz necessário compreender todos os detalhes dessas linhas de pensamento, embora algumas serão explicadas a seguir. Pelo momento, mencionarei apenas dois traços importantes do clima filosófico dominante. Antes de tudo, a metafísica era rejeitada como um campo importante do conhecimento filosófico. Desde Platão e Aristóteles (e antes), os filósofos têm posto questões acerca das naturezas essenciais das coisas e sobre os tipos muito gerais de coisas que existem e acerca de quais fatos são *necessários* (devem ser assim) e quais são *contingentes* (poderiam ter sido diferentes). O crescimento do empirismo no século

XVIII era avesso à metafísica, uma vez que a ênfase do empirismo na origem sensível de todo conhecimento deixava pouco espaço para um conhecimento filosófico significativo sob a forma de metafísica. No século XIX, o positivismo ativamente rejeitava a metafísica; positivistas viam a metafísica como um estágio intermediário no desenvolvimento intelectual, posterior à teologia e anterior ao alcance de uma maneira puramente empírica, científica de investigação (ou seja, teorias sobre o mundo baseadas somente em experimentos e na observação). Como um elemento do positivismo lógico, essa rejeição da metafísica dominou a maior parte dos 50 anos posteriores à Primeira Guerra Mundial.

O positivismo lógico era também profundamente influenciado pelo que foi chamada a "virada linguística" em filosofia. Muito grosseiramente, a virada linguística pode ser caracterizada como a convicção ampla de que os problemas da filosofia devem ser tratados por meio da análise da linguagem. Muitos desses problemas eram tidos como surgindo das vaguezas da linguagem natural cotidiana. As expressões da linguagem natural podem ser ambíguas. Ou duas sentenças podem parecer ter a mesma estrutura gramatical, embora tenham implicações lógicas diferentes: por exemplo, "Bill não nada" e "Papai Noel não existe" são gramaticalmente semelhantes; porém, a verdade da primeira implica que Bill existe, ao passo que a verdade da segunda implica que Papai Noel não existe. Acompanhando Gottlob Frege e Bertrand Russell, os positivistas lógicos sustentavam que a substituição, pelo menos para os propósitos da ciência e da filosofia, da linguagem natural por uma linguagem formal artificial levaria à eliminação de muitos dos problemas tradicionais em filosofia. Embora Wittgenstein, particularmente em sua obra posterior, estivesse distante de ser um positivista, também sustentou que as proposições tradicionais da metafísica eram ou o resultado de uma confusão gramatical ou, no caso das asserções aceitáveis, meros reflexos de regras gramaticais.

NECESSIDADE E ESSÊNCIA

Uma preocupação central da metafísica tem sido a modalidade. A modalidade lida com a *necessidade* – o que deve ser o caso; a *possibilidade* – o que poderia ser o caso; e a *contingência* – o que poderia ser o caso sob certas circunstâncias, mas pode também não ser o caso, sob outras circunstâncias. Desse modo, os filósofos medievais inquiriam se Deus é um ser necessário e se Deus possui necessariamente certas propriedades, como a benevolência: Deus tem de existir (ou Ele poderia não ter existido) e Deus tem de desejar o que é bom (ou Ele pode desejar o que é ruim)? Ademais, as afirmações da metafísica (e, de fato, as de outros ramos da filosofia) são elas próprias tidas por necessárias. Por exemplo, não apenas é verdade que entidades iguais possuem todas as suas propriedades em comum, mas é necessariamente o caso. A deflação da metafísica, predominante na filosofia do século XX, acarretou uma deflação correspondente no conceito de necessidade. Defendia-se que as proposições necessárias eram exatamente aquelas cognoscíveis *a priori*. Uma proposição é conhecida *a priori* se é conhecida somente pela reflexão pura e sem recurso à experiência do mundo, ou seja, sem recurso à observação e à experimentação. As proposições conhecidas da lógica e da matemática, por exemplo, são conhecidas *a priori*. Desse modo, o que fora uma categoria metafísica distintiva passara a ser assimilada a uma categoria epistêmica, a uma categoria concernente ao conhecimento. Ademais, a cognoscibilidade *a priori* de tais proposições era explicada pelo fato de serem *analíticas* – proposições que são verdadeiras em virtude de seus significados. Um exemplo padrão de uma proposição analítica é "toda aliá é elefante". Uma vez que "aliá" significa exatamente "fêmea do elefante", a proposição afirma que todas as fêmeas de elefante são elefantes, que é uma verdade lógica. E, desse modo, uma linha de pensamento comum afirmava que a necessidade de qualquer proposição necessária (por exemplo, "a soma dos ângulos internos de um triângulo euclidiano é igual a de dois ângulos retos") é questão apenas de ser possível conhecer essa proposição por pura reflexão. E o último é possível porque, uma vez compreendidos os significados de seus termos, ela pode ser vista como equivalente a uma verdade lógica. (Era frequentemente aditado que as verdades lógicas básicas fornecem definições implícitas dos termos-chave lógicos tais como "todo".)

    A obra de Kripke jogou um importante papel na reabilitação da metafísica modal. Em seu trabalho formal, Kripke desenvolveu um modelo elegante ou uma semântica para a modalidade baseada na ideia de Leibniz de um mundo possível – uma maneira como o mundo poderia ter sido. No caso mais simples, o que é possível é verdadeiro em algum mundo possível; o que é necessário é verdadeiro em todos os mundos possíveis. Uma proposição é verdadeira, mas contingentemente, se for verdadeira no mundo real, mas falsa em algum outro mundo possível (ou seja, uma proposição que é realmente verdadeira, mas que poderia ser falsa). Em uma série de conferências, publicadas como o livro *Naming and Necessity* (*Nomeação e necessidade*), Kripke instaura um processo filosófico correspondente para rejeitar diversos princípios da filosofia antimetafísica, de viés linguístico, do século XX. A primeira dentre as alegações rejeitadas era a identificação da necessidade com a cognoscibilidade *a priori* (e com a analiticidade). Kripke argumentou que há proposições necessárias que não são cognoscíveis *a priori*, mas que são conhecidas apenas *a posteriori*, o que quer dizer que são conhecidas apenas com a ajuda de alguma experiência do mundo, por exemplo, são conhecidas apenas graças a provas observacionais. Inversamente, há algumas proposições cuja verdade podemos saber *a priori* que não são necessárias, mas contingentes, ou seja, poderiam ser falsas.

    Para nos persuadir que uma proposição pode ser necessariamente verdadeira, mas não conhecida *a priori*, Kripke pede que consideremos a conjectura de Goldbach segundo a qual todo número par pode ser expresso como a soma de dois primos. Esse conjectura nunca foi provada, mas também ninguém encontrou um contraexemplo (um número par que não seja a soma de dois primos) ou qualquer outra forma de refutação. Juntamente com todas as proposições matemáticas, a conjectura de Goldbach, se verdadeira, é necessariamente verdade. Da mesma maneira, se for falsa, sua negação é necessária. Assim, ou a conjectura de Goldbach é uma verdade necessária ou sua negação é. Porém, nenhuma delas é de fato conhecida *a priori*. Talvez haja uma prova da conjectura (ou de sua negação) que nos permitiria conhecê-la *a priori*, assim como finalmente se encontrou uma demonstração do "último teorema" de Fermat, por muito tempo conjecturado. No entanto, não há garantia de que qualquer proposição matemática verdadeira dada tenha uma demonstração. Kripke assinala que o primeiro teorema de incompletude de Gödel mostra que, para qualquer conjunto bem-comportado de axiomas, há infinitas verdades matemáticas que não podem ser demonstradas a partir desse conjunto. Isso torna extremamente implausível que toda verdade aritmética possa ser demonstrada a partir de um conjunto de axiomas que sejam eles próprios cognoscíveis *a priori*.

Kripke fornece outros exemplos de proposições que são necessárias, mas conhecidas apenas graças a experiências do mundo, e são, portanto, *a posteriori*, e não *a priori*. Ele emprega o exemplo introduzido pelo lógico Gottlob Frege, "Héspero é Fósforo". Os antigos gregos usavam o termo "Héspero" para nomear o planeta, também conhecido como estrela vespertina, o primeiro planeta a aparecer no horizonte ao entardecer; igualmente, "Fósforo" nomeava a estrela da manhã, o último planeta a permanecer visível no horizonte ao amanhecer. Os gregos finalmente foram persuadidos pelos babilônicos que não eram dois planetas, mas um e o mesmo planeta; assim, vieram a reconhecer a verdade de "Héspero é Fósforo". Esse conhecimento é claramente *a posteriori*, e não *a priori* – teve que ser aprendido com a ajuda de cuidadosas observações astronômicas dos babilônicos acrescidas de um pouco de teorização astronômica. No entanto, argumenta Kripke, uma vez que Héspero é somente Fósforo, essa proposição que Héspero é Fósforo afirma simplesmente que algo é idêntico a si mesmo e, portanto, é uma verdade necessária. Muitos exemplos similares surgem com pessoas que têm dois pseudônimos, tais como autores que escrevem sob um nome literário. Assim, as proposições "George Eliot é Mary Ann Evans" e "Mark Twain é Samuel Clemens" não podem ser conhecidas *a priori*, mas são necessárias, uma vez que nos dois casos afirmam a identidade de uma pessoa consigo mesma.

Kripke reconhece que poderíamos imaginar uma descoberta que seria natural descrever como a descoberta que Héspero não é Fósforo, e de fato essa é uma das razões por que alguns filósofos, como Frege, pensaram que a identidade de Héspero e Fósforo é contingente. Mas isso não seria imaginar um mundo possível genuíno no qual Héspero não seja Fósforo. Na melhor das hipóteses, seria imaginar um mundo no qual algum planeta é visto ao amanhecer e um planeta distinto aparece no crepúsculo. Poderíamos dar os nomes "Héspero" e "Fósforo" a esses planetas, mas isso não os faria idênticos ao planeta que é Héspero/Fósforo. As alegações de Kripke acerca da necessidade conduzem, assim, à rejeição (ou a grandes modificações) da ideia de Hume de que podemos distinguir se algo é possível, imaginando-o.

Exemplos ulteriores de necessidades *a posteriori* propostos por Kripke mostraram-se mais controversos. Eles dizem respeito à constituição, natureza e origem de tipos de coisas e de coisas individuais. Kripke parte de uma discussão de Timothy Sprigge, no qual este questiona se (de fato) a Rainha Elizabeth II poderia ter tido diferentes pais (biológicos). Kripke reconhece que se poderia descobrir que seus pais não são as pessoas que pensamos ser (George VI e Elizabeth Bowes-Lyon). Isso mostra que a proposição Elizabeth II é filha de George VI e Elizabeth Bowes-Lyon é *a posteriori*, e não é algo que possamos saber *a priori*. Porém, questiona Kripke, dado que Elizabeth II é de fato a filha de George VI e Elizabeth Bowes-Lyon, ela poderia ter outros pais, por exemplo, o senhor e a senhora Truman, em algum outro mundo possível? Não, diz ele, eles poderiam ter tido uma filha com muitas das mesmas propriedades qualitativas de Elizabeth II. Mas essa criança não seria essa mulher, Elizabeth II. É impossível para uma pessoa ter se originado de um esperma e de um óvulo diferentes daqueles dos quais ela de fato se originou.

De maneira similar, Kripke questiona, acerca de uma mesa de madeira específica, se poderia ter sido feita de um outro tronco de madeira ou mesmo de água do Tâmisa congelado e transformado para parecer madeira. Poderemos ter de examinar cuidadosamente para verificar se essas coisas são verdadeiras, o que mostra que as proposições pertinentes são *a posteriori*. Ainda assim, dado que a mesa é de fato feita de algum tronco específico de madeira, é impossível, diz Kripke, que ela pudesse ter sido feita de um tronco diferente de madeira ou de gelo. Uma mesa de aparência similar pode ser construída, mas não seria *essa* mesma mesa.

Esses dois exemplos sugerem o princípio que, se um objeto material origina-se de um bloco particular de matéria, ele não pode ter sua origem em nenhum outro bloco de matéria. Se esse princípio é verdadeiro, então temos uma nova fonte geral de proposições que são necessárias, mas que só podem ser conhecidas *a posteriori*. Uma investigação *a posteriori*, tal como o teste de paternidade, pode ser necessária para sabermos que Fred é o pai de Bill, mas se Fred for de fato o pai de Bill, então Bill não poderia ter tido nenhum outro pai.

Kripke prossegue, então, discutindo identidades teóricas e propriedades de substâncias e espécies naturais de coisas. Identidades teóricas são casos nos quais a ciência nos diz o que algo *é*. Os exemplos que Kripke emprega são: a luz é um fluxo de fótons; água é H_2O; o relâmpago é uma descarga elétrica; ouro é o elemento com número atômico 79.

Começando pelo exemplo do ouro, consideremos uma posição alternativa: o ouro é definido em termos de suas propriedades observáveis manifestas, de sorte que é *a priori* que o ouro é um metal amarelo (uma posição encontrada em Kant). Kripke pede que imaginemos que o amarelo de amostras de ouro seja apenas uma ilusão de ótica. Isso significaria que não existe ouro? Não. Significa apenas que estávamos errados desde o princípio ao pensar que o ouro é amarelo. Da mesma forma, o significado de "tigre" poderia ser "um animal grande, carnívoro, quadrúpede, de cor castanha amarelada, com listras transversais pretas e barriga branca"? Não, novamente poderia ser que todos os tigres tivessem três pernas, mas uma ilusão de ótica nos fizesse pensar de outro modo. Simultaneamente, algo que satisfizesse essa descrição seria por isso mesmo necessariamente um tigre? Suponhamos que descubramos uma população até o momento oculta de animais que satisfazem essa descrição, mas que, após investigação, resultam ser répteis. Eles também seriam tigres? Não, não seriam tigres, apesar de terem a aparência superficial de tigres. Retornando ao exemplo do ouro, seria ouro uma substância que tivesse a aparência amarela e brilhante do ouro? Não necessariamente – não seria ouro se sua estrutura atômica fosse diferente daquela do ouro. Kripke discute as outras identidades teóricas de maneira similar. A natureza das espécies em questão não é dada por suas qualidades superficiais ou observáveis. Uma substância que tem uma estrutura atômica completamente diferente de H_2O, não importa quanto se assemelha à água na aparência, sabor, e assim por diante, não seria água – seria uma "água de tolo" (por analogia ao "ouro de tolo", pirita de ferro, que pode parecer ouro em seu estado natural). Embora a luz nos seja conhecida primariamente por seus efeitos sobre nossa visão, essa não é a natureza da luz. Um mundo no qual todos os humanos fossem cegos não é um mundo sem luz.

Se as naturezas do tigre, da água, do ouro, da luz – e assim por diante – não são dadas por suas características superficiais, observáveis, o que determina suas naturezas? Kripke deixa claro que, pelo menos na maioria dos casos, são certas propriedades *microestruturais* que determinam a natureza dessas espécies naturais. Isso é explícito em seu aval às identidades "água é H_2O", "ouro é o elemento com número atômico 79", "luz é um fluxo de fótons", nas quais a identidade é entre uma espécie de aparência familiar, cotidiana (água, ouro, luz) e uma espécie caracterizada por sua estrutura interna ou microestrutura (H_2O, elemento de número atômico 79, fluxo de fótons).

Em tais casos, a microestrutura fornece a essência da espécie. Kripke usa "essência" para significar uma propriedade que algo tem necessariamente. Ou seja, necessariamente a água é H_2O, dado que, como vimos, uma substância que não é H_2O não seria água, não obstante parecer superficialmente muito semelhante a água. Da mesma forma, um composto ou um elemento com um número atômico diferente de 79 não seria ouro, mesmo se tivesse uma convincente aparência de ouro. Essas espécies têm uma essência microestrutural.

Não é apenas as espécies que possuem essências, tampouco todas as essências são microestruturais. Dissemos antes que Kripke defende que a Rainha Elizabeth II não poderia ter outros pais que não George VI e Elizabeth Bowes-Lyon. Assim, ter esses pais é uma propriedade essencial da Rainha. Nesse caso, é um indivíduo que possui uma essência, e sua essência diz respeito à sua origem, e não à sua microestrutura. Da mesma forma, vimos que Kripke defende que necessariamente certa mesa não poderia ter se originado de um bloco diferente de matéria; uma mesa feita de um bloco diferente pode ser qualitativamente idêntica, mas não seria essa mesa. Assim, Kripke crê que tais objetos, bem como outros objetos materiais, todos têm essencialmente sua matéria original.

Curiosamente, embora Kripke tome como verdadeiras essas proposições que afirmam identidades, ele considera a correspondência entre sensações e estados cerebrais como contingentes, mas de modo algum como identidades. Por exemplo, mas sensação de dor correlacionada ao estado cerebral que é a descarga das fibras-C: a sensação de dor poderia ser a descarga das fibras-C? Não, diz Kripke, porque é possível ter a descarga das fibras-C sem haver nenhuma dor: há mundos possíveis nos quais cérebros têm a descarga das fibras-C, mas a pessoa com esse cérebro não sente nenhuma dor. Assim, a relação entre dor e descarga de fibras-C é contingente; portanto, não é uma identidade. Por que não podemos tratar isso da mesma maneira que o caso da luz, que poderia existir, mesmo que não ocasionasse nenhuma sensação visual? A razão de Kripke é que nossas intuições nos dizem que, em tal caso, o fluxo de fótons seria ainda luz. Por outro lado, algo que não seja penoso, que não seja sentido como dor, não seria uma dor. No caso da luz, a relação com a correspondente microestrutura (fluxo de fótons) é necessária, ao passo que sua relação com as sensações que causa (experiências visuais, calor) é contingente. Com coisas doloridas a situação é inversa. A relação entre dor e sensação de dor é necessária, ao passo que relação com a correspondente microestrutura é contingente.

NOMEAÇÃO E REFERÊNCIA

As posições metafísicas de Kripke foram um afastamento radical da ortodoxia que predominou durante os meados do século XX. Embora ainda sejam objeto de muito debate, essas posições – em particular, a afirmação que enunciados de identidade tais como "Héspero é Fósforo" são necessários – parecem ser para muitos simplesmente óbvias. "Héspero é Fósforo" apenas indica uma coisa que ela é ela mesma: certamente isso é necessário, se algo for. Assim, por que a afirmação de Kripke é tão revolucionária?

A principal razão encontra-se na filosofia da linguagem, em particular na teoria da *referência*, que foi assumida e que conduz a uma visão contrária acerca do *status* modal (ou seja, a necessidade ou contingência) dos enunciados de identidade. Kripke, obviamente, sustenta que essa filosofia da linguagem estava errada, e muito de *Naming and Necessity* é dedicado a corrigir a imagem da referência que é parte dela. Se Kripke tiver certo, o que fora uma visão profundamente arraigada do significado, que impregnou boa parte da filosofia do século XX, foi profundamente errada.

Nem todos os enunciados de identidade, mesmo na metafísica de Kripke, são necessários. Por exemplo, "Benjamin Franklin é o inventor dos bifocais" é verdadeiro, mas contingente. Isso porque esse enunciado contém uma descrição definida: "o inventor dos bifocais" (algumas outras descrições definidas são "o primeiro diretor geral dos correios dos Estados Unidos", "o homem que descobriu a eletricidade dos relâmpagos"). Uma descrição definida não é um nome genuíno. Em termos modais, a expressão "o inventor de bifocais" denota diferentes entidades em diferentes mundos possíveis. Nesse mundo, denota Benjamin Franklin; em muitos outros mundos, denota alguma outra pessoa (por exemplo, poderia denotar Spinoza, se Spinoza tivesse sido a primeira pessoa a ter feito bifocais), ou pode não denotar alguém se os bifocais nunca tivessem sido inventados, ou se tivessem sido inventados simultaneamente por duas ou mais pessoas. Em alguns desses outros mundos possíveis, Franklin ainda existe. Assim, podemos dizer que um enunciado de identidade contendo uma descrição definida como esse será contingente, e não necessário.

Uma descrição definida denota algum objeto em virtude desse objeto satisfazer a descrição univocamente. "O *F*" denota *x* precisamente quando *x* é *F* e é o único *F*. Como observado, diferentes objetos podem ser o único *F* em diferentes mundos. Agora, voltemo-nos para os nomes. Como os nomes denotam o que denotam? É nisso que repousa a disputa entre Kripke e seus predecessores. Chegaremos à resposta de Kripke no momento oportuno. Por ora, observemos que sua posição é que, não obstante a maneira como os nomes adquirem seus significados, um nome genuíno denota um e o mesmo objeto em todos os mundos possíveis nos quais tal objeto existe. Ou seja, com respeito a qualquer mundo no qual o homem Benjamin Franklin existe, "Benjamin Franklin" denota exatamente esse homem. Termos que fazem isso, denotar a mesma entidade em todos os mundos possíveis (se alguma entidade for denotada), são chamados designadores rígidos. Uma vez que "Benjamin Franklin" é um designador rígido e "o inventor de bifocais" não é um designador rígido, podemos ver que, em alguns mundos, "Benjamin Franklin é o inventor dos bifocais" será falsa. Por outro lado, "Héspero é Fósforo" é um enunciado de identidade com dois nomes; portanto, na visão de Kripke, com dois designadores rígidos. Uma vez que "Héspero" e "Fósforo" são designadores rígidos, se eles denotam o mesmo objeto em algum mundo, eles designam o mesmo objeto em qualquer mundo (se de algum modo designarem). Portanto, "Héspero é Fósforo" é necessariamente verdadeira ou necessariamente falsa. (Observe que nada disso sugere que os pais de Franklin não poderiam tê-lo chamado "Fred" ou que não houvesse alguém chamado "Benjamin Franklin". Essas suposições dizem respeito a como certas palavras poderiam ter sido usadas diferentemente em outros mundos possíveis. O que estivemos discutindo é uma questão diferente: o que nossas palavras (ou seja, as mesmas palavras continuando a ser usadas da mesma maneira) denotam quando (nesse mundo) consideramos as maneiras irreais que as coisas poderiam ter sido?).

Há, no entanto, uma visão alternativa dos nomes, que toma os próprios nomes como descrições definidas disfarçadas. Imagine que isso fosse correto, então as afirmações de Kripke seriam falsas. Descrições definidas não são designadores rígidos, e assim nomes também não seriam designadores rígidos. Enunciados de identidade, compreendendo dois nomes, não seriam em geral necessários, mas tipicamente contingentes, porque são em realidade enunciados empregando duas descrições definidas. Russell sustentava que nomes que encontramos na linguagem cotidiana ("Benjamin Franklin," "Mark Twain," "Héspero") não são nomes genuínos ("nomes logicamente próprios"), mas são equivalentes a descrições definidas. Uma visão aparentada pode ser também atribuída a Frege. Frege não via os nomes comuns como logicamente equivalentes a descrições definidas; no entanto, sustentava que todo nome tem associado a ele um *sentido*, que podemos tomar como semelhante a uma descrição definida, e esse sentido fixa a denotação do nome. Assim, Russell poderia manter que "Héspero" *significa* "o primeiro planeta a aparecer no horizonte ao entardecer", ao passo que Frege poderia ter dito que "Héspero" tem um sentido que pode ser expresso por "o primeiro planeta a aparecer no horizonte ao entardecer". Nos dois casos, "Héspero" denota o planeta, qualquer que ele seja, que é o primeiro a aparecer no horizonte ao entardecer.

Kripke avança uma série de argumentos contrários à visão descritiva dos nomes. O primeiro conjunto de argumentos contrários à visão descritiva dos nomes é de natureza modal, o que significa que dizem respeito a se certas proposições são necessárias ou contingentes. A visão descritiva torna "Héspero é Fósforo" contingente, o que é uma vantagem, de acordo com a visão tradicional que afirma serem contingentes as proposições conhecidas *a posteriori*. Mas, como assinala Kripke, essa visão tem também uma *desvantagem* muito séria em termos de modalidade. Imaginemos que a descrição correta associada a Moisés seja "a (única) pessoa que conduziu os israelenses para fora do cativeiro no Egito". Se for assim, a proposição "Moisés é a (única) pessoa que conduziu os israelenses para fora do cativeiro no Egito" é

a) necessária,
b) analítica e
c) *a priori*.

Mas evidentemente essa proposição não é nada disso. Se Moisés tivesse decidido de outra maneira, ele poderia ter levado uma vida calma e prazerosa nas cortes do Egito; é um fato contingente que ele liderou a saída dos israelenses do Egito. Analogamente, candidatos proeminentes para a descrição definida equivalente a "Aristóteles" podem ser "o último grande filósofo da antiguidade" ou o "professor de Alexandre". Se uma ou outra fossem a descrição correta, que é equivalente a "Aristóteles", então seria necessário que Aristóteles fosse um filósofo ou um professor. E isso não é correto, pois Aristóteles poderia não ter assumido uma carreira filosófica ou pedagógica (Aristóteles não teria ensinado filosofia se ele não tivesse sido enviado a Atenas por seu tutor, ou se tivesse sido morto quando os persas invadiram sua casa na Misia); ou poderia ter tido uma pupilo filosoficamente ainda mais ilustre (se Alexandre tivesse sido tão bom filósofo quanto comandante do exército e tivesse vivido um pouco mais, Aristóteles não teria sido o *último* grande filósofo da antiguidade).

A crítica modal da visão descritiva depende em certa medida de sua escolha de putativas descrições para associar aos nomes "Aristóteles" e "Moisés". Uma escolha diferente das descrições teria salvo a visão descritiva dos argumentos de Kripke? Kripke não nega que algumas descrições aplicam-se necessariamente a uma pessoa e, de fato, o essencialismo que discutimos mostra que ele pensa que há muitas verdades necessárias acerca de indivíduos e que essas podem até mesmo ser suficientes para identificá-lo univocamente. Kripke toma como parte da visão descritiva que os nomes em questão devem ser *analiticamente* equivalentes às descrições definidas associadas. Ou seja, a descrição definida dá o *significado* do nome. Isso sendo assim, as descrições pertinentes devem ser aquelas que o usuário do nome deve, pelo menos em princípio, ser capaz de associar ao nome. Uma vez que praticamente tudo que conhecemos acerca de Moisés vem da Bíblia, qualquer descrição equivalente a "Moisés" deve ser uma das (ou alguma combinação delas) que se encontram na Bíblia. Da mesma forma, é apropriado que Kripke escolha como candidatos a descrições equivalentes a "Aristóteles" aqueles fatos acerca de Aristóteles que são mais bem conhecidos.

Podemos facilmente ver que esse aspecto da visão descritiva também conduz rapidamente a embaraços, pois empregamos frequentemente um nome e somos bem-sucedidos em fazer referência ao portador do nome, ainda que não tenhamos suficiente conhecimento do portador para identificá-lo univocamente. Kripke usa o exemplo do nome do físico Richard Feynman. Ele alega, de maneira quase certamente correta, que muitas pessoas podem usar "Feynman" para fazerem referência a Feynman, ainda que não saibam nada mais acerca de Feynman salvo o fato de ele ter sido um famoso físico. Mas esse fato não os impede de fazer referência a Feynman, e não, digamos, a Murray Gell-Mann, outro físico famoso. (Imagine a seguinte conversa. A: "Você pode nomear algum físico famoso?" B: "Sim, Feynman, ele é um físico." A: "Você sabe mais alguma coisa sobre Feynman, por exemplo, sobre o que são suas teorias? B: "Não, apenas sei que é um físico". De fato, B estava se referindo a Feynman, embora B pudesse saber que Gell-Mann fosse também um físico e apenas isso.)

Esses problemas surgem porque podemos conhecer pouquíssimos fatos acerca de alguém para sermos capazes de associar uma única descrição a seu nome. Problemas relacionados surgirão quando o que cremos acerca de alguém é falso. Muitos creem que Kurt Gödel foi o primeiro a demonstrar a incompletude da aritmética e, se isso é tudo que cremos acerca dele, essa deve ser a descrição que seleciona o referente de "Gödel". Kripke nos pede para imaginar que, de fato, algum vienense obscuro chamado Schmidt, cujo corpo fora encontrado em circunstâncias misteriosas, foi o primeiro a demonstrar a incompletude da aritmética e que Gödel obteve seu manuscrito de alguma maneira. Perguntemos agora, a quem o nome "Gödel" se refere? Segundo a teoria descritiva, esse nome se refere à única pessoa que foi a primeira a demonstrar a incompletude da aritmética. E essa pessoa é Schmidt.

Assim, muitas pessoas não estarão se referindo à pessoa que de fato fora batizada "Kurt Friedrich Gödel" por seus pais, que roubara o manuscrito de Schmidt e tornara-se famoso publicando-o, que fora amigo de Einstein em Princenton; pelo contrário, estarão se referindo a um obscuro e desafortunado Schmidt. Evidentemente, isso está errado. Se a história sobre o manuscrito de Schmidt fosse verdadeira, seria correto e natural pensar que as pessoas que creem ter sido Gödel o primeiro homem a demonstrar a incompletude da aritmética teriam uma crença falsa acerca do lógico de Princenton, e não uma crença verdadeira acerca de Schmidt.

Parece, então, que a explicação dos nomes como descrições definidas tem muitas e sérias desvantagens. Mas a visão descritiva tem ao menos essa vantagem: se nomes forem somente equivalentes de descrições definidas, então dispomos de uma explicação clara de como a denotação dos nomes é fixada. Qual é a visão alternativa de Kripke sobre a denotação dos nomes? Ele não fornece uma teoria da nomeação completamente elaborada, mas apresenta uma imagem mais geral de como a nomeação funciona. Eis o caso mais simples. Um nome é dado a uma pessoa ou a um objeto em uma cerimônia de nomeação, tal como um batismo – o nome "Ichabod", por exemplo, é dado a um bebê. Jane estava presente no batismo, o que a habilita a usar o nome para fazer referência a esse bebê. Ela fala, então, do bebê para John, que não estava no batismo. John usa então o nome "Ichabod"; ele pretende empregá-lo para fazer referência ao bebê a quem Jane fazia referência. Assim, o uso de John do nome "Ichabod" não depende de ter em mente alguma descrição do bebê, mas, pelo contrário, do fato de ter adquirido o uso desse nome de alguém que estava presente no batismo. John pode, da mesma forma, passar adiante o uso do nome para outrem, mantendo a mesma referência pretendida. Assim, quando alguém diz "Napoleão era o Imperador da França", seu uso de "Napoleão" faz referência a Napoleão, porque há uma cadeia de elos que preservam a referência e remontam ao batismo de Napoleão por seus pais. Essa cadeia é causal, uma vez que o uso posterior é causalmente dependente do uso anterior. Por conseguinte, a teoria simples é conhecida com frequência como a "teoria causal da referência". No caso de "Napoleão", a cadeia causal nos conduz ao próprio Napoleão. Mas a cadeia de preservação da referência não precisa fazer isso em todos os casos (o que é causal é a cadeia de preservação entre os falantes, e não o vínculo ao objeto nomeado). Em alguns casos, uma descrição pode ser usada para identificar algum objeto como o beneficiário do nome; por exemplo, conhecemos planetas fora de nosso sistema solar por inferência teórica, e não por observação; no entanto, podem receber nomes sem que esses nomes sejam equivalentes a descrições teóricas. Em tais casos, haverá uma conexão causal entre o objeto nomeado e o processo de nomeá-lo, mas em outros casos uma descrição definida pode introduzir o nome de um objeto abstrato, por exemplo, "a razão entre a circunferência de um círculo e seu diâmetro" para π, caso em que não há um vínculo causal com o objeto nomeado.

Como vimos antes, Kripke estende sua visão metafísica acerca da identidade e da essência dos indivíduos para as espécies naturais e quantidades. Da mesma forma, ele estende sua explicação da nomeação e da referência a termos que se referem a tais coisas. Assim, termos como "tigre", "água" e "ouro" funcionam como nomes, nomeando espécies de coisas ou substâncias antes que indivíduos. Esses "nomes comuns", da mesma forma que os nomes de indivíduos, são designadores rígidos. Em muitos casos, suas referências são fixadas por algo aparentado a um batismo inicial com amostras: "ouro é a substância exemplificada pelos itens ali". Em outros casos (calor, eletricidade), a referência é fixada por certas experiências ou por efeitos experimentais. Os termos de tipo (espécie, substância, quantidade) podem ser associados a certas propriedades características que são comumente usadas para identificar os membros do tipo (por exemplo, amarelo, brilhante, maleável para o ouro). Mas essas propriedades não fornecem uma definição analítica do termo de tipo, pois poderia ocorrer que genuínos membros do tipo careçam dessas propriedades. Propriamente, é a investigação científica que revela as propriedades que realmente fixam a pertença ao tipo, as propriedades que caracterizam a natureza ou a essência do tipo.

A visão do significado dos nomes que Kripke promove não é isenta de problemas, como Kripke reconhece. Ela sugere que nada mais há no significado do nome que o objeto nomeado por ele. Se for assim, dois nomes que denotem o mesmo objeto têm o mesmo significado. Esse princípio de permuta de nomes, no entanto, conduz a problemas. Jane crê que Cícero era um grande orador romano careca. Não sabendo que Cícero era Túlio, ela crê que Túlio era uma filósofo estoico que não era careca. Assim, "Jane crê que Cícero era careca" e "Jane crê que Túlio não era careca" são ambas verdadeiras. Dado o princípio de que podemos permutar nomes que denotam o mesmo objeto, a segunda sentença é equivalente a "Jane crê que Cícero não era careca". Assim, chegamos à conclusão de que Jane crê que Cícero era careca e crê que Cícero não era careca. Parece, portanto, que devemos considerar que Jane incorre em crenças contraditórias. As coisas podem ser ainda piores. A enfática negação de Jane de que Túlio seja careca certamente seria tomada como suficiente para mostrar que ela não crê que Túlio seja careca. Assim, a sentença "Jane não crê que Túlio seja careca" é verdadeira e assim, graças a nosso princípio de permuta de nomes, também é verdadeira a afirmação "Jane não crê que Cícero seja careca". Mas já concordamos que as crenças de Jane acerca de Cícero significam que "Jane crê que Cícero é careca" é verdadeira. Assim, compromete-nos (nós, e não apenas Jane) com uma contradição. Um crítico das posições de Kripke sobre a nomeação, talvez um defensor da explicação descritiva, apontaria o princípio da permuta de nomes como o culpado.

Kripke introduz esse problema em um artigo *A puzzle about belief* ("Um enigma sobre a crença") e tem como objetivo defender o princípio de permuta de nomes mostrando que problemas semelhantes surgem quando lidamos com enunciados acerca da crença, mesmo *sem* usar esse princípio. Nesse caso, poder-se-ia concluir que o princípio da permuta de nomes não é censurável; pelo contrário, há alguns problemas mais gerais ao tratar de enunciados acerca de crenças e de seus conteúdos. Eis o exemplo de Kripke que mostra como obter uma contradição, mesmo sem usar o princípio de permuta de nomes. Pierre é um jovem francês que afirma, com inteira convicção, a sentença (a) *Lisbonne est jolie*. Ele se muda para uma parte feia de Lisboa, onde aprende português por imersão, inclusive a informação de que a cidade onde agora vive é chamada "Lisboa". Dada sua experiência de Lisboa, ele afirma (b) "Lisboa não é bonita". Mas não sabendo que "Lisbonne" e *Lisboa* nomeiam a mesma cidade, pretende ainda asserir (a). Como expressaríamos, nós, falantes do português, no que Pierre acredita quando afirma (a)? Evidentemente, diríamos (A) "Pierre crê que Lisboa é bonita" visto que "Lisboa é bonita" é a tradução direta de *Lisbonne est jolie*. No entanto, em virtude de asserir a sentença em português (b), devemos também dizer (B) "Pierre crê que Lisboa não é bonita", com efeito, presumivelmente devemos nos comprometer também com (C) "Pierre não crê que Lisboa é bonita". As sentenças (B) e (A) comprometem Pierre com uma contradição, e (C) e (A) comprometem-*nos* com uma contradição. Assim, a situação em que ficamos, no tocante a Pierre, é precisamente aquela na qual estamos com respeito a Jane, salvo que, aparentemente, não empregamos o princípio de permutação de nomes.

REGRAS E SIGNIFICADO

A obra de Kripke, tal como discutida antes, é uma reação contra um conjunto de imagens filosóficas e predileções que eram parte da virada linguística na filosofia. O filósofo de Cambridge, Ludwig Wittgenstein, dera uma importante contribuição para essa última. Chega a ser, portanto, algo surpreendente deparar-se com Kripke articulando e construindo um paradoxo cético e dando-lhe uma "solução cética", paradoxo que Kripke encontra nas *Investigações Filosóficas* de Wittgenstein e que toma como sendo "o fio central da obra posterior de Wittgenstein em filosofia da linguagem e da matemática" (*WRPL* vii). Segundo Kripke, o paradoxo é central no "argumento da linguagem privada" de Wittgenstein, o qual, em sua opinião, deve ser explicado em termos do problema de "seguir uma regra". Embora haja um debate considerável se a interpretação de Kripke é inteiramente fiel às intenções de Wittgenstein, para nós importa compreender a discussão de Kripke por seus méritos próprios.

Kripke nos pede para imaginarmos o cenário seguinte. Sou competente na aritmética ordinária e pedem-me para executar uma soma direta. É uma soma que nunca havia computado antes e compreende números maiores que aqueles de qualquer cálculo que já tivesse feito. Não obstante, está ainda inteiramente no âmbito de minhas habilidades matemáticas. Digamos, para fins de argumentação, que a soma cuja execução me fora pedida é "68 + 57". Estou confiante que a resposta é "125". No entanto, um cético bizarro levanta a seguinte possibilidade. Considere, diz ele, a seguinte função, que eu chamarei de "*quus*" e que simbolizo por "$\oplus$":

$x \oplus y = x + y$, se $x, y < 57$
$= 5$ de outro modo

Talvez, ele sugere, no passado, quando empreguei a palavra "mais" e o símbolo "+", não tinha em mente a função soma (ou seja, adição, a função com respeito a qual "125" resulta ser a resposta correta); pelo contrário, queria dizer a função *quus* ("*quadição*"). Nesse caso, estava errado ao dar a resposta "125", deveria ter respondido "5". O erro, Kripke enfatiza, não seria aritmético, mas um erro acerca de minhas intenções e significações prévias. E, obviamente, podemos estar às vezes errados acerca de nossas intenções prévias (perda de memória, influência de drogas, etc.).

Embora a possibilidade de erro tenha sido erguida, estou seguro de que não há erro algum. Uma vez que o erro e a correção têm sentido aqui, deve haver, assim pareceria, algum fato sobre o qual estou certo, um fato que faz com que a sugestão do cético seja não apenas bizarra, mas realmente falsa. Por exemplo, imagine que eu tenha executado esse cálculo em particular, muitas vezes antes. O fato de ter dado, nas ocasiões anteriores, a resposta "125" para "68 +57" mostraria que eu não pretendia expressar pelo símbolo "+" a função *quus*. No entanto, construímos o exemplo com a suposição que eu não tivesse jamais executado esse cálculo particular, e em qualquer caso sempre haverá algum cálculo que é um pouco maior que qualquer outro que tenha executado antes, e para *esse* cálculo podemos construir uma função semelhante a *quus,* com respeito a qual podemos pôr a questão cética. Assim, meu comportamento prévio, o que dissera e fizera no passado – será suficiente para excluir muitas hipóteses céticas acerca de minhas intenções. Mas esse comportamento será também consistente com muitas outras hipóteses céticas (na verdade, infinitas outras).

Assim, uma possível proposta para o fato que determinaria ter em mente a soma, e não *quus* – meu comportamento passado – é inadequada. A razão é que meu comportamento passado nada diz sobre casos diferentes daqueles com os quais me deparei antes. Certamente, pode-se pensar que *algo* conecta meu comportamento passado à minha resposta atual e explica os dois. Isso seria minha tendência ou *disposição* a comportar-me antes de um modo que de outro. As respostas que dera no passado e a que dou agora são todas manifestações da mesma disposição, e é essa disposição que determina que tenho em mente a soma, e não *quus*; assim, "125" é a resposta correta. Disposições parecem dar uma boa resposta para o problema cético, porque disposições podem ser afeitas a circunstâncias possíveis que ainda não surgiram ou que de fato nunca surgirão. Alguns vasos (como o vaso de Portland)* foram atingidos e exibiram suas fragilidades, quebrando-se, mas um vaso idêntico, igualmente frágil, pode estar tão bem protegido, que nunca exibirá sua fragilidade; tal vaso é ainda frágil. Outro exemplo: a elasticidade de uma tira de borracha determinara quanto pode ser esticada em resposta a graus variados de força. Ela pode nunca ter sido submetida à força de 3,6 N, mas sua disposição, o grau de elasticidade da tira, determina que *esticaria* 4 cm (e *não* 5 cm). Da mesma forma, minha disposição pode determinar que *teria* respondido "125", se me fosse apresentada a questão de quanto é 68 + 57. Assim, esse fato determina que com "+" não queria dizer *quus*, e, de maneira mais geral, minha disposição subjacente fixa que tinha em mente a soma.

Kripke tem duas objeções principais a essa resposta disposicional para o desafio cético. A primeira é que, mesmo se minhas disposições se estendem para além de meu comportamento real, elas não são infinitas da maneira exigida para fixar que eu queria dizer soma antes que qualquer função, semelhante à *quadição*, que começa a divergir da adição em números muito grandes. Isso ocorre porque a adição especifica a resposta para qualquer par de números, não importando quão grandes sejam. Mas alguns números são tão grandes, que não posso nem mesmo pensá-los, quanto mais tentar somá-los entre si. Assim, não tenho a disposição de dar a soma, o resultado da função soma, em resposta a questões de adição acerca de tais números grandes. Tais casos mostram que minha disposição não fixa a adição de maneira precisa em detrimento de alguma outra função.

---

* N. de T.: O mais famoso vaso de vidro com incrustações da antiguidade; atualmente, é parte do acervo do Museu Britânico. Possivelmente de origem romana entre 5 e 25 dC.

A segunda objeção de Kripke focaliza o fato de o significado ser uma relação *normativa*, ao passo que minhas disposições são puramente causais e não normativas. Ou seja, o que significo fixa o que *devo* dizer, e não o que de fato digo, nem o que diria. Mas como é bem-sabido, o que devemos fazer e o que estamos dispostos a fazer são coisas bem diferentes. Se pretendo jogar xadrez e, consequentemente, jogar segundo as regras desse jogo, *devo* mover meu rei apenas duas casas ao rocar. Se inadvertidamente movo o rei três casas ao rocar do lado da rainha, isso mostra que falhei em fazer o que pretendia fazer. Não mostra que eu pretendia jogar outro jogo que fosse uma variante do xadrez. Mas o que eu estava disposto a fazer quando movi meu rei três casas? Parece que estava disposto a mover o rei três casas – afinal de contas, isso foi o que fiz, e as razões para fazer isso vinham de mim (não é como se alguma outra coisa forçasse minha mão a mover o rei três casas). Assim, Kripke argumenta, minha disposição difere de minha intenção: eu pretendia rocar segundo as regras, mas estava disposto a fazer algo diferente. Se insistirmos que minha disposição de fato mostra o que pretendia, então devemos concluir que, afinal de contas, pretendia jogar segundo outra regra que não a regra para rocar. De qualquer modo, não pode ser simultaneamente verdade que a regra a que visava é a mesma que o padrão correspondente à minha disposição e que posso falhar no seguir uma regra que pretendo seguir.

Assim, como devemos responder ao paradoxo de seguir uma regra? Kripke distingue soluções *diretas* de soluções *céticas*. Uma solução direta visaria a mostrar que não há realmente um paradoxo e que o proponente do paradoxo cometeu algum erro ao propô-lo. A solução disposicional é uma tentativa de solução direta. Se fosse correta, mostraria que há uma resposta definitiva ("minhas disposições") para a questão: o que mostra que eu estava seguindo a regra da soma antes que a do *quus*? Uma solução cética, por outro lado, não tenta se livrar do paradoxo; ao contrário, procura explicar por que não tem propriamente o impacto negativo que podemos supor inicialmente. Nesse caso, o Wittgenstein de Kripke propõe exatamente tal solução cética. A conclusão do paradoxo deve ser aceita. Nenhum fato acerca de mim determina que tinha em mente a soma, e não *quus*.

Se nenhum fato determina que alguém tem em mente a soma, então certamente nunca seria razoável dizer as coisas perfeitamente ordinárias que de fato dizemos, tais como "fulano expressa a adição por '+'". Isso é para onde leva a solução cética. Segundo Kripke, Wittgenstein nega tal inferência. Wittgenstein estava preocupado em negar a concepção de significado que domina seu próprio *Tractatus Lógico-Philosophicus*. Segundo essa concepção, sentenças adquirem seus significados por representarem ou corresponderem a algum fato no mundo. Isso é conhecido como a "teoria pictórica do significado" e exemplifica uma filosofia do significado mais geral segundo a qual o significado de uma sentença é dado ao especificar as condições sob as quais a sentença é verdadeira. Aplicando esse tratamento "em termos de condições de verdade" ao caso em pauta, o significado de "Jones quer dizer soma por '+'" deve ser identificado a algum fato possível que tornaria essa sentença verdadeira. Porém, o paradoxo de seguir uma regra nos diz que não há tal fato. Portanto, "Jones quer dizer soma por '+'" não tem significado. Observe-se, no entanto, que o paradoxo de seguir uma regra conduz à conclusão de que asserções acerca do significado são, elas próprias, sem sentido apenas porque foi combinada ao tratamento em termos de condições de verdade do significado. Se abandonarmos nossa adesão ao último, então não estaremos mais comprometidos em negar o caráter significativo de enunciados acerca do significado.

Se rejeitarmos o tratamento do significado em termos de condições de verdade, o que o substitui? A resposta é condições de asserção ou justificação. Quer dizer, o significado da sentença "Jones quer dizer soma por '+'" é dado pelas condições sob as quais asserir tal sentença é justificado. Quais são essas condições? Segundo a compreensão kripkiana de Wittgenstein, são as condições sob as quais os outros membros de minha comunidade linguística concordariam com minha asserção. Eu posso justificadamente asserir uma sentença quando os outros membros de minha comunidade concordariam com minha asserção.

É importante ver que Kripke *não* está dizendo que uma sentença é *verdadeira* exatamente quando minha comunidade diria que é verdadeira. Isso seria dar outra espécie de resposta "direta" ao paradoxo. Antes, examinamos a posição segundo a qual minhas disposições determinam que signifíco a adição por "+". A posição ora considerada, segundo a qual o que torna verdadeira minha asserção é o que minha comunidade diria, com efeito, mantém que o que faz isso ser o caso não é *minha* disposição, mas antes a disposição de *minha comunidade*. Mas, como uma resposta direta, a resposta pela disposição da comunidade sofre de problemas inteiramente análogos aos da resposta pela disposição individual. Assim, como não tenho a disposição apropriada, quando se trata de números enormes, tampouco tem a comunidade. Ademais, minha comunidade estar disposta a dizer que algo é correto não o faz correto. Mesmo comunidades podem errar, caso em que pode haver uma divergência entre a regra que uma comunidade pretende seguir e o que ela está disposta a fazer. Assim, a resposta de Kripke-Wittgenstein pela comunidade é, de uma maneira importante, diferente da resposta pela disposição da comunidade, e isso ocorre porque a disposição da comunidade torna minha asserção justificada, mas não a faz verdadeira; o que a asserção significa é dado pelo primeiro (justificação), e não pelo segundo (verdade).

Ao dizermos que alguém significa algo pelo uso de uma palavra, é muito tentador ver isso como asserindo algo acerca de uma vida mental interna oculta. Assim, podemos pensar que, quando alguém usa a palavra "amarelo" para descrever uma calêndula, é porque algum processo interno está em curso: reconhece sua experiência visual como sendo da espécie que decidiu denominar "amarelo"; da mesma forma, "dor" nomeia uma espécie diferente de experiência, e o que signifíco por "dor" é dado por associá-la a essa experiência, como se, em uma época infantil, tivesse conectado essa palavra a uma experiência dessa espécie, por exemplo, minha primeira dor de dente. Se minhas palavras obtivessem seus significados dessa maneira, isso seria o que Wittgenstein chama uma "linguagem privada". Wittgenstein via a possibilidade de uma linguagem privada como uma parte implícita, mas central da concepção da mente com a qual operamos desde René Descartes no século XVII. O "argumento da linguagem privada" de Wittgenstein visava a minar essa concepção da mente, ao mostrar que uma linguagem privada é impossível. Segundo Kripke, o paradoxo de seguir uma regra é o componente-chave do argumento da linguagem privada de Wittgenstein. Digamos que eu realmente tente definir um símbolo "s" por referência a alguma experiência interna ou alguma sensação; de fato, estarei me dando uma regra: a regra segundo a qual uma experiência subsequente deve ser chamada "s" se e apenas se for semelhante à experiência original definitória. Aparentemente, meu ato de definição interna é suficiente para fixar essa regra como a regra que pretendo e assim fixar o significado de "s". Mas se o paradoxo de seguir uma regra está certo, então nada que possa vir a fazer de fato logrará isso.

Uma vez que o paradoxo e sua solução cética são apresentados por Kripke como "o argumento de Wittgenstein tal como atinge Kripke, tal como apresenta um problema para Kripke", é difícil saber exatamente quais posições filosóficas atribuir a Kripke com base nesse livro. Presumivelmente, Kripke de fato pensa que o paradoxo é um problema filosófico genuíno e interessante. E podemos inferir que Kripke não pensa haver uma solução direta óbvia – se houvesse, ele certamente a teria mencionado; antes de mais nada, não teria achado o paradoxo tão interessante. Podemos conjecturar que Kripke ao menos pensa que a solução cética merece ser considerada, mesmo se não for uma posição que possa lhe ser atribuída. Por outro lado, muito dele nos leva a uma direção que é inteiramente diferente da obra de Kripke sobre modalidade e a filosofia da linguagem. A última é bem oposta à filosofia tardia de Wittgenstein. Há, no entanto, um ponto de contato. Vimos que a explicação de Kripke da referência é uma explicação "externalista" – a cadeia de comunicação entre o batismo e meu uso atual do nome –, fatos acerca dos quais posso ser completamente ignorante. O paradoxo de seguir uma regra endossa uma conclusão similar acerca do significado em geral. Fatos sobre mim não fixam o significado de minhas palavras e de símbolos, inclusive "+". Mas as similaridades param aqui. De modo mais significativo, a teoria causal dos nomes implicitamente endossa uma explicação do significado em termos de condições de verdade. O significado de "Mark Twain" é o homem Mark Twain, porque é o homem que contribui para as condições de verdade de sentenças compreendendo o nome "Mark Twain" – por exemplo, o significado de

"Mark Twain era um prático de navegação fluvial do Mississipi" é dado pelas condições sob as quais a sentença é verdadeira, a saber, ser o caso que aquele homem, Mark Twain, seja um prático de navegação fluvial do Mississipi. Mas, como vimos, a solução cética para o paradoxo do seguir uma regra rejeita totalmente a ideia de condições de verdade.

CONCLUSÃO

O livro de Kripke sobre o paradoxo de seguir uma regra situa-se à parte do resto de sua obra. Mesmo assim, o fato desse paradoxo ter gerado tanta discussão é um testemunho adicional da enorme fertilidade do pensamento de Kripke. Não tivemos a oportunidade de examinar a obra formal de Kripke por conta de sua natureza técnica. No entanto, é interessante concluir com algumas observações sobre por que ela é tão importante. Parte da lógica formal é mais bem concebida diretamente como um ramo da matemática, gerando internamente a maioria de seus problemas. Outras áreas da lógica formal mantêm uma íntima relação com a filosofia, e seus problemas originam-se de problemas filosóficos. Algumas vezes, os problemas da filosofia são suficientemente sutis ou complexos que as técnicas "de prosa" relativamente informais da filosofia são insuficientes para expressá-los ou resolvê-los. Em muitos desses casos, representar o problema usando um simbolismo formal, matemático, esclarecerá o problema, e a aplicação subsequente de técnicas formais ou matemáticas fornecerá respostas para os problemas assim esclarecidos. O trabalho formal do próprio Kripke é uma contribuição para esse tipo de lógica formal e é exemplificado por sua semântica para a lógica modal e por seu trabalho na teoria da verdade. Embora a lógica formal tenha sido ativamente trabalhada ao longo do século XX, há uma crescente, ainda que incompleta, propensão dos filósofos em aceitarem sua relevância para os problemas filosóficos "ordinários". Isso representa também um afastamento ulterior da virada linguística e da posição de Wittgenstein e dos assim chamados filósofos da "linguagem ordinária", segundo a qual a atenção cuidadosa aos modos como os termos são empregados em contextos cotidianos seria suficiente para dissolver os problemas da filosofia. A obra de Kripke foi um importante fator na determinação dessas direções da filosofia contemporânea.

 A metafísica é uma das mais ativas áreas da filosofia atualmente. A virada linguística a fez moribunda por muitas décadas em meados do século XX. Essa reabilitação da metafísica e, em especial, um interesse no essencialismo devem muito a Kripke. Um componente-chave desse resultado foram seus vigorosos argumentos que o *a priori* e o necessário podem ser separados. Mas essa verdade fora obscurecida por uma filosofia da linguagem que tomava os nomes como equivalente de descrições definidas (ou feixes delas). Assim, a reforma da teoria da referência foi um passo crucial na reabilitação da metafísica essencialista. Muitos filósofos tomaram o essencialismo como consequência direta da posição de Kripke acerca da referência. Isso não é inteiramente correto e, em parte, subestima seus resultados ao sugerir que a metafísica e a teoria da referência são duas faces da mesma moeda. A explicação de Kripke da referência permite o essencialismo, mas não o exige. Assim, sua reabilitação da metafísica e uma nova direção para a filosofia da linguagem são duas contribuições distintas, embora paralelas, cujas significações dificilmente podem ser exageradas.

REFERÊNCIAS

Naming and Necessity. Oxford: Blackwell, 1980.

Wittgenstein on Rules and Private Language [WRPL]. Oxford: Blackwell, 1982.

9 NOZICK

A. R. LACEY

INTRODUÇÃO: METODOLOGIA

Robert Nozick nasceu no Brooklin em 1938 de pais judeus russos. Fez sua graduação em filosofia na Universidade de Columbia com Sidney Morgenbesser e a pós-graduação em Princenton, com Carl Hempel, e reconheceu uma grande dívida para com esses dois filósofos da ciência. Passou a maior parte de sua vida profissional em Harvard. Faleceu em janeiro de 2002.

Além de um bom número de artigos, Nozick produziu sete livros. *Anarchy, State, and Utopia* (*Anarquia, estado e utopia*) (1974) foi sua principal contribuição para a ética e para a política; *Philosophical Explanations* (*Explicações filosóficas*) (1981) era uma obra longa e ímpar, contendo, entre outras coisas, suas principais contribuições para a epistemologia e para a filosofia da mente, bem como alguns pensamentos ulteriores sobre ética; *The Examined Life* (*A vida examinada*) (1989) era uma coleção de ensaios sobre vários tópicos, frequentemente indo além da filosofia convencional, em um estilo um tanto quanto frouxo; *The Normative Theory of Individual Choice* (*A teoria normativa da escolha individual*) (1990) era simplesmente uma reimpressão de sua tese de doutorado de 1963, sobre teoria da decisão. *The Nature of Rationality* (*A natureza da racionalidade*) (1993) retornava (depois de *The Examined Life*) a um tratamento mais rigoroso dos vários temas atinentes a seu título; *Socratic Puzzles* (*Enigmas socráticos*) (1997) era um conjunto de reimpressões incluindo seus artigos mais importantes, juntamente com uma variedade de peças mais gerais e populares; por fim, *Invariances* (*Invariâncias*) (2001) era um tratamento em larga escala, densamente argumentado, do relativismo, da objetividade, da necessidade, da consciência e da genealogia da ética.

A marca característica da maior parte da filosofia de Nozick é uma abordagem que diverge da filosofia analítica tradicional no mundo anglofônico no início e nos meados do século XX. No entanto, começou na tradição analítica. Seus mentores iniciais, Morgenbesser e Hempel estavam inteiramente imersos nessa tradição, e seu interesse primordial era em filosofia da ciência, que se transformou em um interesse nas tecnicalidades da teoria da decisão em sua tese de doutorado de 1963. Porém, seu primeiro livro publicado, ainda que firmemente ancorado na tradição analítica, é na área inteiramente diferente da filosofia moral e política. Após sua obra sobre teoria da decisão, devotou alguma atenção ao tema da vontade livre, mas não chegou a lugar algum e assim retornou a questões sociais e políticas, que antes haviam lhe despertado algum interesse, e decidiu desenvolver a visão libertária pela qual se sentia instintivamente atraído. Essa pode ser vista como uma espécie de versão política do tratamento que desenvolverá para a discussão filosófica em geral.

O núcleo do novo tratamento consiste em substituir a demonstração pela explicação e pela compreensão, como as metas da discussão filosófica, na esperança de a explicação conduzir à compreensão. Ele contrasta as duas porque a explicação "situa algo na realidade", ao passo que compreender "situa-o na rede da possibilidade" (*PE* 12) (grosso modo, contrasta "O que causou isso?" com "Por que essa e não outra possibilidade?"). No entanto, mais importante é o contraste entre demonstração e explicação como nossa meta. Nozick vê como coercitivo procurar convencer as pessoas por demonstrações arrasadoras. Embora fale muito sobre coerção e devote um longo artigo ao tema (reimpresso em *SP*), não é claro se seu emprego dela na discussão filosófica seja muito feliz. Ele aponta para a insegurança de um argumento dedutivo, que entrará em colapso se uma única de suas premissas for refutada. Isso de fato é verdadeiro. Algumas vezes, argumentos dedutivos complicados são construídos e então aplicados para gerar conclusões filosóficas substantivas. Usualmente cada um dos passos desses argumentos é válido, mas são tão resistentes quanto o passo mais fraco, incluindo pressuposições tácitas. Porém, o que decorre disso? Ser coagido é, grosso modo, ser levado a fazer algo contra a própria vontade. Frequentemente falamos em ser compelidos por um argumento a chegar a uma conclusão indesejável. Mas não podemos ser coagidos a agir assim, em oposição a pretender agir assim, considerar o argumento ou tratá-lo com seriedade. Podemos sofrer uma lavagem cerebral para aceitá-lo, mas então nossa razão está sendo ignorada, e não coagida. Talvez, como sugeriu Simon Hailwood, Nozick esteja se opondo realmente a qualquer tentativa agressiva de intimidar outros a aceitar sua posição em vez de inspirá-los a pensarem por si mesmos. Isso pode ser em parte verdade, mas ele parece ir além disso, ao concentrar sua artilharia no uso de argumentos dedutivos, e não simplesmente em uma maneira de conduzir seus argumentos, e muito de sua obra posterior incorpora um tratamento genuinamente diferente do procedimento filosófico.

Evidentemente, o próprio Nozick emprega muitos argumentos dedutivos, mas seu principal propósito é estimular a busca por explicações. Como ele diz, "meu desejo é explicar como o conhecimento é possível, como a vontade livre é possível, como pode haver verdades éticas, como a vida pode ter significado" (*PE* 21). Ele insiste que visa à verdade, mas suas alegações parecem um pouco problemáticas quando introduz um pluralismo filosófico e fala em permitir uma grande variedade de visões – um tratamento de fato libertário. Isso o conduz ao relativismo? Não, responde ele, porque os conteúdos dessa variedade são categorizados, mas não há uma posição privilegiada externa a essa categorização; ela deve ser feita simplesmente em termos daquela posição na qual alguém primeiramente se põe a si mesmo. Algumas vezes, ele parece quase atacar a própria racionalidade ao dizer que não podem prosseguir indefinidamente dando razões para aceitar razões, o que sugere que devemos parar em algum ponto arbitrário. Ele não aceitaria que era arbitrário, mas faria melhor, talvez, se explicasse que devemos parar no ponto além do qual não podemos pensar coerentemente – e isso significa que não podemos pensar de modo algum – sem aceitar algum princípio como a lei da não contradição. Assim, parece que só podemos dizer hesitantemente que estabelece a busca da verdade como sua meta – mas talvez não possa se queixar disso em vista de sua insistência na natureza vacilante de alegações filosóficas próprias.

Esse tratamento é retomado em *The Examined Life*, que fora projetado para ser "ainda menos coercitivo" que *Philosophical Explanations*: "Eu não estava pedindo aos leitores para aceitarem como verdade o que eu dizia acerca desses tópicos, mas como um veículo que pudesse ajudá-los a pensar mais profundamente acerca daquelas questões", como Nozick formula em *The American Philosopher* de Borradori.[1] Ele prossegue reconhecendo Sócrates como seu "grande mestre" e também a influência da filosofia oriental, especialmente a indiana, que enfatiza a dimensão "expressiva" do sujeito. Borradori revela a ironia do fato que fora seu amado mentor, Hempel, um cardeal da filosofia analítica, que chamara sua atenção para a importância da noção-chave de sua visão posterior, a noção de explicação.[2] *The Nature of Rationality* retorna a um tratamento mais rigoroso ao discutir várias questões acerca de estratégias que devem dirigir nosso pensamento racional, e retornaremos a ele em breve.

ÉTICA

Anarchy, State, and Utopia é de longe o mais famoso (alguns diriam infame) dos escritos de Nozick, uma situação que posteriormente deplorou, afirmando corretamente que estava muito longe de ser simplesmente um "filósofo político". No entanto, a ética e a política constituem parcela importante de seus escritos, principalmente, mas não exclusivamente, de seu período inicial, e assim reclamam considerável atenção. ASU fora particularmente influente na esfera pública ao instigar a guinada à direita para os valores de uma economia de mercado livre, que ocorreu dos dois lados do Atlântico por volta do último quartel do século passado.

Duas importantes tendências na ética são deontologia, enfatizando a prioridade do "correto", e teleologia, enfatizando a do "bom". Três anos antes de *Anarchy, State, and Utopia*, a deontologia (e a filosofia ética e política de maneira geral) fora revigorada pela *A Theory of Justice* (*Uma teoria da justiça*) de Rawls.[3] Esta fundamentava a justiça em um contrato hipotético entre pessoas para entrarem no mundo, mas ignorando completamente o lugar e sob quais condições. À medida que fundamenta a correção da ação em um contrato, esse tratamento é deontológico; mas é também teleológico, porquanto os contratantes procuram aquelas regras que maximizariam seu próprio bem-estar, e sendo igualmente ignorantes, concordariam com essas regras, de sorte que, de fato (e omitindo algumas complicações), o sistema é projetado para maximizar o bem-estar da população aleatória ou simplesmente da população em geral.

Nozick é mais integralmente deontológico e dedica cerca de 50 páginas à discussão crítica de Rawls. Rejeita qualquer tentativa de justificar um sistema social em termos de estados finais (como a maior felicidade do maior número) ou de estados padronizados (como distribuição por mérito ou igualitarismo, que, de qualquer modo, tende a se tornar instável assim que começamos a usar nossos recursos iguais). A marca característica de seu tratamento é o individualismo. Assume uma visão atomista dos indivíduos; cada um de nós tem certos direitos, e nossas obrigações são limitadas, basicamente, a respeitar os direitos dos outros. Críticos e o próprio Nozick (*ASU* xiv, 9) disseram que nunca fornecera uma base adequada para sua filosofia moral; embora se possa perguntar em que consistiria tal base, algo deve ser assumido, sob pena de infringir a proibição humiana de derivar um "deve" de um "é". Com efeito, Nozick fornece alguma base para seu individualismo ao insistir que são os indivíduos, e não as sociedades, etc. que possuem sentimentos e experiências e que são responsáveis por como empregam seus direitos e pelo que lhes ocorre como resultado. Mas os direitos que possuímos são aqueles da liberdade, e os únicos direitos de que dispomos contra outros são aqueles da não interferência e da realização dos contratos; não podemos (como um direito) pedir-lhes ajuda, não importa quão necessitado estejamos e, em particular, não podemos ser compulsoriamente tributados para ajudá-los (ele compara a tributação ao trabalho forçado, embora admita que haja diferenças). Isso dá à sua filosofia um tom muito hostil, como admite. Inicialmente, achou isso perturbador, embora deixasse de se perturbar ao concluir que suas propostas haviam sido derivadas por meios racionais e eram racionalmente inevitáveis. Nada disso, obviamente, impede Nozick de afirmar, como ele o faz, que temos um dever moral de ajudar os outros pela caridade, etc. (ele próprio era membro da *Anistia*, por exemplo). O ponto é simplesmente que não devemos ser compelidos a agir assim.

Para Nozick, seres humanos não são apenas experimentadores, mas também agentes que devem viver ativamente suas vidas. Portanto, pensa que devemos rejeitar a noção de uma "máquina de experiências" em que, ao apertar um botão, podemos nos oferecer qualquer experiência que quisermos e também o resultado de qualquer feito que imaginarmos, sem que tenhamos que fazer qualquer coisa para obtê-lo. Implicitamente rejeita a posição de Mil e sobretudo de Sidgwick, os principais utilitaristas do século XIX, segundo a qual as únicas coisas valiosas, em última instância, são certas experiências. Formulando em termos contemporâneos, a realidade virtual permaneceria meramente virtual. Os animais ocupam uma espécie de posição intermediária. Eles experimentam, mas não são racionais. Eles não possuem direitos, mas há coisas que não podemos fazer com eles (caçar por diversão é errado: *ASU* 37). Os criminosos têm o direito a serem tratados com o respeito devido a criaturas racionais.

A teoria da justiça de Nozick é uma teoria da "titularidade". Seu *slogan* é "o que advém de uma situação justa por passos justos é ele próprio justo" (*ASU* 51). Isso suscita três tópicos: justiça na aquisição, justiça na transferência e justiça pela retificação de injustiças prévias. A discussão da justiça na aquisição é complicada pela aceitação, por parte de Nozick, da restrição de Locke que, ao tomar de recursos virgens (não por transferência de um proprietário anterior), devo deixar "suficiente e tão bom ... em comum para os outros". Não posso me apossar do único poço no deserto. Nozick dedica a maior parte de sua discussão à justiça na transferência, na qual sua oposição às teorias "padronizadas" (igualitarismo, etc.) torna-se relevante e na qual surge a questão se sua teoria realmente promove a liberdade mais que suas teorias rivais. A retificação de injustiças prévias compreende questões acerca de compensação adequada e também ocasiona dificuldades consideráveis em sua aplicação ao mundo real por causa da massiva injustiça histórica que conduziu à distribuição atual dos recursos. Por último, os críticos têm visto todos os três tópicos como o forçando a borrar as fronteiras entre deontologia e teleologia e introduzir elementos da última.

Com efeito, em seus últimos escritos, Nozick modifica consideravelmente a posição de *Anarchy, State, and Utopia* (para o bem ou para o mal, a senhora Thatcher e o senhor Reagan parecem não terem lido essas últimas obras). Ele agora se move em direção a uma posição intermediária entre deontologia e teleologia, embora ainda admitindo sua "óbvia inclinação pela deontologia" (*PE* 498). Mesmo em *Anarchy, State, and Utopia* há uma nota de rodapé, um tanto quanto casual, em que desvia da questão se podemos violar restrições secundárias para evitar "horrores morais catastróficos" (*ASU* 30n). Agora ele se pergunta como estamos motivados a agir moralmente. Pensa que há algo "de profundamente correto" na visão de Platão que é realmente melhor para nós sermos morais do que não, mas acrescenta que não podemos, de maneira plausível, vincular sempre a moralidade ao interesse próprio ou à felicidade. *Philosophical Explanations*, ao contrário, introduz e usa muito a noção de valor, para o qual a atitude apropriada é de aprovar, perseverar, concentrar-se, etc., que resume no termo "V-r". Que os valores devem ser V-ado é, em si mesmo, valioso e quem os V é uma pessoa valiosa. Insiste, então, que ser uma pessoa de valor é melhor (intrinsecamente, e não apenas porque "a honestidade é a melhor política") que não ser, mesmo se não se percebe esse fato: ainda que não se valorize ser uma pessoa de valor, "valores inspiram-nos e motivam-nos sob condições valiosas" (*PE* 438).

Nozick volta, então, sua atenção para o que o valor é e toma por empréstimo a noção de unidade orgânica de G. E. Moore, que Moore define como surgindo quando um todo tem um valor maior que a soma dos valores de suas partes. Podemos evitar a circularidade potencial apelando a uma definição que Nozick dá em outro contexto, "algo é uma unidade... se sua identidade no tempo não é equivalente à soma das identidades no tempo das partes próprias que pode ter" (*PE* 100). Uma unidade orgânica é frequentemente uma fonte fértil de valor, especialmente na estética, mas Nozick não as identifica simplesmente, uma vez que há muitas exceções óbvias (por exemplo, frequentemente o valor se prende a coisas simples ou coisas únicas como tais). A noção foi criticada por sua vagueza, porque não diz como os dois critérios de unidade orgânica, unidade induzida e diversidade de material, combinam-se.

Em *Philosophical Explanations* e implicitamente em *Anarchy, State, and Utopia*, Nozick nos conta que pensa em termos de puxa e empurra: empurrões são pressões sobre mim em termos do que sou e puxadas são pressões sobre mim emanadas de você, como alguém que procura valores, e a teoria ética deve mostrar, entre outras coisas, que o empurrão é pelo menos tão grande quanto a puxada (*PE* 401). A discussão anterior da motivação e do valor pertence à esfera do empurrão, mas Nozick volta-se, em seguida, para a puxada e retorna à deontologia e à teleologia, cujas alegações rivais são agora representadas pelas puxadas intuitivas de perseguir a melhor ação e perseguir o melhor resultado, compreendendo, em cada caso, uma estratégia de maximização, algo banido de *Anarchy, State, and Utopia*; mas concorde com o novo tratamento, isso representa não uma demonstração da superioridade de cada lado, "mas uma explicação ou compreensão do porquê (ou onde) vale um, mas não o outro" (*PE* 498). As implicações de tudo isso para as reivindicações políticas devem esperar até termos introduzidos essas, mas, antes de deixarmos a ética, voltemo-nos brevemente para uma questão um tanto diferente que ocupa o último capítulo de *Invariances*.

Aqui, Nozick persegue a genealogia e a função da ética. Como ocorre frequentemente, apela para a evolução, que dá à ética sua função de assegurar a cooperação material. Ele recomenda, como "princípio nuclear" da ética, aquele que "torna mandatório a mais ampla cooperação em benefício mútuo" (*I* 259), banindo, em geral, interações que não sejam em benefício mútuo, a menos que sejam voluntárias para todas as partes ou visem a punir ou prevenir violações do princípio nuclear. Sua discussão estende-se muito mais, obviamente, mas fora criticado por não ter definido melhor o princípio nuclear e não ter discutido quando mudanças éticas (tal como a ampliação do grupo social para incluir marginais) constituem ou não progresso.

POLÍTICA

Juntamente com *A Theory of Justice*, *Anarchy, State, and Utopia* representa uma revitalização importante da filosofia política, que o positivismo lógico e a filosofia linguística deixaram um tanto quanto estagnada. O livro visa a estabelecer um curso intermediário entre a completa ausência de governo ou anarquismo, e o que Nozick poderia ter chamado um estado babá, partindo do primeiro, questionando quanto esse poderia ser aperfeiçoado sem violar nenhum direito e sem dar nenhum passo moralmente não permissível. *ASU* pertence e, de fato, constitui amplamente o período inicial deontológico e metodologicamente preciso de Nozick, porém já tem algumas tensões. Parte de um "estado de natureza", uma noção derivada de Hobbes e Locke, mas que toma como certo que as pessoas nele (assumidas como socializadas e dispondo de linguagem, etc., mas nenhuma espécie de governo) são semelhantes a nós por normalmente – mas não sempre – agirem moralmente, sem carecerem de sanções. Justificar um passo compreende mostrar, *inter alia*, que conduz a um aperfeiçoamento, ainda que seja apenas uma justiça crescente, o que introduz um elemento teleológico, embora sem se afastar significativamente da posição deontológica – obviamente, qualquer passo visa a aperfeiçoar as coisas, ou seria inútil. Mais sério é que nem sempre é claro se Nozick está preocupado em justificar ou simplesmente explicar a situação resultante. Isso se deve à certa ambiguidade entre se os passos são aqueles que *poderiam* surgir de um estado de natureza (o que o deixaria escolher os moralmente aceitáveis – mas tem sido objetado que quase tudo *poderia* ocorrer) ou aqueles que *viriam* a surgir, alternativa que sugere a explicação como o alvo. A última parece mais plausível, mas Nozick pode pensar que explicar uma situação é, no mínimo, relevante para justificá-la.

O que ocorre é que pessoas voluntariamente estabelecem e pagam para agências de seguro, as quais protegem seus clientes contra a violação de direitos, seja por outros clientes, seja por marginais. Quando a competição reduz tais agências a uma para uma dada região, temos o estado "ultraminimal", que se torna o estado "minimal" (ou "guarda noturno") quando os não clientes são incorporados, aparentemente à força (adequadamente compensada), se necessário, o estado tendo se tornado um monopólio, dando cobertura contra violações do direito, quebras de contrato e agressões externas.

Obviamente, omitimos muitas complicações, mas objeções foram levantadas principalmente por parte dos anarquistas, objeções práticas (atinentes principalmente ao surgimento do estado ultraminimal) e de princípio (atinentes, principalmente, à transição ao estado minimal, bem como à necessidade de uma base mais firme para os direitos). As críticas de adeptos do bem-estar concentram-se principalmente em se Nozick não tem uma concepção demasiadamente restrita ao limitar os direitos àqueles da liberdade e do cumprimento dos contratos e ao ignorar direitos de receber recursos pelo menos suficientes para "levar uma vida" da maneira que enfatizam – embora isso possa resultar na substituição de sua deontologia por um tratamento mais teleológico. Essa última crítica aplica-se especialmente à Parte II, na qual argumenta que qualquer desenvolvimento para além do estado minimal é ilegítimo por razões que, de fato, consideramos na seção acerca da ética mencionada.

Anarchy, State, and Utopia termina com uma proposta acerca das utopias. Quaisquer grupos de pessoas com mentalidades iguais podem estabelecer sua própria utopia, internamente libertária ou autoritária, como quiserem, desde que não se agridam mutuamente, embora haja um arcabouço libertário (com efeito, o estado minimal sob novas vestes) para supervisionar as relações entre utopias e proteger certos direitos de seus membros, tal como o de emigrar para qualquer utopia que os receba. Hailwood e outros levantaram muitas objeções, tanto práticas como de princípio: quem administrará e quem controlará o arcabouço e o que ocorre se morre por falta de apoio? O neutralismo implicado pelo sistema pode ser conciliado com o libertarismo implicado pelo arcabouço? Como aqueles que escolhem tornam-se o que são? Os pais em utopias autoritárias devem deixar seus filhos saberem que existem utopias libertárias nas proximidades? Os emigrantes podem levar consigo suas propriedades e deixar suas dívidas para trás? Nozick não considera tais objeções, e a seção inteira é muito mais curta que outras seções do livro. Mas isso certamente não deve depreciar seu valor como uma ideia original lançada à discussão. Hailwood compara o sistema a uma "reprise da história dos Estados Unidos, mas sem os aspectos mais desafortunados".[4]

Assim como a ética, a política passa por uma transformação na obra posterior de Nozick, grandemente por influencia da utilidade simbólica que mal aparece em *Philosophical Explanations* (p. 428), mas é importante em *The Examined Life* e é tratada com alguma extensão em *The Nature of Racionality*. Ela aparece de maneira mais manifesta nas explicações freudianas ou nos valores sentimentais, mas Nozick lhe dá um papel social, bem como pessoal e a deixa suplementar a nova ênfase nos valores e na reatividade aos procuradores de valores. "Uma grande parte da riqueza de nossas vidas consiste em significados simbólicos e suas expressões, os significados simbólicos que nossa cultura atribui às coisas ou àqueles que nós mesmos lhe emprestamos" e a teoria da racionalidade não deve excluí-los (*NR* 30). O libertarismo de *Anarchy, State, and Utopia* era "seriamente inadequado" porque "negligenciava a importância simbólica da consideração política oficial de questões ou problemas" e era uma área na qual a teoria em *Anarchy, State, and Utopia* "dá errado" – a caridade privada não é suficiente. A tributação e a proibição da discriminação de certas minorias é agora introduzida (*EL* 291) e também uma modificação das leis de sucessão (*EL* 30-2). No entanto, em *Invariances* (p. 281-2), Nozick modera um pouco seu entusiasmo, se não mais, ao dizer: "Tudo que qualquer sociedade deve (coercitivamente) exigir é a adesão à ética do respeito", em particular, o "princípio nuclear" da cooperação; Nozick denomina esse um "componente adicional" de sua posição em *Anarchy, State, and Utopia*, porém devemos deixar aberta a questão se envolve algum retrocesso.

EPISTEMOLOGIA

Philosophical Explanations teve uma recepção ambígua. R. Myers descreve-a como "de longe a maior obra de Nozick", ao passo que M. F. Burnyeat chama seus últimos capítulos de "insípidos, tediosos e embaraçadoramente pretensiosos".[5] Mas todos, inclusive Burnyeat, concordam que o terceiro capítulo, sobre "Conhecimento e Ceticismo", é a melhor coisa dela e uma importante (e muito discutida) contribuição, embora suas principais ideias, como Nozick admite inteiramente, foram antecipadas por Fred Dretske.

Tradicionalmente, tem sido afirmado que, para conhecer *p*, *p* deve ser verdadeira, devo crer em *p* e minha crença deve ser, em algum sentido, justificada. Alguns tornam essa justificação "interna" a mim: devo dispor de razões adequadas. Outros a fazem "externa", atribuída à própria crença, que deve provavelmente ser verdadeira nas circunstâncias (ou produzida por um método que, de maneira confiável, conduz à verdade: confiabilismo). Nozick é um externalista (talvez um confiabilista: ele é pouco claro sobre isso) com desejos internalistas ocasionais. Porém, sua principal contribuição é usar duas noções básicas. A primeira é a de "rastrear" a verdade. Para conhecer *p*, minha crença verdadeira deve satisfazer duas condições adicionais, que podemos chamar Variação (normalmente se *p* fosse falsa ele não acreditaria nela) e Adesão (se *p* fosse verdadeira em condições um tanto diferentes, ainda acreditaria nela); minha crença deve ser sensível à verdade. Uma complicação inicial diz respeito às verdades necessárias, com respeito às quais a Variação torna-se irrelevante, porque não podemos supor coerentemente que elas sejam falsas, mas a Adesão ainda se aplica; eu posso verdadeiramente crer que o último teorema de Fermat foi demonstrado, mas não saber se eu abandonaria minha crença se alguém me dissesse (falsamente) que a prova estava errada. Variação e Adesão contêm condicionais subjuntivos. Para avaliar esses condicionais, considere como exemplo: "Se eu tivesse dado um passo fora da calçada, teria morrido". Considere então diferentes cenários (usualmente chamados "mundos possíveis"), nos quais dou um passo fora, tais como "dei um passo e um ônibus me achatou", "dei um passo e a bomba de um terrorista destruiu o ônibus justamente antes dele me alcançar", "dei um passo e uma águia benevolente me arrebatou". Decida (de algum modo), agora, qual desses cenários está mais próximo do mundo real, no qual eu não dou um passo para fora da calçada e o ônibus passa pacificamente ao largo. Presumivelmente, nesse exemplo, o primeiro cenário está mais próximo, de sorte que dizemos que é verdade que, se tivesse dado um passo, teria morrido. Grosso modo, Variação é satisfeita se abandono a crença que *p* no mundo possível *mais próximo* do real, no qual *p* é falsa e a Adesão é satisfeita se eu mantenho a crença no mundo possível *mais próximo* do real (não contando o próprio mundo real) no qual *p* é verdadeira (onde os termos vagos "normalmente" e "um tanto" em meus enunciados de Variação e Adesão).

A segunda noção básica que mencionei leva-nos para onde os comentadores disseram que Nozick "assume a objeção mais devastadora de sua posição e a abraça-a como uma de suas vantagens" ou "procura transformar fraqueza crítica em força espetacular".[6] A questão é o ceticismo, o fantasma perpétuo da epistemologia, e Nozick, fiel a seu novo tratamento, não pretende refutar o cético, mas mostrar como o conhecimento é possível apesar do que o cético afirma. Uma característica da teoria de Nozick é envolver a negação do Fecho (como podemos denominá-lo por brevidade), isto é, que se conheço *p* e sei que *p* acarreta *q*, então eu conheço *q*. O Não Fecho (a negação do Fecho) parece muito implausível (embora tenha seus defensores), mas Nozick usa-a para responder ao cético, sob a forma do cenário do cérebro em uma cuba. Alguns neurocientistas retiram um cérebro do corpo de alguém, eletronicamente limpam-no de toda memória, etc., e o alimentam com a espécie de estímulos que normalmente obteria de seus nervos aferentes, produzindo, desse modo, experiências ilusórias (e também experiência de si mesmo como respondendo). Como posso saber que não sou tal cérebro em uma cuba. Nozick concorda com o cético que não pode saber isso, mas usa o Não Fecho para defender que posso, no entanto, saber que eu estou em casa (digamos) e que, se estou em casa, eu não sou um cérebro em uma cuba. Isso é assim porque tudo que Variação exige, se devo conhecer *p*, é que eu cesso de crer em *p* no mundo possível mais próximo em que é falsa. Porém, no mundo possível *mais próximo*, no qual não estou em casa, eu estou fora, fazendo compras, etc.; ser um cérebro em uma cuba é um mundo muito distante. Por enquanto tudo bem, mas Nozick deve engolir (e de fato engole) algumas consequências desafortunadas, tais como que posso eventualmente conhecer uma conjunção sem conhecer cada um de seus conjuntivos.

Muitas outras críticas foram feitas à análise de Nozick, algumas indicando casos que ela não cobre, e outras, alegando que seu resultado pode ser obtido sem o Não Fecho. Mas a noção de rastrear entrou no arsenal filosófico, e tem sido usado tanto pelo próprio Nozick como por outros em contextos diferentes daquele do conhecimento. Nozick recorre a essa noção ao procurar um paralelo entre ação e conhecimento (*PE* 169-71), e fala, por exemplo, em rastrear valores ou "ser melhor" (*PE* 317-26).

IDENTIDADE PESSOAL

A segunda principal contribuição de Nozick para a filosofia, novamente não inteiramente original (como ele reconhece), mas desenvolvida de maneira substantiva por ele, relaciona-se à identidade – um tópico que pertence primariamente à metafísica, mas cuja aplicação mais importante, para Nozick e muitos de nós, é na identidade pessoal.

Sob uma perspectiva intuitiva, a identidade deve ser intrínseca; ou seja, *a* ser idêntico a *b* (digamos, a estrela da manhã é idêntica à estrela da tarde) não deve depender da existência de alguma terceira coisa. Mas Nozick pensa que ela pode depender dessa maneira e que a identidade é extrínseca.

O exemplo usual é o "barco de Teseu" de Hobbes; porém, vamos diretamente para a identidade pessoal. A teoria de Nozick se aplica a ambas.

Coisas divertidas podem ocorrer com as pessoas, na ficção científica e, de modo crescente, nos fatos científicos. Dito de maneira crua, o cérebro tem dois lóbulos que podem vir a ser separados, cada um deles assumindo as funções do outro, seja no mesmo corpo, seja, com um transplantes adequado, em corpos distintos, de modo que passa a haver duas pessoas em lugar de apenas uma. No teletransporte, os conteúdos de um cérebro seriam "lidos" eletronicamente e transmitidos a outro cérebro, limpo de seu próprio conteúdo, e mantido em uma duplicata do corpo original do cérebro, a consciência subjetiva resultante sendo indistinguível da original. Qual das duas duplicatas em cada caso é a pessoa original? A resposta de Nozick é que a identidade é transmitida por aquele mais próximo que permanece, desde que esteja suficientemente próximo. Duas marcas de proximidade são similaridade e causalidade, mas nenhuma delas é isenta de problemas. Se *a* é teletransportado para produzir *b* e sobrevive à operação, então obviamente ele continua a ser ele mesmo e é uma pessoa separada. Mas se *a* perece, então *b* será aquele mais próximo que permanece, tanto por assemelhar-se a *a* quanto por ser parcialmente causado por *a* (mais os engenheiros atinentes, etc.), e assim agora será *a*, que sobreviveu dessa maneira. A ideia de proximidade é um tanto vaga. Se eu moro, mas uma réplica exata de mim calha surgir alhures, por um estranho acaso, ela será eu permanecendo? Presumivelmente não, apesar da similaridade exata, mesmo se acrescentarmos alguma causalidade (a dissolução de meu corpo fornece átomos suficientes para constituir a réplica). E se a réplica surgisse antes de eu morrer? Esse é o problema da sobreposição, que Nozick pensa que afetará qualquer alegação em favor da identidade de coisas maiores que "instantes pontuais atômicos". Aqui, realmente, Nozick aponta para uma dificuldade real da identidade, que pode estar subjacente tanto ao essencialismo neurológico (a posição segundo a qual objetos não sobrevivem a nenhum deslocamento de partes) quanto a alguma forma de budismo. A posição extrínseca, segundo a qual a ser igual a b pode depender de existir algo que continue c seja mais próximo, torna a identidade uma relação contingente, o que Nozick parece aceitar. Permite, até mesmo, que as identidades de navios, etc., possam envolver uma decisão, mas não a identidade de pessoas, pois nos importamos com o futuro nosso e de nossa família e não pensamos que podemos decidir o que vale como o objeto de nosso cuidado. No entanto, não distingue claramente dois tipos de cuidados. Temer que nossa família venha a sofrer dores é inteiramente diferente de temer que nós venhamos, e é este último que é realmente relevante na presente discussão.

Tudo isso foi muito discutido e criticado, mas muito menos atenção foi dada a obscura discussão de Nozick do que é uma pessoa ou um *self* ("eu"). Aqui, ele produz uma noção tipicamente nozickiana, que ele mesmo chama "bizarra", de autossíntese (*self synthesis*). A ideia parece ser que, ao dizer "Eu", faço referência a mim mesmo como aquele que é constituído (parcialmente?) por ser aquele que profere a própria palavra "Eu". Mas posso me sintetizar como tendo várias outras propriedades também (apesar do que acabamos de dizer antes sobre não decidirmos sobre o que vale como o objeto de nosso cuidado). Nozick não vê nenhuma circularidade aqui e "nenhum problema especial sobre algo A que se refira a si mesmo em virtude de uma propriedade que atribui a si mesmo" (*PE* 93).

RACIONALIDADE

O problema de Newcomb perturbou Nozick a maior parte de sua vida, e ele o abordou em três ocasiões. Considerou-o primeiramente em sua tese, mas apenas publicou em um artigo em 1969; chamemos esses tratamentos A e B, respectivamente. Finalmente, ele retornou ao tema em *The Nature of Rationality*; chamemos esse de C.

O problema é esse. Alguém, dotado de um excelente currículo na predição de escolhas humanas, oferece a você duas caixas, uma transparente contendo R$ 1.000 e outra opaca. Você pode pegar apenas a caixa opaca ou as duas. Se essa pessoa tiver previsto que você pegaria apenas a caixa opaca, ele porá R$ 1.000.000 nela; se ele tiver previsto que você pegaria ambas (ou que tornaria sua escolha aleatória, lançando uma moeda), ele deixará a caixa opaca vazia. Você sabe disso e sabe também que todos ou quase todos os que pegaram uma caixa receberam R$ 1.000.000, ao passo que todos ou quase todos que pegaram duas receberam apenas R$ 1.000. O que você deve fazer?

Inicialmente, Nozick esboça dois tratamentos: o tratamento da "dominância" reza que, esteja cheia ou vazia a caixa opaca, pegar as duas caixas "domina", ou seja, dará a você mais que pegar apenas a caixa opaca; o tratamento da "utilidade esperada" diz para maximizar o produto da utilidade de um resultado, caso ele ocorra e a probabilidade que ele venha a ocorrer. *A* assume o tratamento da utilidade esperada, porque o tratamento da dominância deveria ser assumido apenas se os resultados fossem probabilisticamente independentes de nossas escolhas, ou seja, se nossa escolha de uma caixa não tivesse influência sobre a probabilidade de ela conter o que contém, mas a taxa de sucesso do vidente mostra que elas não são independentes aqui. *B*, no entanto, assume o tratamento da dominância, porque *A* não distinguira adequadamente independência probabilística da causa; dada minha escolha, você pode ser capaz de inferir a probabilidade de certo resultado, mas isso não implica que minha escolha seja causalmente influenciada por ela. *C* é mais complexo e acompanha os comentadores ao conceber que a questão não é entre dominância e utilidade esperada, mas entre duas formas (comprobatória e causal) da utilidade esperada. Nozick agora combina esses como elementos sopesados no "valor de decisão", juntamente como a utilidade simbólica, embora isso seja mais relevante em seu tratamento do Dilema do Prisioneiro, um problema cuja relação ao Problema de Newcomb é disputada, mas que devemos omitir.

The Nature of Rationality contém o principal tratamento de Nozick da racionalidade e principia por uma discussão de princípios (científicos, legais e morais), que trata como "dispositivos de transmissão de probabilidade e da utilidade" (*NR* 35), e emprega para discutir a racionalidade de nossas preferências temporais (preferir pequenos bens iminentes a bens maiores deferidos) e também de nossa atitude frente ao que os economistas chamam custos a fundo perdido, contexto no qual a utilidade simbólica torna-se novamente relevante. No entanto, não discute as questões relacionadas da racionalidade do egoísmo *versus* altruísmo e de honrar os custos a fundo perdido contraídos por outros. Mas trata dos princípios morais como tendo uma função teleológica, que mostra quanto dista *The Nature of Racionality* de *Anarchy, State, and Utopia*.

The Nature of Rationality também introduz o apelo de Nozick à evolução para explicar nossas intuições ou aparentes intuições, um tópico a que ele retorna em *Invariances*. É aqui que ele alega inverter a "revolução copernicana" de Kant, segundo a qual "os objetos devem se conformar a nosso conhecimento, a constituição de faculdade de nossa intuição" (*NR* 111), ao passo que, para Nozick, "é a razão que é a variável dependente, modelada pelos fatos, e sua dependência dos fatos explica a correlação e correspondência entre eles" (*NR* 112). Críticos perguntaram, de maneira natural, como, nesse caso, podemos confiar em nossa razão. Voltaremos a esse tópico brevemente.

MISCELÂNEA

Pelo menos três outros tópicos são tratados com algum detalhe em *Philosophical Explanations*. Aqui, examinaremos muito brevemente esses tópicos.

Por que existe algo antes que nada? Isso perturbou intermitentemente os filósofos – embora não seja sempre claro qual é a alternativa: nenhum objeto material? Nenhum espaço ou tempo? Nenhum universal? Nenhum fato matemático? Nozick introduz duas noções. Em primeiro lugar, uma "suposição de fecundidade", segundo a qual todas as possibilidades são realizadas, e ele distingue do "princípio da plenitude" de Aristóteles e Hobbes segundo aspectos com quais não precisamos nos preocupar; em segundo lugar, e mais importante, uma noção tipicamente nosickiana que empregará em diversos outros contextos, a saber, "autossubsunção". A ideia aqui é que, se pudermos encontrar um princípio verdadeiro dizendo que todos os princípios com a característica C são verdadeiros, então, se esse mesmo princípio tiver C, podemos inferir que ele é verdadeiro. Isso não o demonstrará, obviamente, porque o assumimos, mas Nozick pensa que pode explicá-lo– se for verdadeiro – e explicação, e não demonstração, é o que Nozick procura. A esperança é, assim, aplicar isso à suposição de fecundidade. Há muitas complicações e críticas que estamos ignorando, mas terminarei simplesmente indicando uma crítica interessante do princípio de razão suficiente, interpretado como afirmando que toda verdade tem uma explicação (*PE* 140-1).

O problema da vontade livre perturbou Nozick desde seus anos iniciais como escritor, quando ele se afastou dele em desespero para escrever *Anarchy, State, and Utopia*. Ofereceu uma solução em *Philosophical Explanations*, mas ele próprio a descreveu como "um tanto enevoada" (*PE* 307). Observemos simplesmente que Nozick aplica sua noção de rastrear, salvo que agora o que devemos rastrear não é a verdade, mas "ser melhor" (em geral, não necessariamente moral) ou correção (recobrindo o permitido e o mandatório). Primeiramente, distingue a noção associada de retaliação da noção de vingança e pensa que o que a merece é desprezar os valores corretos, ou ser contrário ao vínculo com eles, uma noção que, evidentemente, necessita e recebe maiores elaborações; o propósito da retaliação é conectar o ofensor àqueles valores, em que visões teleológicas – e não teleológicas – da punição se "entrelaçam" (*PE* 379).

O último capítulo de *Philosophical Explanations* trata principalmente do significado da vida, que poucos filósofos modernos discutem.[7] O tratamento de Nozick é abstruso e não tem sido popular. Partindo da ideia de que algo só pode ganhar plena significação de algo que está além dele, Nozick chega ao infinito que inclui a tudo, o qual ele chama pelo nome hebraico, *Ein Sof*, cuja significação própria procura tratar recorrendo à autossubsunção e à sua teoria da identidade do "mais próximo continuador". Depois disso, distingue significado de valor, associando-os, de maneira um tanto fantasiosa, ao romantismo e ao classicismo; finalmente, volta direto à terra com uma discussão geral da filosofia entre as artes e as ciências, incluindo um ataque ao reducionismo.

O ÚLTIMO LIVRO DE NOZICK

Em seu último livro, Nozick nos oferece uma discussão muito mais elaborada e explícita de algumas das ideias que sustentam seu novo tratamento, embora ainda, em certa medida, exemplificando o próprio tratamento. *Invariances* é um livro impressionante sob qualquer ponto de vista, mas mais ainda se percebermos que, durante os quase sete anos de sua produção, Nozick estava enfrentando uma batalha, finalmente perdida, contra o câncer do estômago, batalha enfrentada com uma equanimidade que deve causar inveja em todos nós. A obra consiste de 300 páginas densas com outras 100, igualmente densas, de notas, mergulhando animadamente nas tecnicalidades da mecânica quântica e da física matemáticas e apoiada em referência detalhadas a uma massa de literatura relevante de uma ampla variedade de ciências. Isso torna *Invariances* uma leitura proibida. No entanto, Nozick não está preocupado em demonstrar coisas, mas em ampliar nossos horizontes filosóficos, ao levantar e elaborar possibilidade, defendendo-as como possibilidades. Ocasionalmente já mencionamos os últimos capítulos, mas aqui nos ocupamos dos primeiros três capítulos, sobre relativismo, objetividade e necessidade.

O primeiro capítulo começa perguntando se a verdade é relativa. Nozick inicialmente defende a coerência (e não a verdade) do relativismo, argumentando que qualquer que seja a afirmação que o absolutista puder fazer, o relativista sempre pode replicar: "Isso pode ser verdadeiro para você, mas não é verdadeiro para mim". Isso pode realmente valer em alguns casos; há casos triviais nos quais o relativismo é não apenas coerente, como também verdadeiro (estar chovendo é relativo ao tempo e lugar em pauta). Mas Nozick oferece duas razões para defender uma versão mais substantiva do relativismo, no mínimo igualmente plausível. Em primeiro lugar, concebe a verdade como a propriedade, qualquer que ela seja, que responde pelo sucesso das crenças que a possui (admitindo que ocasionalmente crenças falsas conduzam ao sucesso). Essa "propriedade veritativa" pode diferir para grupos diferentes, talvez sendo correspondência com os fatos para um grupo, mas algo diferente (coerência, etc.) para outro. É implausível, pensa ele, que ela difira conforme culturas, gêneros, classes sociais, etc., mas seu objetivo de levantar possibilidades para a discussão lhe permite especular que a própria verdade pode ser "local" à medida que a evolução poderia, em alguns contextos, usar substitutos funcionais para crenças e representações e, portanto, para a verdade, como guias da ação para o sucesso e para a sobrevivência (*I* 67). Em segundo lugar, apela para certos traços da mecânica quântica, que torna difícil para a maioria de nós (certamente para mim) discutir; permitam-me dizer apenas que se apoia amplamente em distinguir ser verdadeiro em um lugar ou tempo e ser determinado nesse lugar ou tempo. Para retornar ao ponto de partida desse parágrafo, discute com algum detalhe se o relativismo solapa a si mesmo, mas parece deixar obscuro se o relativismo pode realmente sustentar alguma coisa, ou seja, apresentar-se como (absolutamente) verdadeiro.

O segundo capítulo é um pouco menos controverso, apesar de ser o capítulo central, no qual ele introduz a noção de invariância que fornece o título do livro, a primeira vista um tanto inconsistente. A noção básica do capítulo é aquela de objetividade, para a qual menciona inicialmente três marcos ou marcas: acessibilidade por diferentes pessoas em diferente épocas, etc., a possibilidade de acordo intersubjetivo e independência de nossas crenças, de nossos desejos, técnicas de medida, etc. Isso, no entanto, vem em graus e não deve ser visto como individualmente necessário e conjuntamente suficiente, e prossegue mencionando uma quarta marca, que é tanto mais básica, quando sustenta as outras três: invariância sob certas transformações (como a velocidade da luz é invariante sob a transformação do quadro de referencia inercial) – não quaisquer transformações antigas, mas apenas as "admissíveis". Para saber quais são elas, devemos examinar a ciência, partindo de uma lista provisória e passível de revisão de fatos objetivos, e trazendo nossas listas de fatos objetivos e transformações admissíveis a um "equilíbrio reflexivo" (ver especialmente *I* 79-80). O resto do capítulo desenvolve e complica essas ideias e então prossegue a uma discussão útil sobre várias metodologias científicas, tais como a posição de Popper sobre as hipóteses científicas como construções imaginárias estabelecidas como "João Bobos" para serem refutadas e a visão de Kuhn da ciência como procedendo por saltos de um paradigma a outro.

No terceiro capítulo, sobre a necessidade, voltamos a um solo mais controverso. Nozick começa expressando um ceticismo generalizado sobre necessidades, embora não queira tanto refutá-las quanto esboçar um tratamento alternativo e mostrar como poderia ser verdadeiro. Inicialmente, questiona como conhecemos as necessidades metafísicas (um termo valise que usualmente parece se aplicar àquelas necessidades que não podem ser classificadas mais especificamente como lógicas, matemáticas, etc.) e sugere que não podemos pensar nenhuma alternativa para elas. Mas talvez isso signifique apenas que nossa imaginação não é boa o suficiente: "A falta de inventividade é a mãe da necessidade" (*I* 136). Nesse ponto, recorre novamente à evolução. Pensa que se evitariam debates nessa área se tivéssemos uma "faculdade racional que pudesse avaliar diretamente a possibilidade de enunciados gerais e suas negações" (*I* 122), mas não dispomos de tal faculdade, e a razão é que tal faculdade não teria nenhum uso prático para nossos ancestrais e assim não foi selecionada. Outro exemplo é nossa aparente "intuição" da verdade da geometria euclidiana. Não "intuímos" a verdade da geometria não euclidiana que aceitamos agora, porque fora útil para a geometria euclidiana ter parecido autoevidente a nossos ancestrais, mas parecer assim não teria sido de nenhuma utilidade para a geometria não euclidiana, mais estritamente acurada, situação na qual sua maior complexidade teria, por exemplo, retardado nossos processos inferenciais. Nozick admite que essa explicação evolucionista poderia ser apenas plausível, em vez de verdadeira, e também que tais "intuições" "poderiam não ter estado ao alcance das mutações aleatórias (na ausência de pressões seletivas graduais) que poderiam produzir a partir dos talentos que existiam" entre nossos ancestrais (*I* 124) – um raro exemplo de algo a que dá pouca atenção, a saber como e sobre que materiais a seleção presuntivamente opera. Confessadamente, acabara de dizer que o processo pode envolver saltos repentinos, em vez de pequenos passos, mas podemos desconfiar se isso é suficiente.

Além de listar vários exemplos, tais como o da geometria euclidiana, de alegadas verdades necessárias que se mostravam não ser tais, Nozick ataca a posição de Kripke-Putnam segundo a qual "água é H_2O" é uma verdade necessária no sentido em que é verdadeira em todos os mundos possíveis. Nozick distingue entre verdades "importadas" e "nativas": uma verdade é importada para um mundo se for verdadeira apenas porque é verdadeira em algum outro mundo, de outro modo ela é nativamente verdadeira. Afirma, então, que "água é H_2O" é verdadeira em outros mundos possíveis apenas porque é verdadeira em nosso mundo e insiste que uma verdade apenas é necessária se for nativamente verdadeira nos outros mundos possíveis. O ponto parece ser que Kripke, tal como Leibniz, não fornece uma razão adequada para pensar que "água é H_2O" é verdadeira em todos os outros mundos possíveis.

Mesmo a necessidade lógica ou a necessidade matemática não escapam ao machado. Além de mencionar alternativas, tais como intuicionismo, paraconsistência e as implicações da mecânica quântica, Nozick conjectura que "a lógica funciona como um filtro para eliminar dados que podem ser seguramente ignorados" (*I* 144), embora sem discutir em profundidades coisas tais como se podemos dispensar a lei da não contradição.

CONCLUSÃO

Assim, onde Nozick se encaixa no quadro filosófico? Ele foi educado na tradição analítica, e sua obra inicial permanece firme nela; porém, posteriormente, mudou sua meta para a de promover antes a busca por explicação e compreensão que por demonstrações rigorosas, e sua obra posterior sugere muitas possibilidades para serem consideradas pelos filósofos e experimentos a serem feitos pelos cientistas. Seu primeiro livro publicado (aos 36 anos e após muito trabalho em outros temas filosóficos) era sobre ética e política e, como viria a se lamentar, forneceu a marca de sua reputação. Era de viés decididamente deontológico e foi muito influente, especialmente na política prática, embora posteriormente modificasse o viés em uma direção teleológica, apelando, *inter alia*, para sua noção de utilidade simbólica. Entre os filósofos, sua maior e mais durável influência foi na teoria do conhecimento e sobre identidade pessoal, apesar de não ter sido estritamente original em nenhuma das áreas. Também apresentou o problema de Newcomb para um público mais amplo e foi jurado em uma competição promovida pela Sociedade Americana para o Progresso da Ciência sobre o paradoxo, além de explorar tópicos populares mais junto ao público que junto aos filósofos, tais como porque antes existe algo que nada e o significado da vida, embora com resultados desiguais no mérito que se mostraram pouco influentes. Por último, no leito da morte, produziu um importante livro, rigidamente integrado, mas frequentemente difícil e técnico, ao mesmo tempo descrevendo e ilustrando sua metodologia posterior. Ele, até o momento, tem pequena influência, embora sejam seus dias iniciais.

NOTAS

1. G. Borradori, *The American Philosopher*. Chicago: University of Chicago Press, 1994, p. 74.
2. *Ibid.*, p. 84.
3. J. Rawls, *A Theory of Justice*. Oxford: Oxford University Press, 1971.
4. S. A. Hailwood, *Exploring Nozick: Beyond Anarchy, State, and Utopia*. Aldershot: Avebury, 1996, p. 88.
5. R. Myers, resenha de Invariances em *Philosophy of the Social Sciences* 32/4 (December 2003): 514-18; M. F. Burnyeat, resenha de Philosophical Explanations, in *TLS* (October 15, 1983).
6. R. A. Fumerton and E. Sosa, "Nozick's Epistemology," in S. Luper-Foy (ed.), *The Possibility of Knowledge*. Totowa, NL: Rowman and Littlefield, 1987.
7. *The Examined Life*, caps. 15-17 contêm também material atinente a esse tópico.

REFERÊNCIAS

Anarchy, State, and Utopia [*ASU*]. New York: Basic Books, 1974.

Philosophical Explanations [*PE*]. Cambridge, MA: Harvard University Press, 1981.

The Examined Life [*EL*]. New York: Simon and Schuster, 1989.

The Normative Theory of Individual Choice [*NTIC*]. New York: Garland Press, 1990; repr. of 1963 PhD thesis.

The Nature of Rationality [*NR*]. Princeton: Princeton University Press, 1993.

Socratic Puzzles [*SP*]. Cambridge, MA: Harvard University Press, 1997.

Invariances [*I*]. Cambridge, MA: Harvard University Press, 2001.

Uma seleção de artigos de Nozick
(que não foram reimpressos em *Socratic Puzzles*)

"Escaping the Good Samaritan Paradox" (com R. Routley), *Mind* 71 (1962): 377-82.

"Simplicity as Fall-out," em L. Cauman, I. Levi, C. Parsons, and R. Schwartz (eds.), *How Many Questions*? Essays in Honor of Sydney Morgenbesser. Indianapolis, Hackett Publishing Company, 1983, pp. 105-19.

"Symbolic Utility," em P. K. Pattnaick (ed.), *Essays in Honor of Amartya Sen*. Clarendon Press: Oxford, 1995, pp. 110-40 (extracted from the Tanner Lectures on Human Value).

10 PARFIT

JACOB ROSS

Derek Parfit é um filósofo britânico que deu contribuições importantes para o estudo da ética, da razão prática e da metafísica das pessoas. Nascido na China em 1942 e educado em Oxford, atualmente é um pesquisador sênior no *All Souls College* em Oxford. Tem sido regularmente professor visitante na Universidade Rutgers, na Universidade de Harvard e na de Nova York.[1]

A reputação internacional de Parfit já estava estabelecida nos inícios dos anos de 1970, por uma série de artigos sobre a identidade pessoal. Em sua obra magna, *Reasons and Persons* (*Razões e pessoas*) (1984), apresenta o tratamento mais completo desse tema, bem como uma exploração ampla da racionalidade e da moralidade. Essa obra é reconhecida por muitos leitores como a obra mais importante em filosofia moral escrita desde o início do século XX. Ela se situa em importância junto com a obra que é sua principal inspiração, *Methods of Ethics* (*Métodos da ética*) de Henry Sidgwick, publicada em 1874. *Reasons and Persons* estabeleceu a agenda de muitos dos debates centrais na filosofia moral contemporânea. Definiu os termos das discussões atuais sobre identidade pessoal e significação moral, sobre atitudes racionais frente ao passado e ao futuro, sobre as obrigações para com as gerações futuras, sobre concepções alternativas de bem-estar e sobre a estrutura geral do valor. Esse livro também serviu para iniciar diversas discussões importantes ao revelar novos problemas, alguns dos quais serão discutidos a seguir.

Reasons and Persons foi seguido de uma série de artigos, muitos dos quais desempenharam um papel semelhante no estabelecimento da agenda. Esses se estendem de contribuições à filosofia social e à política, tal como sua obra sobre o valor da igualdade (*Equality or Priority* [Igualdade ou priorida-

de]), até seus escritos sobre cosmologia filosófica, referentes à questão de por que o universo existe e tem a estrutura ordenada que exibe (*Why Anything? Why This?* [*Por que algo? Por que isso*?]). No momento, Parfit está prestes a acabar um segundo livro, provisoriamente chamado *Climbing the Mountain* (*Escalando a montanha*), sobre teoria moral. Embora esse livro não tenha ainda sido publicado, já circulou amplamente na forma de versão preliminar.

O FATO DAS RAZÕES

Embora os escritos de Parfit sejam amplos no escopo, são em grande medida unificados pelo tema central das razões. Parfit preocupa-se com as razões que se relacionam à questão de como devemos agir e à questão sobre o que devemos nos interessar. Esse tema será, portanto, o princípio organizador do que se segue; após discutirmos a concepção geral de razões de Parfit, voltaremo-nos para a discussão das razões prudenciais (razões de autointeresse), e, em seguida, para as razões de beneficência (razões para ajudar outros) e, posteriormente, voltaremo-nos à discussão de sua obra sobre a estrutura das razões morais.

As razões com as quais Parfit está preocupado são chamadas razões *normativas práticas*. São *práticas* porque se vinculam a questões práticas e são *normativas* porque dizem respeito antes à questão do que *devemos* fazer ou *devemos* cuidar que à questão do que *de fato* fazemos ou cuidamos ou estamos motivados a fazer. Um agente pode fracassar em fazer o que deve fazer, ou pode fracassar em cuidar do que deve cuidar, e assim um agente pode fracassar em estar suficientemente motivado por suas razões normativas. De maneira mais geral, a força *normativa* das razões ou suas forças para favorecer certas ações ou preocupações deve ser distinguida da força *motivacional* de razões ou de suas eficácias em motivar agentes a agirem ou cuidarem. Parfit defende que há uma forte tendência entre os filósofos a fundir ou a colapsar a distinção entre força normativa e força motivacional, e que muitas das discussões centrais na ética e na metaética, de Hume e Kant até os dias atuais, envolveram tal fusão (ver *Normativity*). Se perdermos de vista essa distinção, então a questão de como devemos agir reduz-se à questão de como estamos motivados a agir ou de como devemos estar motivados a agir em circunstâncias específicas, e, desse modo, a ética é reduzida a um ramo da psicologia. E isso, segundo Parfit, é uma má compreensão grave do objeto de investigação da ética.

Mesmo quando a distinção entre força normativa e força motivacional é reconhecida, frequentemente é mantido que as duas estão muito intimamente conectadas. Segundo o tratamento dominante da compreensão de razões práticas, que é representado pelo que Parfit chama de *teorias baseadas no desejo*, uma razão normativa do agente para ou contrária a uma ação consiste sempre de um fato atinente a como essa ação satisfaria ou frustraria os desejos presentes do agente, e a força motivacional de tal razão é explicada em termos da força do desejo correspondente. Nas teorias baseadas em desejos mais simples, os desejos que determinam o que um agente tem mais razão para fazer em um dado momento são os desejos últimos que possui naquele momento. Segundo essa teoria, nada é, por natureza, digno ou indigno do desejo, e, assim, todos os conjuntos consistentes de desejos estão em pé de igualdade, nenhum deles sendo mais racional que qualquer outro. Um agente tem razão em agir de certa maneira exatamente no caso em que agir assim promove a satisfação de seus desejos, *quaisquer que eles sejam*. Inicialmente, Parfit critica tais teorias em *Reasons and Persons*, obra na qual defende que certos padrões de desejos são inerentemente irracionais. Um exemplo de um padrão irracional de desejo é "a indiferença com a terça-feira vindoura", que consiste em atualmente ser indiferente à perspectiva de experiências dolorosas pelas quais pode vir a passar na terça-feira próxima, embora deseje evitar experiências dolorosas em qualquer outro dia da semana (*RP* 123-4). Em *Climbing the Mountain*, Parfit discute o que vê como as consequências extremamente implausíveis da teoria simples baseada em desejos. Essa teoria acarreta, por exemplo, que, se alguém desejar beber ácido sulfúrico em algum momento e não tiver nenhum desejo de evitar as consequências danosas de agir assim, então é racionalmente exigido que aja assim, mesmo se estiver certo de que se lamentara ter agido assim para o resto de sua vida (possivelmente abreviada).

A fim de evitar tais implicações, muitos filósofos adotaram uma teoria mais complexa, baseada no desejo segundo a qual os desejos para os quais há razões de satisfazer não são os desejos reais presentes, mas os desejos que se teria se conhecesse e considerasse cuidadosamente todos os fatos relevantes. Em particular, segundo essa teoria, os fins para os quais alguém dispõe de razões não instrumentais de promovê-los não são os fins que alguém desejaria por eles mesmos, mas, antes, os fins que desejaria como fins em si se tivesse considerado todos os fatos relevantes. Parfit acusa essa teoria de ser insustentável, pois teorias baseadas no desejo devem afirmar que fatos acerca dos objetos de nosso desejo não podem nos dar razões para desejar esses objetos como fins últimos. Isso ocorre porque um traço definitório de tais teorias é negar que fatos acerca de objetos de nosso desejo possam nos dar razões para desejar esses objetos como fins últimos. Portanto, deve afirmar que os desejos últimos que teríamos, se considerássemos todos os fatos, não seriam apoiados pelas razões mais que nossos desejos reais. Mas se esses desejos hipotéticos não são apoiados por razões mais que nossos desejos reais, então não há fundamento para asserir que esses desejos hipotéticos, em vez de nossos desejos reais, são a fonte de nossas razões para agir.

Em vez de manter uma teoria das razões práticas baseada no desejo, Parfit sustenta uma teoria baseada em valores, segundo a qual há razões para os desejos últimos, a saber, fatos acerca dos objetos desses desejos que dão razões para desejá-los. Sustenta que nossas razões para empreender certo resultado não são fornecidas pelo fato de esse resultado vir a satisfazer nossos desejos, mas pelas mesmas características desse resultado que dão razão para desejá-lo. Assim, o que nos dá razão para querer evitar ser torturado no futuro e para agir de maneira a nos precaver de ser torturado no futuro é o fato de a tortura ser extremamente penosa. Uma vez que esse fato é independente de nossos desejos presentes, essas razões não dependem de termos atualmente quaisquer desejos que seriam frustrados se formos torturados no futuro.

A questão permanece no tocante ao que temos razão para desejar por si mesmo. Uma resposta a essa questão é que a meta última deve ser a de maximizar seu bem-estar, ou a de assegurar que a vida, em sua totalidade, decorra o melhor possível. Essa resposta, que discutiremos agora, é o alvo de muitos dos argumentos de Parfit mais bem conhecidos.

RAZÕES PRUDENCIAIS E IDENTIDADE PESSOAL

Segundo a teoria da razão prática do interesse próprio, tudo que alguém tem razões para se preocupar como um fim em si mesmo é seu próprio bem-estar; e aquilo para o qual se tem mais razões de fazer é o que quer que promova o bem-estar próprio. Sempre que houver outra coisa que devamos cuidar ou promover, isso deve ser explicado, em última instância, em termos de sua contribuição para nosso próprio bem-estar. Embora as teorias da razão prática baseadas no desejo, teorias da espécie discutida na seção anterior, sejam atualmente dominantes entre os filósofos, Parfit mantém que a teoria do interesse próprio fora a teoria dominante da racionalidade entre o público em geral, por mais de 2000 anos. Essas duas teorias são frequentemente fundidas, uma vez que é assumido, às vezes, que o desejo fundamental de cada agente é que sua vida como um todo decorra da melhor maneira possível, ou que seu próprio bem-estar seja maximizado. Com essa suposição, a ação que mais promove a satisfação dos desejos atuais sempre coincide com a ação que faria a vida como um todo decorrer melhor. Porém, essa suposição é falsa, pois as pessoas frequentemente cuidam mais do futuro próximo que do futuro distante; portanto, muitas pessoas prefeririam uma vida que é melhor no curto prazo, mas pior no todo, a uma vida que é pior no curto prazo, mas melhor no todo. Além disso, a teoria baseada no desejo implica que, se hoje desejo certo resultado e sei que amanhã meus desejos mudarão e desejarei algum resultado oposto, então será racionalmente exigido hoje promover um resultado, embora reconhecendo que amanhã será racionalmente exigido tentar evitar esse resultado.

Porém, para o teórico do interesse próprio, essas implicações são inaceitáveis. Em sua visão, se em algum momento viermos a ter uma razão para cuidar de algum evento ou resultado, já dispomos dessa razão agora. A força de uma razão para promover um resultado, insiste o teórico do interesse próprio, é transmitida através do tempo, e sua força não é afetada pela distância desse resultado do presente. Assim, nossa preocupação com quão bem nos sairemos em momentos futuros não pode ser afetada por quão afastados esses momentos estão do momento presente.

Na Parte II de *Reasons and Persons*, Parfit argumenta que, ao fazer essas alegações, a teoria do interesse próprio ocupa uma posição instável entre duas teorias alternativas. Por um lado, há o que podemos chamar de as teorias inteiramente relativistas das razões, como as teorias baseadas no desejo, em sua forma simples, segundo a qual o que se tem razão de cuidar e de prover, se puder, depende tanto de quem nós somos e de onde nos situamos temporalmente. Em outras palavras, razões práticas variam de agente para agente e com o tempo. Por outro lado, há teorias inteiramente não relativistas, segundo as quais o que temos razão para cuidar e promover não varia nem com o agente nem ao longo do tempo. (Um exemplo de tal teoria inteiramente não relativista é o consequencialismo racional, segundo o qual há uma única meta racional, válida para todos, a saber, que, avaliada de um ponto de vista imparcial, a história do mundo se desenrole tão bem quanto possível.) Segundo a teoria do interesse próprio, o que temos razão para cuidar e promover varia de agente para agente (uma vez que cada agente deve estar preocupado com seu próprio bem-estar), mas não varia com o tempo (uma vez que o agente sempre deve ter como meta fazer com que sua vida, como um todo, se desenrole da melhor maneira possível). Para defender essa posição intermediária, entre essas espécies opostas de teorias, as teorias do interesse próprio devem mostrar que há uma razão de princípio para tratar agentes e tempo diferentemente; portanto, para exigir uma atitude parcial frente aos agentes e uma atitude imparcial frente ao tempo. Elas devem mostrar, em outras palavras, que diferenças entre pessoas têm um significado racional que diferenças entre momentos do tempo não possuem.

Um arrazoado, feito por Sidgwick, Rawls e Nozick, é que qualquer presuntiva exigência de imparcialidade com respeito às pessoas não faz justiça à distinção entre pessoas.[2] Nas palavras de Sidgwick: "Seria contrário ao senso comum negar que seja real e fundamental a distinção entre um indivíduo qualquer e outro" e, consequentemente, negar que essa distinção deva ser "tomada como fundamental na determinação do fim último da conduta racional".[3] Por oposição, poderia ser alegado que a passagem do tempo é meramente uma ilusão subjetiva e, assim, a distinção entre o futuro próximo e o remoto não deve ser tomada como fundamental na determinação do fim último. Parfit argumenta, no entanto, que nenhuma defesa desse gênero da teoria do interesse próprio pode ser bem-sucedida.

Antes de tudo, a versão mais plausível da teoria do interesse próprio não é apoiada por nenhuma concepção viável da metafísica do tempo. Se alguém sustenta que a passagem do tempo é uma ilusão e que esse fato impõe restrições a quais padrões de cuidado podem ser racionais, então a conclusão natural a ser extraída não é meramente que devemos ser imparciais com os momentos futuros, mas que devemos ser imparciais com todos os momentos, inclusive os passados. Mas se formos imparciais com todos os momentos, então, *ceteris paribus*, não preferiremos uma situação na qual uma provação penosa ocorrera no passado a uma situação em que a provação ainda ocorrerá. Mas nós temos essa preferência: se tivéssemos amnésia e não pudéssemos recordar os eventos de ontem e soubéssemos que ou passamos por uma provação penosa ontem ou essa provação ainda ocorreria e está programada para amanhã, a maioria de nós ficaria aliviada ao descobrir que a provação ocorrera ontem. A maioria de nós não vê essa tendência como irracional. Assim, embora uma tendência em favor do futuro próximo sobre o futuro distante pode ser irracional, parece que uma tendência em favor do futuro sobre o passado não é. Mas, se a teoria do interesse próprio deve ser defendida com base na ideia de que a passagem do tempo é uma ilusão, então essa teoria tem que alegar, de maneira contraintuitiva, que essas tendências são igualmente irracionais.

Parfit argumenta que a teoria do interesse próprio, além de carecer do apoio de qualquer concepção plausível da metafísica do tempo, é minada por qualquer concepção defensável da metafísica das pessoas. Seu argumento mais conhecido contra a teoria do interesse próprio encontra-se na Parte III de *Reasons and Persons* ao discutir a identidade pessoal. Aqui, Parfit argumenta que, em qualquer concepção defensável da identidade pessoal, são possíveis casos em que as razões últimas de que dispomos não são razões para cuidar de nosso próprio bem-estar.

A fim de mostrar que aquilo para o qual dispomos de razões de cuidar não precisa ser nosso próprio futuro, Parfit emprega um famoso experimento mental, que está entre os muitos experimentos mentais engenhosos encontrados em seus escritos. Inicialmente, observa que, tal como normalmente concebemos a identidade pessoal, o cérebro é a parte do corpo importante para preservar a identidade pessoal, de sorte que, se o cérebro de alguém fosse transplantado para o corpo de outrem, continuaria a existir no novo corpo. Observa também que, dada a concepção usual da identidade pessoal, uma pessoa pode sobreviver a uma lesão que destrói muito de seu cérebro, desde que sobreviva o suficiente de seu cérebro para preservar a maioria de suas crenças, intenções e outras características psicológicas. Assim, tal como normalmente concebemos a identidade pessoal, pode-se sobrevir a uma operação na qual metade do cérebro é destruída e a outra metade é transplantada para outro corpo.

Considere agora dois casos. No primeiro caso, chamado de Transplante Único, o cérebro de Van Cleve é partido em dois, a metade esquerda de seu cérebro é transplantada para outro corpo e a metade direita é destruída.

Assumamos que a maioria das recordações e de outros estados mentais de Van Cleve estão codificados nas duas metades de seu cérebro, de modo que a preservação de qualquer uma delas é suficiente para que se mantenha a continuidade psicológica. Nesse caso, pensaríamos normalmente que Van Cleve sobrevive à operação e vive no corpo em que foi transplantada a metade esquerda de seu cérebro.

Considere agora o Transplante Duplo. Como no caso do transplante único, que acabamos de considerar, a metade esquerda do cérebro de Van Cleve é preservada e transplantada no corpo de outrem. Porém, nesse caso, a metade direita também é preservada e transplantada em um terceiro corpo. Assuma, adicionalmente, que, antes da operação, as duas metades do cérebro de Van Cleve são quase idênticas psicologicamente, uma vez que quase todas as recordações e outros estados mentais de Van Cleve estão codificados de maneira similar em cada uma delas. Assim, após a operação, haverá uma pessoa (ou o que parece ser uma pessoa), que tem a metade esquerda do cérebro de Van Cleve e possui a maioria das características de Van Cleve, a qual chamaremos de "Canhoto", e outra pessoa, ou aparente pessoa que possui a maioria das características psicológicas de Van Cleve, a qual chamaremos de "Destro". Suponha, por último, que, após a operação, Canhoto e Destro nunca interajam. Van Cleve sobrevive a essa operação? Em outras palavras, há alguém que existe após essa operação e que é numericamente idêntico a Van Cleve? Aparentemente, há cinco respostas que poderíamos dar a essa questão:

1. Van Cleve é a mesma pessoa que Canhoto, mas não a mesma pessoa que Destro.
2. Van Cleve é a mesma pessoa que Destro, mas não a mesma pessoa que Canhoto.
3. Van Cleve é a mesma pessoa que Canhoto, e Van Cleve é a mesma pessoa que Destro.
4. Van Cleve sobrevive à operação como uma pessoa dividida, da qual ambos, Canhoto e Destro, são partes.
5. Van Cleve não sobrevive à operação.

Parece que devemos rejeitar (1) e (2), uma vez que no caso descrito não parece haver nada de relevantemente diferente entre a relação de Van Cleve com Canhoto e sua relação com Destro. Mais ainda, como Canhoto não é a mesma pessoa que Destro, nenhum deles pode ser a mesma pessoa que Van Cleve, e, assim, devemos rejeitar (3). Ademais, uma vez que Canhoto e Destro são cada um deles pessoas, ou, pelo menos, cada um deles seria uma pessoa na ausência do outro, e como estamos assumindo que os dois não interagem entre si após a operação, há fortes razões para rejeitar a posição segundo a qual Canhoto e Destro constituem juntos uma única pessoa. Assim, devemos rejeitar

(4). Portanto, há apenas duas alternativas remanescentes. Uma é adotar a quinta resposta e asserir que Van Cleve não sobrevive à operação. A outra é rejeitar qualquer reposta determinada e concluir que não há fatos atinentes a relações de identidade entre Van Cleve e aqueles que existem após a operação. Nos dois casos, não podemos afirmar que Van Cleve sobrevive ao duplo transplante.

Embora não possamos afirmar que Van Cleve sobreviva à operação, devemos afirmar que ser dividido em duas pessoas é tão bom quanto sobreviver, ou pelo menos não é tão ruim quanto a morte ordinária. Certamente, a preservação das duas metades do cérebro não pode ser significativamente pior que a preservação de apenas uma; isso dificilmente parece ser um caso em que um duplo êxito redunde em um fracasso. Da mesma forma, embora não possamos afirmar que Van Cleve seja idêntico a uma das pessoas que resultaram da operação, podemos afirmar que dispõe de razões para cuidar do bem-estar das pessoas como fins em si mesmos, pois, qualquer que seja a razão que Van Cleve tenha, no transplante único, para cuidar do bem-estar da pessoa que terá a metade direita de seu cérebro, essa razão não pode ser negada pelo fato de, no transplante duplo, a metade direita de seu cérebro também ser transplantada com êxito.

Porém, o teórico do interesse próprio não pode fazer essas alegações, à medida que afirma que Van Cleve sobrevive ao transplante único, mas não afirma que sobreviva ao transplante duplo, pois, no caso do transplante único, esse teórico deve afirmar que Van Cleve tem razões para cuidar, como um fim em si mesmo, da pessoa que terá a metade esquerda de seu cérebro, mas não pode afirmar isso no caso do transplante duplo. E essa é uma posição implausível.

Uma opção, franqueada ao teórico do interesse próprio, é negar que Van Cleve sobreviva, mesmo no caso do transplante único. Até o momento, estivemos defendendo que, no transplante único, Van Cleve sobrevive porque mantém o suficiente de seu cérebro para preservar suas recordações e outras características psicológicas. Mas pode-se adotar uma teoria alternativa da identidade pessoal, segundo a qual isso não é suficiente para a sobrevivência. Pode-se, por conseguinte, dizer que não há nenhuma assimetria entre as atitudes que Van Cleve deve ter nos dois casos de transplantes frente às pessoas que terão seu cérebro após a operação: nos dois casos, deve reconhecer que essa pessoa não é ele e, assim, não dispõe de razões para cuidar do bem-estar dessa pessoa como um fim em si mesmo. No entanto, mesmo se vemos essa posição como defensável, ela não solucionará o problema geral levantado por Parfit, pois Parfit argumenta que, em qualquer teoria plausível da identidade, haverá algum experimento mental envolvendo a divisão, análogo ao experimento mental do transplante considerado, no qual a teoria do interesse próprio tem implicações contraintuitivas similares (ver *Experiences, Subjects and Conceptual Schemas* [*Experiências, sujeitos e esquemas conceituais*]).

Assim, Parfit conclui, devemos rejeitar a teoria do interesse próprio. Embora possamos ter especial razão para cuidar da pessoa futura que é idêntica a nós, nossa razão não pode, de maneira plausível, derivar do fato de essa pessoa vir a ser nós mesmos, pois, se esse fosse o caso, então careceríamos dessa razão no caso da divisão. Uma vez que, nos dois casos, do transplante único e do transplante duplo, Van Cleve tem especial razão para se preocupar com a pessoa que tem o lado esquerdo de seu cérebro após a operação, parece que a relação que explica sua especial razão para se preocupar deve ser uma relação que vige nos dois casos. Como vimos, essa relação não parece ser a relação de identidade. Pelo contrário, é a relação de *continuidade psicológica*.

Parfit define a continuidade psicológica em termos de conexões psicológicas, essas são as espécies de relações que existem entre uma experiência anterior e a memória posterior dessa experiência, ou entre uma intenção anterior e a execução posterior dessa intenção. Em resposta à acusação de que definições da identidade pessoal em termos de relações como recordar e ter a intenção são circulares, porque pressupõem a identidade pessoal, Parfit introduz, seguindo o exemplo de Shoemaker,[4] as relações de q-recordar e q-intentar, relações que são similares àquelas de recordar e intentar, mas que são definidas sem pressupor a identidade pessoal. Se definirmos um estágio pessoal como um estágio na vida de uma pessoa, então podemos dizer que dois estágios pessoais estão fortemente conectados exatamente se houver suficientes conexões psicológicas entre eles. E dois estágios pessoais são psicologicamente contínuos exatamente no caso em que ambos pertencem a uma sequência de estágios pessoais tal que cada estágio pessoal pertencente a essa sequência é fortemente conectado ao precedente.

As relações pertinentes, nas quais Van Cleve se encontra com a pessoa que terá a metade de seu cérebro, tanto no caso do transplante único quanto no do duplo, são as relações de continuidade e conexão psicológica. Nos dois casos, são essas relações, defende Parfit, que explicam a razão especial de Van Cleve se preocupar. São também essas relações, e não a relação de identidade pessoal, que explicam nossa própria razão especial para nos preocuparmos com nosso bem-estar futuro. Parfit defende que o mais importante é a relação de conexão psicológica. Uma vez que estamos conectados aos estágios pessoais futuros que compõem nossas vidas em diferentes graus, pode ser racional, *pace* a teoria do interesse próprio, preocuparmo-nos com eles em graus diferentes.

Alguns alegaram que não podemos negar coerentemente a importância da identidade pessoal. Um exemplo proeminente é Christine Korsgaard, que oferece um argumento da forma seguinte.[5] Qualquer relação que devemos necessariamente levar em conta, sempre que estivermos deliberando, é importante do ponto de vista prático. Mas a relação de identidade pessoal é uma relação de tal tipo, pois um agente ao deliberar questiona como deve agir, e as alternativas dentre as quais escolhe situam-se sempre em algum momento do futuro. Portanto, o agente deve considerar as ações que serão executadas por um agente em algum momento futuro como suas ações, o que significa que deve se ver como idêntico ao agente que existirá no futuro. Todavia, se qualquer relação que devemos levar em conta no raciocínio prático é importante do ponto de vista prático, e se a relação de identidade pessoal é uma relação desse tipo, então decorre que a relação de identidade pessoal é importante do ponto de vista prático. Assim, a importância da relação de identidade pessoal não deriva, ao contrário do que Sidgwick sugeriu, de ela ser metafisicamente real e fundamental; pelo contrário, de ser uma pressuposição necessária do ponto de vista prático.

No entanto, há uma réplica óbvia a esse argumento. Concede-se que em todos os casos reais de deliberação decidimos como devemos agir no futuro. Mas isso se deve simplesmente a não haver casos reais de cisão. Suponha que Van Cleve sabe que será submetido a um transplante duplo e que o corpo que receberá a metade esquerda de seu cérebro está em um hospital onde há um vazamento de um gás perigoso. Suponha que, após a operação, Canhoto não terá tempo para planejar sua fuga e só será capaz de deixar o prédio vivo se tomar imediatamente as medidas apropriadas. Se, antes da operação, um mapa do hospital for dado a Van Cleve, parece que esse poderia e deveria consultar o mapa e deliberar sobre como escapar. Mas, ao agir assim, não estaria decidindo como deveria sair do prédio; pelo contrário, estaria decidindo como Canhoto deveria sair do prédio. E as conclusões de tal deliberação seriam q-intenções cujos objetos são as ações de Canhoto. Parece, portanto, que, em casos de divisão, pode-se deliberar sobre as ações de um agente que não é idêntico a quem delibera, e que não se toma como sendo idêntico a si mesmo. Assim, parece que, contrariando Korsgaard, o conceito de identidade pessoal ao longo do tempo não joga um papel inelimínavel no raciocínio prático

Ademais, se Korsgaard está certa e alegações acerca da importância prática de uma relação puderem ser justificadas em virtude não de *status* metafísico, mas de seus papéis inelimináveis no raciocínio prático, isso fortalecerá ao invés de minar a posição de Parfit, pois, como é ilustrado pelo caso da divisão, a distinção fundamental que devemos traçar entre ações futuras, no contexto do raciocínio prático, não é uma distinção entre ações que podemos executar e ações que outros poderão executar, mas entre ações que cabe a nós executar ou aquilo que podemos fazer com que ocorra por q-intentando que ocorra, e ações que não cabe, nesse sentido, a nós executar. Porém, isso é uma questão de conexão psicológica, e não de identidade. Assim, o que deve ser pressuposto, de um ponto de vista prático, não é a identidade pessoal, mas a conexão psicológica, que é precisamente a relação para a qual Parfit entende que devemos dar o maior peso.

Na posição de Parfit, podemos coerentemente ver a relação de identidade pessoal como não tendo nenhum significado em relação à questão de como devemos agir. De fato, isso é como devemos ver essa relação. Parfit afirma, com Buda, que, ao nos liberarmos do domínio do conceito de identidade pessoal, podemos abandonar a ilusão que, para agirmos racionalmente, devemos ser egoístas, e podemos reconhecer que, frequentemente, o que temos mais razão para fazer é agir de maneira a beneficiar outros, ainda que à custa de nosso próprio bem-estar.

RAZÕES DE BENEFICÊNCIA

Segundo Parfit, nossas razões para beneficiar outros ou razões de beneficência estão entre nossas razões morais mais importantes. Assim, qualquer teoria moral adequada deve reconhecer tais razões, devendo também especificar seus conteúdos de modo que possamos determinar se nossas razões de beneficência favorecem um ou outro curso de ação. No entanto, na Parte IV de *Reasons and Persons*, Parfit mostra que isso não é uma tarefa fácil, uma vez que *prima facie* todas as candidatas a teorias da beneficência têm implicações inaceitáveis.[6] Essa parte de *Reasons and Persons*, embora inicialmente ofuscada pela parte acerca da identidade pessoal, vem sendo crescentemente valorizada por sua importância fundamental.

Uma concepção de nossas razões de beneficência que se candidata compreende as alegações seguintes:

1. Temos maior razão de beneficência para escolher o resultado *A* que escolher o resultado *B* exatamente no caso em que, em geral, o resultado *A* seria melhor para a pessoa que o *B*.
2. A menos que haja alguém cujo nível de bem-estar seja melhor no resultado *A* que no resultado *B*, *A* não é melhor para a pessoa que o resultado *B*.

Nos casos em que existirá a mesma população, não importando o que escolhermos, ou no que Parfit chama *escolhas de mesma população*, (i) e (ii) têm implicações razoavelmente plausíveis. Mas nos casos em que quem existirá depende de como agirmos, essas alegações podem ter implicações muito implausíveis, pois não resolvem o que Parfit chama "problema da não identidade".

Suponha que estamos escolhendo entre duas políticas, Conservacionismo, pela qual conservamos nossos recursos de modo a estarem disponíveis para as gerações futuras, e Exaustão, pela qual consumimos esses recursos no futuro próximo. Suponha que Exaustão tivesse algumas consequências ligeiramente melhores para algumas pessoas que vivem atualmente, e que não tivesse consequências danosas para ninguém que viverá nos próximos dois séculos. Suponha, no entanto, que, por todo tempo subsequente aos dois séculos, o nível de bem-estar predominante será muito maior se escolhermos Conservacionismo em detrimento de Exaustão. Suponha, ademais, que nossa escolha entre as duas alternativas terá implicações de largo espectro, afetando significativamente a vida cotidiana de toda a população. Com essas suposições, Parfit argumenta que podemos razoavelmente assumir que, na população dos afetados por nossa decisão, *quem* existirá nos momentos posteriores a 200 anos dependerá de qual dessas políticas escolhermos agora, e que ninguém nessa população existirá por mais de 200 anos, a contar de agora, não importa qual dessas políticas escolhemos.

Nesse caso, parece claro que, em geral, as pessoas estarão em uma situação melhor se escolhermos Conservacionismo, em vez de Exaustão, portanto, que temos maior razão de beneficência para escolher Conservacionismo. Todavia, não podemos inferir essa conclusão da concepção de beneficência que estamos considerando, pois, como ninguém na população afetada existirá por mais de 200 anos a contar de agora, independentemente de qual alternativa escolhemos, não há alguém cujo nível de bem-estar seria maior se escolhemos Conservacionismo do que seria se escolhermos Exaustão. Portanto, a posição considerada implica que não dispomos de maior razão de beneficência para escolher Conservacionismo.

Desse modo, uma concepção comum da beneficência depara-se com problemas ao enfrentar escolhas nas quais quem existirá depende de como agimos. Ademais, tais casos apresentam problemas para um grande número de posições em filosofia moral. Parfit defende que apresentam problemas para as teorias morais de Gauthier, de Harman, de Mackie, de Rawls e de Scanlon, entre outros (*RP* 523).

Qualquer teoria moral deve explicar por que uma ação pode ser errada e, em especial, errada do ponto de vista da beneficência, mesmo se não houver alguém para quem seu resultado seria pior que qualquer alternativa disponível; ou, em outras palavras, qualquer teoria moral deve resolver o "problema da não identidade". Uma solução óbvia para esse problema é concluir que o resultado que é melhor do ponto de vista da beneficência (portanto, o melhor *simpliciter*, tudo o mais sendo igual) é o resultado no qual a soma total de bem-estar humano ou utilidade é a maior. Chame isso de Princípio Impessoal Total. Esse princípio implica que, outras coisas sendo iguais, o Conservacionismo é preferível à Exaustão, uma vez que resultaria em uma soma maior de bem-estar humano. Assim, o Princípio Impessoal Total fornece a resposta correta no caso que estamos considerando.

No entanto, surgem novos problemas se consideramos situações nas quais nossas escolhas afetarão não apenas *quem* viverá, mas também *quantas* pessoas viverão, pois a soma total de utilidade em uma população pode ser aumentada ou pelo aumento do nível médio de bem-estar na população ou pelo acréscimo de pessoas cujo nível de bem-estar esteja acima do nível zero (o nível abaixo do qual a vida deixa de ser digna de ser vivida). Assim, uma população pode envolver uma soma total maior de bem-estar que outra população mesmo se, na média, as pessoas da segunda estão em situação muito melhor, desde que a primeira população compreenda um número suficientemente grande de pessoas, todas vivendo dignamente. Portanto, o Princípio Impessoal Total implica o que Parfit chama a Conclusão Repugnante. "Para qualquer população de pelo menos dez bilhões, todos com um alto padrão de vida, deve haver uma população imaginável muito maior cuja existência seria melhor se as outras coisas são iguais, mesmo que seus membros tenham vidas no limite da dignidade" (RP 388).

Para evitar essa conclusão, podemos alternar para o Princípio Impessoal Médio, segundo o qual o resultado que é melhor do ponto de vista da beneficência é o resultado no qual a vida das pessoas se desenrola melhor na média. Esse princípio evita a Conclusão Repugnante, uma vez que o nível médio de bem-estar é claramente maior em uma população em que todos possuem um alto padrão de vida que na população, por maior que seja, em que todos vivem no limite da dignidade. Mas o princípio médio tem suas próprias implicações problemáticas. A pior delas surge nos casos em que se deve escolher o menor de dois males. Suponha que estamos escolhendo entre o mal A, que consiste em uma população de um bilhão de pessoas inocentes, todas experimentando agonias extremas durante toda a vida, e o mal B, que consiste nesse mesmo bilhão de pessoas, que sofrem o mesmo grau de agonia, mais um bilhão adicional de pessoas que, da mesma forma, experimentam agonias extremas por toda a vida, porém em um grau ligeiramente menor. O princípio médio implica que nossas razões de beneficência favoreçam a escolha do mal B, haja vista o nível médio de bem-estar ser ligeiramente superior no mal B que no mal A.

Podemos evitar essa conclusão e, ao mesmo tempo, evitar a Conclusão Repugnante, se supormos que há uma assimetria entre o valor positivo das vidas dignas de serem vividas e o desvalor das vidas miseráveis ou indignas de serem vividas. Podemos sustentar, contrariamente ao Princípio Impessoal Médio, que o número importa, de modo que acrescentar pessoas com um nível positivo de bem-estar (pessoas cujas vidas são dignas de serem vividas) aperfeiçoa o resultado, independentemente de aumentarmos o nível médio de bem-estar, e que, ao adicionar pessoas com níveis negativos de bem-estar, tornamos o resultado pior. Ainda assim – e a assimetria entra nisso – podemos manter que há um limite para quanto podemos melhorar a situação pela adição de pessoas em um nível positivo qualquer de bem-estar, mas nenhum limite de quanto podemos fazer o resultado piorar pela adição de pessoas com um nível negativo qualquer de bem-estar. Ao assumir que há um limite no primeiro caso, evitamos a Conclusão Repugnante e, ao assumir que não há limite no segundo caso, evitamos a conclusão que o mal B é preferível ao mal A. No entanto, enfrentamos outra implicação inaceitável, pois agora nossa posição implica que, se iniciarmos por uma população de dez bilhões de pessoas, todas – menos uma – tendo uma vida absolutamente maravilhosa, e essa uma tendo uma vida indigna de ser vivida, e progressivamente multiplicarmos a população, preservando a proporção entre aqueles com vidas maravilhosas e aqueles com vidas indignas, o desvalor da fração ínfima de vidas ruins acabará por sobrepujar o valor positivo das vidas maravilhosas, até que, por fim, atingimos um mundo que é pior do que um mundo onde não existe ninguém. Parfit chama isso a Conclusão Absurda.[7]

Assim, ao procurar formular um princípio adequado de benevolência, vemo-nos entre a Scilla da Conclusão Repugnante e Caríbdis da Conclusão Absurda. Naturalmente, Parfit considera maneiras nas quais podemos tentar navegar entre elas. Podemos distinguir três tipos de vidas: vidas ruins (vidas que não são dignas de serem vividas), vidas boas (vidas que estão bem acima do nível em que deixariam de ser dignas de serem vividas) e vidas medíocres (vidas que estão pouco acima do nível abaixo do qual deixariam de ser dignas de serem vividas). E podemos sustentar que, enquanto o valor positivo das vidas boas e o desvalor das vidas ruins devem ser computados de maneira similar, o valor positivo da vida medíocre deve ser computado de outra maneira. Uma solução é dizer que, embora não haja limite para o valor ou desvalor de vidas boas ou ruins adicionais, há um limite superior para o valor de vidas medíocres adicionais. Pondo um limite no valor de vidas medíocres adicionais, evitamos a Conclusão Repugnante e, não impondo limites ao valor de vidas boas adicionais, evitamos a Conclusão Absurda. Chame isso de a solução não lexical.[8] Uma solução alternativa é dizer que, embora não haja limite superior para o valor de vidas adicionais de qualquer tipo, o valor ou o desvalor acrescidos por vidas boas ou ruins supera infinitamente; portanto, sempre supera o valor acrescido por vidas medíocres, de modo que o único significado de vidas medíocres é desempatar resultados que são igualmente bons no tocante às vidas boas e más. Uma vez que, nessa posição, o valor de vidas boas sempre supera o valor de vidas medíocres, evitamos a Conclusão Repugnante e, uma vez que o desvalor de vidas ruins nem sempre supera o valor de vidas boas, evitamos a Conclusão Absurda. Chame essa de solução lexical.

No entanto, Parfit defende que essas soluções são insatisfatórias. Ele demonstra que, embora permitam evitar o dilema entre a Conclusão Repugnante e a Conclusão Absurda, elas nos deixam com um dilema entre uma variante da Conclusão Repugnante e uma variante da Conclusão Absurda. E uma vez que as variantes dessas conclusões são aproximadamente tão contrárias à intuição quanto as conclusões originais, essas soluções continuam, defende Parfit, inaceitáveis.

Creio que há outras razões, além daquelas dadas por Parfit, para rejeitar essas duas soluções. Em primeiro lugar, há fortes razões para negar que o valor de vidas boas supera infinitamente o valor de vidas medíocres, pois, dada uma vida boa qualquer G, existe alguma vida medíocre possível M, tal que G e M estão conectadas por uma cadeia de vidas possíveis na qual quaisquer duas vidas sucessivas não diferem significativamente entre si em nenhum aspecto importante. E se duas vidas não diferem significativamente uma da outra em nenhum aspecto importante, então nenhuma delas é superada infinitamente pela outra no valor. E se duas vidas, G e M, estão conectadas por uma cadeia finita de vidas possíveis, tais que nenhuma vida pertencendo a essa cadeia supera infinitamente a vida seguinte no valor, decorre então que o valor da vida G não pode superar infinitamente o valor da vida M.[9] Assim, o valor de vidas boas não pode superar infinitamente o valor de vidas medíocres. Devemos, portanto, rejeitar a solução lexical.

Mas há também uma forte razão para rejeitar a solução não lexical, pois tem a consequência implausível que devemos dar mais peso a melhorar as vidas dos bem aquinhoados que a melhorar a vida dos desvalidos, sejam $P1$ e $P2$ duas populações de igual tamanho tal que todos de $P1$ têm um nível de bem-estar que está na linha divisória entre vidas boas e vidas medíocres, e todos de $P2$ têm um nível de bem-estar que é ligeiramente abaixo dessa linha divisória. Falando formalmente, se g representa o nível mínimo de bem-estar de uma vida boa, então podemos dizer que todos de $P1$ têm um nível de bem-estar g e que todos de $P2$ têm um nível de bem-estar $g - \Delta$. Suponha, agora, que temos duas opções, podemos ou aumentar o bem-estar de todos da população melhor aquinhoada, $P1$, na proporção Δ, de modo que todos eles atingirão um nível de bem-estar $g + \Delta$, ou podemos aumentar o nível de bem-estar de todos da população $P2$, menos aquinhoada, na mesma proporção, de sorte que todos atinjam o nível de bem-estar g. Intuitivamente, se alguma das alternativas for melhor que a outra, a melhor é a alternativa de melhorar as vidas daqueles de $P2$, uma vez que estão em piores condições. Mas se adotarmos a solução não lexical, devemos aceitar a consequência contrária à intuição que, conquanto as duas populações sejam suficientemente grandes, seria melhor aprimorar as vidas das pessoas mais bem aquinhoadas ($P1$) que aprimorar na mesma proporção as vidas de um número igual de pessoas em piores condições.

Essa conclusão decorre porque, na visão não lexical, é verdade que conforme aumentemos o tamanho das duas populações, $P1$ e $P2$, aumentamos o bem que podemos fazer melhorando as vidas de cada um na proporção de Δ. No entanto, como inicialmente as pessoas de $P2$ tinham vidas medíocres, ao aumentarmos o tamanho dessa população, a quantidade de bem que poderíamos fazer melhorando as vidas de cada uma delas na proporção Δ aproxima-se de um limite superior. Mas como as pessoas de $P1$ inicialmente tinham vidas boas, não há um limite superior para o bem que podemos fazer melhorando as vidas de cada uma delas na proporção Δ ao aumentarmos o tamanho da população. Assim, se tornarmos as duas populações suficientemente grandes, haverá um ponto no qual será melhor aprimorar as vidas daqueles da população em melhores condições, $P1$, na proporção Δ, que aprimorar as vidas daqueles da população em pior estado, $P2$, na mesma proporção.[10]

As explorações de Parfit de nossas razões de beneficência demonstram uma grande dificuldade da teoria moral. O problema não é que haja teorias morais alternativas plausíveis em demasia e, assim, que haja espaço em demasia para o desacordo razoável. Pelo contrário, o problema é não haver uma teoria moral que pareça ser plausível, pois qualquer teoria moral deveria explicar nossas razões de beneficência e todas as explicações de tais razões que foram oferecidas até o momento têm implicações intoleráveis.

RAZÕES IMPARCIAIS E MORALIDADE

Razões de beneficência são o que podemos chamar de razões teleológicas, no sentido em que são razões para promover fins. São também razões imparciais, no sentido em que, se alguém tem uma razão de beneficência para desejar e para promover algum fim, então todos têm essa razão para agir assim. Todavia, embora razões de beneficência sejam teleológicas e imparciais, não são as únicas desse gênero, uma vez que dispomos de razões imparciais para promover, como um fim em si mesmo, outros fins, sociais, culturais e ecológicos. As teorias morais diferem entre si no tocante ao significado moral que atribuem a tais razões teleológicas imparciais. Segundo as teorias morais da consequência, tais razões são absolutamente fundamentais, uma vez que são as bases de todas as exigências morais. Tais razões tradicionalmente não desempenharam um papel central nas espécies de teorias morais que eram as principais rivais do consequencialismo, tais como o contratualismo e o kantismo. Contratualistas e kantianos procuram fundar a obrigação moral não em fins imparcialmente valiosos, mas antes em termos de princípios que podem ser racionalmente escolhidos ou racionalmente queridos, e a racionalidade da escolha em questão é, por sua vez, compreendida sem referência a razões teleológicas imparciais. Parfit argumenta que nenhuma teoria moral adequada pode ser fundamentada dessa maneira. Se as obrigações morais devem ser derivadas de princípios que poderiam ser racionalmente escolhidos, então a racionalidade dessa escolha deve ser compreendida em termos de todas as razões relevantes, inclusive razões de tipo teleológico imparcial. E prossegue defendendo que, se a teoria kantiana e a teoria contratualista forem formuladas dessa maneira, kantianos, contratualistas e consequencialistas, todos convergirão em teorias que são equivalentes do ponto de vista prático. Assim, embora os proponentes do kantismo e do contratualismo pudessem ter concebido suas teorias para fundamentarem a rejeição de princípios consequencialistas, as melhores versões de suas teorias são, de fato, a defesa mais forte desses princípios. E assim, na visão de Parfit, todas essas teorias diferentes e aparentemente rivais escalaram a mesma montanha, de diferentes lados.[11]

A argumentação de Parfit inicia-se por uma discussão crítica da filosofia moral de Kant. Kant alega que o princípio moral fundamental ou o imperativo categórico pode assumir uma variedade de formulações, mas todas equivalentes. Parfit mostra, no entanto, com ajuda de suposições razoáveis, que as várias formulações kantianas do imperativo categórico não são, de fato, equivalentes e que algumas dessas formulações não podem servir como o princípio fundamental da moralidade. Segundo a formulação mais bem conhecida, a Fórmula da Lei Universal, agimos de modo correto exatamente quando agimos segundo uma máxima que poderia ser uma lei universal, fórmula na qual "poderia" significa "sem incoerência". Parfit mostra que isso não consegue excluir muitas ações não permitidas. Considere a seguinte máxima: "Se você é branco e é capaz de escravizar uma pessoa afrodescendente, faça isso". Agir segundo essa máxima seria claramente errado. Mas uma pessoa branca poderia, sem incoerência, pretender que essa máxima seja uma lei universal ou, em outras palavras, que pessoas brancas escravizem pessoas afrodescendentes sempre que possível, pois, mesmo que haja alguma incoerência racional envolvida em querer a escravização de si mesmo, não parece haver qualquer incoerência racional em querer a escravização de outrem. O problema com a máxima em consideração não é que não poderia ser querida como uma lei universal por *qualquer um*; pelo contrário, ela não poderia ser querida *por todos* e, em particular, ela não seria assim querida pelos afrodescendentes.

Um candidato melhor para ser o princípio fundamental da moralidade é, portanto, o seguinte: age-se melhor exatamente no caso em que se age segundo uma máxima que todos poderiam coerentemente querer que seja uma lei universal. Porém, mesmo isso é muito permissivo, uma vez que muitas máximas imorais poderiam ser quistas por todos como leis universais sem incoerência – não há contradição, por exemplo, em universalizar uma máxima de afligir tanta dor quanto possível. Portanto, segundo Parfit, a melhor formulação de um princípio de uma lei universal diz respeito não ao que todos poderiam querer *coerentemente*, mas, antes, ao que todos poderiam querer racionalmente, no sentido de *dispor de razão suficiente* para querer. A melhor formulação, defende Parfit, pode ser enunciada como se segue: age-se de modo correto exatamente no caso em que se age segundo princípios tais que todos têm razões suficientes para querer ou escolher sua aceitação universal. Parfit chama isso de "fórmula contratualista kantiana", uma vez que baseia a correção ou incorreção de uma ação sobre princípios com os quais todos os agentes poderiam racionalmente concordar. Parfit defende que a fórmula contratualista kantiana representa não apenas a melhor versão do kantismo, como também a melhor versão do contratualismo.[12]

A fórmula contratualista kantiana pressupõe a existência de princípios cuja aceitação universal cada um de nós teria razão suficiente para querer ou escolher se estivéssemos em posição de escolher os princípios que devem ser aceitos por todos. Mas a existência de tais princípios depende de quais são nossas razões e da força dessas razões. Suponha, por exemplo, que nossas únicas razões sejam razões prudenciais. Nesse caso, é improvável que houvesse algum princípio cuja aceitação universal todos tivessem razão suficiente para escolher, visto que cada um teria razão decisiva para escolher a aceitação universal de princípios que seriam os mais adequados a seus próprios interesses, e é improvável que algum princípio fosse o mais adequado aos interesses de todos. Suponha, no entanto, que, além de quaisquer razões prudenciais ou outras razões parciais que tenhamos, também tenhamos uma razão teleológica imparcial para escolher resultados que são melhores de um ponto de vista válido para todos. E suponha, ademais, que é sempre racionalmente permitido (embora talvez não seja racionalmente obrigatório) dar peso significativo a essas razões imparciais. Nesse caso, Parfit argumenta, haverá princípios cuja aceitação universal todos terão razão suficiente para querer. E esses serão exatamente aqueles princípios cuja aceitação universal teria as melhores consequências de um ponto de vista imparcial, ou seja, serão os princípios reguladores consequencialistas, pois esses princípios reguladores consequencialistas são aqueles que cada agente teria a razão imparcial mais forte para escolher, e essas razões imparciais seriam, em cada caso, razão suficiente, embora talvez não decisiva, para o agente em questão escolher esses princípios. Porém, se a aceitação desses princípios não fizer as coisas irem melhor de um ponto de vista imparcial, então haverá sempre alguém que dispõe de uma razão decisiva para não escolher sua aceitação universal. Assim, os únicos princípios que todos têm uma razão suficiente para escolher que todos aceitem são os princípios reguladores consequencialistas. Portanto, decorre do contratualismo kantiano que se age de modo correto exatamente no caso em que se age com base em princípios reguladores consequencialistas.

Há, no entanto, fortes objeções aos princípios reguladores consequencialistas. Portanto, se as melhores versões do kantismo e do contratualismo implicam que estamos corretos exatamente no caso em agirmos segundo tais princípios, essas objeções valerão igualmente contra o kantismo e contra o contratualismo. De fato, uma das objeções mais fortes contra os princípios reguladores consequencialistas pode ser encontrada no Capítulo 12 de *Climbing the Mountain*. O problema é que existem princípios cuja aceitação universal tornaria as coisas melhores ou igualmente boas, mas que seria claramente imoral agir segundo eles. Considere-se o seguinte: "Nunca use a violência, a menos que alguma outra pessoa tenha usado de violência agressiva, e, nesse caso, mate quantas pessoas for possível". Esse princípio poderia bem ser um daqueles cuja aceitação universal faria as coisas serem tão boas quanto possível; portanto, um princípio cuja aceitação universal todos teriam razões suficientes para escolher, pois, se qualquer um seguir esse princípio, ninguém poderia usar da violência. Mas segui-lo no mundo real, onde sempre há quem tenha usado da violência agressiva, acarretaria matar o maior número possível de pessoas.

Para evitar esse problema, Parfit alega que devemos rever o consequencialismo regrador, de sorte que reze agirmos de modo correto exatamente no caso em que agimos segundo princípios cuja aceitação por qualquer número de pessoas tornará melhor a situação. Devemos, de modo similar, revisar o contratualismo kantiano de sorte a rezar que agirmos de modo correto exatamente no caso em que agimos segundo princípios tais que todos disporiam de uma razão para escolher sua aceitação por qualquer número de pessoas. Ou seja, para agirmos corretamente, devemos agir segundo princípios cuja aceitação podemos querer racionalmente não apenas na situação em que estamos escolhendo os princípios segundo os quais todos agirão, mas também na situação em que escolhemos os princípios segundo o qual qualquer número menor de pessoas agirão. E, segundo Parfit, se o consequencialismo e o contratualismo kantiano forem reformulados desse modo, eles novamente convergirão.

É duvidoso, no entanto, que haja um número suficiente de princípios que satisfaçam as condições dessa formulação revisada. Ou seja, é duvidoso que, em qualquer situação de escolha, alguém possa agir segundo algum princípio cuja aceitação por qualquer número de pessoas façam as coisas irem melhor, ou que todos poderiam querer a aceitação deles por qualquer número de pessoas. Considere-se, por exemplo, as duas regras seguintes:

P1: Faça um esforço razoável para beneficiar os pobres, mas dê prioridade significativa aos interesses dos próximos e dos entes queridos.

P2: Aja de maneira a beneficiar maximamente a humanidade como um todo, sem favorecer os interesses de alguém sobre os de outrem.

Se sua escolha diz respeito a qual princípio seria seguido por apenas um indivíduo isolado, então podemos ter fortes razões imparciais para escolher que aceite antes P2 que P1, uma vez que, no mundo real, há inumeráveis pessoas desesperadamente pobres que se beneficiariam muito mais da aceitação de P2 que da aceitação de P1, e esse benefício, de um ponto de vista imparcial, sobrepujaria em muito qualquer perda para o agente em questão, para seus próximos ou seus entes queridos, que resultasse de sua aceitação de P2. Porém, se estivéssemos em posição de escolher o princípio a ser aceito por todos, então teríamos fortes razões imparciais para escolher P1 em vez de P2, pois, independentemente de todos aceitarem P1 ou P2, a pobreza será eliminada ou quase eliminada. Mas, se todos aceitassem P2, então ninguém poderia ter relações pessoas com o próximo ou com o ente querido, e isso seria, comprovadamente, uma perda significativa não compensada. Assim, parece que a regra para a qual teríamos razões impessoais mais fortes de escolher que alguém aceite difere da regra para a qual teríamos razões impessoais mais fortes de escolher que todos aceitem.[13]

Parfit sugere que podemos resolver esse problema e chegar a princípios cuja aceitação por qualquer número de pessoas fosse o melhor se permitirmos princípios condicionais da forma "Faça A, a menos que o número ou a proporção daqueles que fazem A seja ou venha a ser menor que certo limiar, e nesse caso faça B".¹⁴ Assim, no caso presente, o princípio condicional relevante poderia ser o seguinte:

P3: Faça um esforço razoável para beneficiar os pobres, embora dando prioridade significativa aos interesses dos próximos e dos entes queridos, a menos que exista um número insuficiente de pessoas que façam um esforço razoável para beneficiar os pobres, e, nesse caso, aja de modo a beneficiar maximamente a humanidade como um todo.

Todavia, a aceitação por todos de P3 seria tão boa quanto a aceitação por todos de P2? Nos dois casos, todo mundo daria prioridade significativa aos próximos e aos entes queridos. Mas, no primeiro caso, a prioridade seria condicional. Ou seja, se todos aceitarem P3, todos estarão dispostos a sacrificar o interesse dos próximos e dos entes queridos se um número insuficiente de pessoas fizer um esforço razoável para beneficiar os pobres. Pode ser que relações pessoais que compreendam esse tipo de compromisso condicional sejam menos valiosas que aquelas que envolvem um compromisso incondicional.

Aparentemente estamos frente a um dilema: se dissermos que os princípios morais são aqueles cuja aceitação universal tornaria as coisas melhores, então obtemos o resultado que demasiados princípios alternativos valem como morais, muitos dos quais são claramente temíveis. Se, por outro lado, dissermos que os princípios morais são aqueles cuja aceitação por qualquer número de pessoas tornará as coisas melhores, então podemos chegar ao resultado que nenhum princípio ou, ao menos, demasiadamente poucos princípios valem como morais.

Podemos resolver esse problema definindo os princípios relevantes em termos de *cumprimento* em vez de aceitação. Uma pessoa pode casualmente cumprir uma regra, no sentido que todas as suas ações estão casualmente de acordo com essa regra, sem que aceite, isto é, sem que seja guiada por essa regra. Portanto, podemos definir os princípios morais como os princípios cujo cumprimento por qualquer subconjunto de pessoas tornaria as coisas melhores, pois princípios condicionais como P3 podem ser princípios cujo cumprimento por qualquer número de pessoas tornaria as coisas melhores ou igualmente boas, ainda que sua aceitação universal não tornasse as coisas melhores. Afinal de contas, em um mundo onde um número suficiente de pessoas faz um esforço razoável para beneficiar os pobres, P1 e P3 fornecem a mesma prescrição, e assim aquele que cumpre P1 também cumprirá P3. Desse modo, o cumprimento universal de P3 seria tão bom quanto o cumprimento universal de P1. Se um princípio tem a propriedade segundo a qual seu cumprimento por qualquer número de pessoas tornaria as coisas melhores, então chamamos esse princípio de *adaptável*.¹⁵

Assim, podemos evitar o dilema indicado antes se reformularmos o consequencialismo de sorte que reze que um ato é correto exatamente no caso em que ele concorde com princípios *adaptáveis*. E deveríamos revisar, de maneira similar, a fórmula do contratualismo kantiano de sorte que reze então que um ato é correto justamente no caso em que esteja de acordo com princípios cujo cumprimento por qualquer subconjunto de pessoas seria racionalmente querido por qualquer um. Se os argumentos de Parfit estiverem corretos, as formulações resultantes serão equivalentes: as duas formulações permitirão exatamente aquelas ações conforme os princípios adaptáveis. Mas, se fizermos essas revisões, estaremos muito próximos da adoção do consequencialismo do ato, uma vez que pode ser mostrado que qualquer ação que é permitida segundo princípios adaptáveis deve ser uma ação que torna as coisas melhores e, assim, deve ser também permitida segundo princípios consequencialistas do ato. Podemos, portanto, deparar-nos com a conclusão de que, em suas melhores formulações, consequencialismo, kantismo e contratualismo convergem para uma visão que, em muitos aspectos, assemelha-se ao consequencialismo de ato. Se for assim, a tese de Parfit segundo a qual as três principais escolas do pensamento moral convergem será ainda validada. Mas o ponto para o qual convergem ao escalarem a montanha moral se mostrará muito distante de dois dos três campos de base a partir dos quais iniciaram a ascensão.

CONCLUSÃO

Os trabalhos de Parfit foram tremendamente influentes. Sua significação repousa não apenas nas ideias que apresentam, mas igualmente na maneira como essas ideias foram apresentadas. Suas obras contêm uma clareza de escrita, um rigor de argumentação, um esmero na exploração de alternativas teóricas, uma inventividade e uma imaginação na construção de exemplos e uma amplitude de estratégias argumentativas que jamais foram vistos antes na filosofia moral.

Inúmeros leitores de Parfit, inclusive muitos dos atuais estudiosos de ética, encontraram em suas obras uma revelação de como a filosofia moral pode ser feita de maneira frutífera e como se podem realizar progressos inegáveis na filosofia moral. Parfit começa *Reasons and Persons* com a seguinte epígrafe de Nietzsche: "Toda audácia do amante do conhecimento é novamente permitida; o mar, nosso mar, está novamente aberto; talvez nunca tenha havido tal 'mar aberto'".[16] Podemos apenas esperar que muito do progresso futuro na filosofia moral, a semelhança de muito do progresso recente, seja feito na exploração do mar aberto que os escritos de Parfit revelaram.

NOTAS

1. Estou em dívida com Derek Parfit e Larry Temkin pelos comentários muito úteis a uma versão preliminar desse artigo.
2. Ver Henry Sidgwick, *Methods of Ethics*. London: Macmillan, 1874, p. 498; John Rawls, *A Theory of Justice*. Cambridge. MA: Harvard University Press, 1971, secs. 5-6; and Robert Nozick, *Anarchy, State, and Utopia*. New York: Basic Books, 1974, p. 32-3.
3. Sidgwick, *Methods of Ethics*.
4. Sidney Shoemaker, "Persons and Their Pasts," *American Philosophical Quarterly* 7 (1970).
5. Em "Personal Identity and the Unity of Agency: A Kantian Response to Parfit," *Philosophy & Public Affairs* 18/2 (Spring 1989): 101-32.
6. Alguns dos argumentos dessa parte de *Reasons and Persons* foram ulteriormente desenvolvidos e fortalecidos no artigo "*Overpopulation and the Quality of Life*".
7. Para uma caracterização mais precisa dessa conclusão, ver *RP* 410-11.
8. Isso corresponde ao que Parfit chama "apelo ao nível sem valor"; ver *RP* 412-14.
9. Ruth Chang apresenta um argumento aparentado em sua introdução a *Incommensurability, Incomparability, and Practical Reason*. Cambridge, MA: Harvard University Press, 1998.
10. Em "*Equality or Priority*," Parfit apresenta e defende uma visão, denominada prioritarismo, segundo a qual devemos dar prioridade ao bem-estar dos desvalidos. Uma vez que a solução não lexical tem a implicação oposta, podemos chamá-la antiprioritarismo.
11. Os argumentos de Parfit em favor dessa conclusão receberam sua mais completa apresentação em *Climbing the Mountain*, mas foram esboçados pela primeira vez em *What We Can Rationally Will*. ("O que podemos racionalmente querer").
12. Ver Capítulo 13 de *Climbing the Mountain*.
13. Michael Ridge argumenta com muita força em favor dessa conclusão em *Climb Every Mountain*? ("Subindo qualquer montanha?") a aparecer em *Ratio*.
14. Ver *Climbing the Mountain*, Cap. 12.
15. Ver Donald Regan, *Utilitarianism and Cooperation*. Oxford: Oxford University Press, 1980.
16. Essa citação é de *Da Gaia Ciência*, seção 343.

REFERÊNCIAS

"Equality or Priority?" Conferência proferida na Universidade do Kansas, November 21, 1991 (Lindley Lecture); reimpr. em M. Clayton and A. Williams (eds.), *The Ideal of Equality*. Basingstoke: Palgrave MacMillan, 2000.

"Experiences, Subjects, and Conceptual Schemes", *Philosophical Topics* 26/1&2 (Spring & Fall 1999).

"Normativity", in R. Shafer-Landau (ed.), *Oxford Studies in Metaethics*, vol. 1. Oxford: Oxford University Press, 2006.

"Overpopulation and the Quality of Life", in P. Singer (ed.), *Applied Ethics*. Oxford: Oxford University Press, 1986.

Reasons and Persons [*RP*]. Oxford: Oxford University Press, 1984.

"What We Could Rationally Will", *The Tanner Lectures on Human Values*. Salt Lake City: University of Utah Press, 2004, p. 285-369.

"Why Anything? Why This?" *The London Review of Books*, January 22 and February 5, 1998.

Outros trabalhos de Parfit

"Personal identity", *The Philosophical Review* 80/1 (1971): 3-27.

"Rationality and Reasons", in Dan Egonsson et all. (ed.), *Exploring Practical Philosophy*. Aldershot: Ashgate, 2001.

"Reasons and Motivation", *Proceedings of the Aristotelian Society*, Supplementary Volume, 1997.

"The Unimportance of Identity", in H. Harris (ed.), *Identity*. Oxford: Oxford University Press, 1995.

11 MCDOWELL
MARIE MCGINN

INTRODUÇÃO

A contribuição de John McDowell (1942-) para a filosofia inclui trabalhos sobre filosofia grega, filosofia da linguagem, filosofia da mente, epistemologia, metafísica e ética. A publicação de *Mind and World* (*Mente e mundo*) em 1994 transformou-o em um dos filósofos contemporâneos mais amplamente lido e discutido criticamente. O livro reuniu ideias que McDowell estava desenvolvendo nas duas décadas anteriores e, embora as tenha desenvolvido mais desde a publicação do livro, esse ainda pode ser visto como fornecendo uma exposição dos principais temas de suas reflexões filosóficas. Vistas de relance, o âmbito dessas reflexões é excepcionalmente ambicioso: McDowell propõe-se a diagnosticar e superar a tradição filosófica que emergiu no contexto do surgimento da ciência moderna. Essa tradição filosófica, que denominarei tradição pós-cartesiana, é caracterizada, por um lado, por seu comprometimento com certa forma de naturalismo, uma forma que identifica o mundo natural ao que pode ser tratado com os recursos conceituais das ciências naturais; por outro, por sua preocupação com um conjunto característico de problemas filosóficos. Esses problemas compreendem o problema da mente e do corpo, o ceticismo acerca do mundo exterior, o ceticismo sobre as outras mentes e o problema da liberdade e do determinismo. Todos esses problemas podem ser vistos como aspectos do problema fundamental que define a tradição pós-cartesiana: compreender como sujeitos conscientes, sapientes, racionais e ativos enquadram-se na natureza, tal como a natureza é compreendida nessa tradição.

O tratamento que o pensamento pós-cartesiano deu aos problemas que em parte o define é essencialmente construtivo. O problema fundamental –

compreender como sujeitos conscientes, sapientes, racionais e ativos enquadram-se na natureza – é visto como reclamando uma explicação: devemos explicar como sensação, sapiência, racionalidade e agência são possíveis em um mundo que é concebido como de natureza física. A obra de McDowell é ambiciosa, à medida que se dispõe a criticar os pressupostos sobre os quais repousam essa tradição construtiva naturalista. Seu propósito é reanimar uma abordagem filosófica alternativa, em linhas gerais de natureza aristotélica, na qual questões da forma "Como é possível...?", que caracterizam a filosofia pós-cartesiana, não se apresentem mais como reclamando respostas. Em certo sentido, McDowell surge para mudar nosso paradigma filosófico. Em outro sentido, no entanto, seus objetivos podem ser descritos como filosoficamente modestos, pois é fundamental em seu tratamento dos problemas da tradição filosófica rejeitada por ele não fornecer nenhuma solução para os problemas que a caracterizam. Em outras palavras, não responde às questões da forma "Como é possível?" que definem essa tradição. Seu objetivo é antes exorcizar que respondê-las. Exorcismo não é uma maneira de responder às questões e nem, crê ele, uma maneira de demonstrar que elas não têm sentido ou que não possam ser respondidas. O exorcismo é alcançado, por um lado, ao trabalhar para revelar as pressuposições que formam o arcabouço da tradição e explorar a fonte de seu poder sobre nós e, por outro, trabalhar para nos liberar do domínio que essas pressuposições têm sobre nosso pensamento e fornecer uma maneira alternativa de pensar, na qual questões da forma "Como é possível?" não pareçam mais urgentes.

ARISTOTELISMO *VERSUS* PÓS-CARTESIANISMO

No coração do projeto de McDowell está o empenho em articular uma alternativa, uma versão aristotélica do naturalismo, que descortine maneiras de compreender agentes racionais e suas relações com o mundo que simplesmente não se apresentam como uma possibilidade na tradição pós-cartesiana. McDowell dispõe-se a apresentar um quadro conceitual alternativo para pensar a relação entre mente e mundo e para alcançar uma forma de compreensão filosófica que ofereça alívio para problemas e paradoxos que caracterizam a filosofia pós-cartesiana. O problema filosófico tradicional ligado principalmente aos tópicos discutidos em *Mind and World* é o ceticismo sobre o mundo exterior. O objetivo de McDowell é fornecer uma compreensão da relação entre mente e corpo, tornada possível pelo quadro conceitual de uma versão do naturalismo aristotélico, no qual não nos pareça mais que tenhamos que responder à dúvida cética a fim de compreender como o conhecimento do mundo é possível. A aparente premência do problema cético será mostrada como tendo sua fonte nos próprios preconceitos para os quais McDowell está oferecendo alternativas. McDowell crê que, estabelecida essa alternativa, nossa habilidade de conhecer o mundo não será mais vista sob ameaça cética.

Embora um dos objetivos centrais de *Mind and the World* seja o de fornecer uma compreensão filosófica na qual as dúvidas céticas não se apareçam como prementes, McDowell não inicia a obra focalizando diretamente questões epistemológicas. Crê que as ansiedades epistemológicas, que encontram sua expressão na dúvida cética – isto é, na ideia de que não podemos explicar como nosso conhecimento do mundo é possível –, estão fundadas em um problema mais profundo: a ameaça percebida que nossa maneira de pensar deixa as mentes sem contato com o mundo. O problema mais profundo, segundo crê McDowell, é o problema de compreender como nossos pensamentos podem ser acerca de um mundo independente da mente. Como daremos sentido a nossos pensamentos a fim de possuírem um conteúdo tal que a verdade ou falsidade deles depende de como as coisas são em um mundo independente da mente? McDowell defende que como a mente faz contato com um mundo objetivo não é, em primeira instância, uma questão acerca de como podemos conhecer o mundo, mas como podemos pensá-lo, como o pensamento "apanha a realidade em sua rede"?

McDowell sustenta que a reflexão acerca dessa questão nos conduz a aceitar uma "forma mínima de empirismo". A ideia de que nossos pensamentos vinculam-se à realidade é essencialmente a ideia segundo a qual nossos pensamentos serem verdadeiros ou falsos depende de algo que é independente de nosso pensamento. É a ideia de que nossos pensamentos *respondem* ao mundo, a algo exterior ao pensamento. Deve haver, portanto, algo externo ao pensamento que rege se aceitar um pensamento como verdadeiro é correto ou incorreto; nosso pensamento deve ser realmente guiado por algo que é independente dele. Segue-se que deve haver algum tribunal, independente de nosso sistema de crenças, no qual possamos julgar nossas crenças quanto à correção ou incorreção. Essa noção de uma coerção externa no juízo é essencial à própria ideia de que nossos pensamentos são acerca de um mundo objetivo, independente da mente. Dado que o único candidato plausível para o papel de coerção externa sobre nosso sistema de crenças é a experiência, isso conduz a uma forma mínima de empirismo: nossas crenças devem ser racionalmente capazes de responder ao que é dado na experiência. A experiência deve ser o teste final se uma crença deve ser aceita como verdadeira. Essa é, segundo McDowell, a única compreensão inteligível do que poderia ser o fato de as crenças serem capazes de responderem a algo fora do sistema de crenças. McDowell crê que a tradição filosófica, que resolutamente procura rejeitar, é incapaz de atingir tal forma mínima de empirismo; vale dizer, a tradição é incapaz de fornecer uma compreensão satisfatória de como a experiência pode agir como uma coerção racional na crença. Essa tradição enfrenta uma antinomia: por um lado, parece que a experiência deve funcionar como um tribunal se o pensamento tem de se vincular à realidade (o empirismo minimal); por outro, assumidas as pressuposições da tradição, não podemos ver como a experiência pode funcionar como um tribunal.

NORMATIVIDADE E NATUREZA

McDowell apresenta a antinomia da seguinte maneira. Para começar, destaca que o conceito de crença é um conceito essencialmente normativo – quer dizer, tem seu lugar em um sistema de conceitos que é governado pelo princípio constitutivo da racionalidade. Descrever um episódio da história de um sujeito como expressando, digamos, a crença que a temperatura mundial está subindo é comprometer-se em sustentar que sujeito visa a expressar o que é verdadeiro, que baseia sua asserção em provas que favoreçam a crença expressa, que se tem como responsável por enfrentar qualquer prova contrária que poderia ser produzida, e assim por diante. McDowell emprega uma expressão de Wilfrid Sellars para capturar essa ideia: descrever um episódio como uma instância de alguém expressar uma crença é localizar esse episódio "no espaço lógico das razões". A inteligibilidade que conferimos assim ao episódio é a que surge de vê-lo como um episódio na vida de um agente racional. O conceito de experiência, como é concebido no âmbito das pressuposições com as quais McDowell se ocupa, não pertence à mesma categoria conceitual que o conceito de crença. A experiência é concebida como impressões sensíveis que são o resultado do impacto causal do mundo sobre nossas superfícies sensórias. Descrever um sujeito como tendo uma experiência particular é localizar esse episódio na história do sujeito, e não no espaço lógico de razões, mas no espaço lógico da natureza. A inteligibilidade que é apropriada a um episódio sensorial é aquela que o localiza no espaço da lei natural, ou seja, é inteligível à medida que pode ser descrito e compreendido naturalisticamente, como o resultado de processos naturais cujas operações são completamente independentes de capacidades racionais.

A ideia fundamental de McDowell é que o que é assim concebido, como meramente ocorrendo no espaço da natureza, ou no do domínio da lei, não pode estar em relações normativas como nosso sistema de crenças. Relações racionais – ou seja, comprobatórias e lógicas – vigem entre estados cujos conteúdos são expressos sob a forma de uma proposição. Relações racionais entre estados são relações que vigem em virtude de relações entre proposições que descrevem o conteúdo dos estados relevantes. Estados que são compreendidos como carecendo de qualquer conteúdo proposicional, ou seja, que são concebidos como ocorrências brutas, resultantes do impacto causal do mundo na superfície sensorial, não podem estar em relação racional com nada. Tais estados não podem, portanto, servir de coerções racionais sobre crenças. A concepção tradicional da experiência como um episódio não conceitual, cuja ocorrência é inteligível a partir do espaço lógico da natureza, coloca a experiência fora do jogo das estruturas racionais nas quais o processo de justificação de crenças ocorre essencialmente. McDowell defende que apenas, à medida que tivermos um episódio cujo conteúdo o põe em relações normativas com outros eventos e episódios, estaremos operando no espaço das razões, e, assim, no espaço no qual os conceitos de justificação, responsabilidade, garantia e assim por diante têm seus lugares. Se concebermos a experiência como um dado bruto, desprovido de conteúdo proposicional ou conceitual, então não podemos entender como ela joga um papel racionalmente coercitivo em nosso sistema de crenças. Vale dizer, não podemos alcançar a forma mínima de empirismo que se revelara como exigência da inteligibilidade do conceito de juízo empírico.

Procurar fazer a experiência, concebida como o impacto causal do mundo em nossas superfícies sensórias, e desempenhar o papel de tribunal é recair no mito do dado. É procurar se apoiar em uma ideia ininteligível, segundo a qual há algo que repousa inteiramente fora da esfera conceitual (impressões brutas) e que pode estar na relação racional de garantia com algo que se situa dentro da esfera conceitual (uma crença ou um juízo). A ideia, afirma McDowell, é incoerente. Simplesmente não há como dar sentido à ideia de um estado, que carece de um conteúdo conceitual – isto é, cujo conteúdo não é descritível por meios de uma cláusula proposicional – poder estar na relação racional de garantir ou justificar uma crença. Em seu artigo "*A Coherence Theory of Truth and Knowledge*" ("Uma teoria da coerência da verdade e do conhecimento"), Donald Davidson argumenta contra o mito do dado.[1] Concorda com McDowell que é ininteligível a ideia de relações comprobatórias entre estados que não tenham, ambos, conteúdos proposicionais. No entanto, a resposta de Davidson a isso não é abandonar a concepção de experiência como impressões brutas, mas negar que a experiência jogue um papel epistêmico. Uma experiência, alega Davidson, pode causar a alguém adquirir uma crença, mas não pode justificá-lo a ter essa crença.

Quando se trata de processos de justificação, a única coisa que pode justificar uma crença é outra crença. Segundo McDowell, a posição de Davidson termina em uma forma de coerentismo, no qual nosso pensamento perde completamente o contato com o mundo. McDowell defendeu que é apenas na medida em que podemos dar sentido à ideia que nossas crenças respondem a ou são regidas por aquilo que é dado na experiência que podemos dar sentido a nossas crenças terem, enfim, um conteúdo empírico. Abandonar o empirismo mínimo não é, na visão de McDowell, uma opção. Assim, enfrentamos duas alternativas insatisfatórias: o mito do dado ou o coerentismo.

A EXPERIÊNCIA COMO CONCEITUALMENTE ARTICULADA

McDowell sustentou que, para atos judicativos terem, de algum modo, conteúdo empírico, eles devem responder, em última instância, ao que é dado na experiência. Se nosso sistema de crenças é concebido como um sistema autocontido de vínculos racionais, com no máximo ligações causais ao que se situa fora dele, não poderia formar um sistema de crenças. É apenas à medida que um sujeito forma crenças como uma resposta racional ao que é dado na experiência que o podemos compreender como se envolvendo em atos de julgar o que é o caso. A capacidade de pensamento ativo, assim, envolve uma capacidade de formular juízos observacionais baseados na experiência. Para um episódio na vida de um ser humano constituir um juízo observacional deve ser o caso que o sujeito que formula o juízo o compreende como uma resposta racional ao que observa ser o caso. Portanto, argumenta McDowell, é essencial que possamos ver a experiência humana como diretamente desvelando o que é o caso: fatos, partes do mundo. Apenas desse modo podemos ver um juízo observacional segundo o qual as coisas são assim e assim como um juízo que é formulado à luz do sujeito observar que as coisas são assim e assim.

O objetivo de McDowell é articular uma concepção de experiência na qual ela tenha tanto a passividade e a imediatidade sensorial que são tidas como caracterizando as impressões sensoriais quanto a estrutura conceitual que é tida como caracterizando juízos e crenças. O conteúdo de minha experiência visual é, por exemplo, que o copo está vazio. Na experiência visual, sustenta McDowell, essa circunstância objetiva – que o copo está vazio – é tornada manifesta. Nessa concepção, a experiência não é entendida como um mero episódio sensorial, um dado não conceitual, ocorrendo no espaço da natureza, mas uma forma de "abertura ao mundo". Concebida desse modo, a ideia de experiência como uma coerção normativa sobre crença – como algo a que a crença deve racionalmente responder – é sem problemas: um sujeito está em uma posição de fazer de sua experiência do fato que o copo está vazio uma razão para julgar que o copo está vazio. Se a experiência é compreendida como tornando manifesto à consciência perceptual de que um fato ocorre, então podemos dar sentido a um juízo observacional e, assim, a um sistema de crenças empíricas. O empirismo mínimo está assegurado e alcançamos uma compreensão satisfatória de como o pensamento se conecta à realidade. A maneira de McDowell de escapar da antinomia, descrita na seção anterior, é sugerir uma concepção de experiência na qual ela própria é conceitualmente articulada, no caso de criaturas com as capacidades conceituais pertinentes, de sorte que, em uma experiência, um sujeito compreende a si mesmo como cônscio de estados de coisas que são descritos por meio de proposições verdadeiras. O conteúdo da experiência é algo expresso por meio de uma proposição que representa um estado de coisas objetivo, isto é, um estado de coisas que o sujeito da experiência compreende como tendo lugar independentemente de sua experiência.

A concepção de experiência que McDowell recomenda como a única maneira de escapar da antinomia está ligada em uma particular concepção do mundo: o mundo é a totalidade de fatos, e a noção de um fato está interna ou essencialmente conectada à ideia de uma proposição verdadeira. Seu ataque à ideia da experiência como um dado não conceituado é essencialmente um ataque à própria ideia de algo fora da esfera conceitual que constitua a realidade objetiva. A fonte parcial do poder que essa concepção problemática de experiência tem sobre nós repousa no apelo da ideia segundo a qual como as coisas são objetivamente, em si mesmas, é independente de como elas impressionam os ocupantes desse ou daquele ponto de vista. Porquanto o sistema de conceitos, em termos dos quais conceituamos o mundo, é claramente um produto de nossa história e perspectiva propriamente humanas, a alegação de McDowell que o conceito de um mundo objetivo é inteligível apenas à medida que é concebido ou descrito a partir de nosso sistema conceitual pode parecer inaceitavelmente idealista. O mundo em si mesmo, percebemos, é certamente algo que existe independentemente do pensamento humano e da experiência humana, e é anterior a eles. A experiência deve, portanto, ser vista como o resultado do mero impacto causal desse mundo, brutalmente independente de nossos sentidos; nosso esquema conceitual pode, então, vir a operar para ordenar ou estruturar esse dado não conceituado. Poderia parecer que é apenas desse modo que fazemos justiça à ideia de que a realidade objetiva é independente de nós e de nossas maneiras de conceber as coisas.

A resistência de McDowell a essa espécie de compreensão é coerente com sua resistência ao mito do dado. Se situarmos o mundo e a experiência fora do espaço dos conceitos, então não podemos tornar inteligível como a experiência garante ou racionalmente constrange crenças experimentais. A experiência, concebida como conteúdo não conceitual, como o impacto bruto do mundo que se situa fora e é independente de nossa perspectiva conceitual, deve desaparecer completamente se queremos alcançar a forma mínima de empirismo que McDowell defende ser mandatória. Não pode haver, defende McDowell, estágio no qual nossos conceitos operam sobre algo que é concebido como absolutamente independente ou simplesmente aí. O conteúdo da experiência deve ser concebido como uma multiplicidade aberta de conteúdos judicáveis. E, à medida que um conteúdo judicável é precisamente algo que pode ser o caso – um fato –, a experiência é concebida como trazendo o mundo – a totalidade dos fatos – ao olhar de um sujeito. Para McDowell, a ideia de um mundo objetivo só é inteligível como o que se revela ser o caso do ponto de vista de alguém que tem uma perspectiva sobre ele. Não há outra concepção do mundo que seja ela própria inteligível, ou que torne inteligível como podemos, enfim, ter tal concepção – ou seja, pensar o mundo.

O QUE SÃO CONCEITOS?

Por que, na visão de McDowell, a aquisição de um esquema conceitual significa a aquisição de uma perspectiva sobre o mundo? Por que, em virtude de se inserir em um esquema conceitual, a experiência constitui uma forma de abertura para o mundo? A passividade da experiência, o fato de não termos controle sobre o que é dado na experiência, desempenha um papel nisso. É nossa passividade em relação à experiência que, em parte, dá conteúdo à ideia de que nossas crenças são compelidas por algo fora da esfera na qual o agente racional exerce um controle ativo. No entanto, McDowell sublinha que apenas a passividade não é toda a história: "O contexto geral [da peculiar passividade da experiência] importa para a disponibilidade da imagem [da experiência como abertura para o mundo]" (*MW* 29). Esse "contexto geral" é fornecido pela natureza de nosso esquema conceitual, em particular, pela ideia segundo a qual dele resulta essencialmente uma visão do mundo. Para responder à questão, precisamos ter uma ideia mais clara de como McDowell compreende a natureza dos conceitos e do que toma como envolvido na existência de um esquema conceitual.

Inicialmente, McDowell está comprometido com a ideia de que um conceito é essencialmente algo que é aplicável a mais de uma instância. Um conceito é essencialmente algo que reúne itens como *iguais*. Isso é conhecido como a restrição da generalidade: conceitos são essencialmente aplicáveis em uma sucessão de juízos que servem para subsumir diferentes instâncias ao mesmo conceito. A ideia de um conceito, portanto, está internamente conectada à ideia de fazer algo correta ou incorretamente, em uma sucessão de ocasiões; envolve a ideia de usar um signo conforme uma regra, correta ou incorretamente.

Posteriormente, a influência de Wittgenstein sobre o pensamento de McDowell surge sob a forma de comprometimento com a ideia que a existência de uma regra, com a qual o uso de uma expressão pode estar de acordo ou não, depende essencialmente da existência de uma prática do uso da expressão. McDowell sustenta que só podemos tornar inteligível o conceito de aplicação correta ou incorreta de uma expressão contra o pano de fundo de uma prática estabelecida de empregá-la, um uso costumeiro dela. Para a interpretação de McDowell do pensamento wittgensteiniano, é muito importante que as noções em termos das quais procuramos lançar luz sobre a noção de uma regra de uso de uma expressão sejam, elas próprias, normativas. Assim, a prática que serve de pano de fundo para que um uso particular possa valer como correto ou incorreto é uma prática caracterizada em termos normativos. Não podemos caracterizar a prática, nem o comportamento de alguém que participa dela de uma maneira que não empregue noções normativas tais como regra, costume, instituição, e assim por diante. As práticas com as quais nos ocupamos são essencialmente aquelas em que os participantes compreendem a si mesmos como seguindo regras, como respeitando uma maneira costumeira de empregar uma palavra, como usando técnicas linguísticas que são de natureza normativa.

Em toda essa concepção, encontra-se implicitamente a ideia de que se portar segundo uma regra ou dominar um conceito é essencialmente público: é a existência de uma maneira estabelecida de *agir*, ou seja, de empregar expressões em atos judicativos que fundamentam a noção de uma regra. Assim, o conceito expresso pela palavra "verde", digamos, é fixado pelo costume – uma prática pública – de empregar a palavra, no qual devo ser iniciado se me cabe compreendê-lo. A questão se um conceito se aplica a um caso particular deve ser uma questão objetiva, que pode ser determinada por qualquer um que domine a técnica linguística pertinente. Assim, os conceitos de cores estão essencialmente ligados à ideia de um objeto visível cuja cor é tema de determinação objetiva. No caso dos conceitos de cor, os critérios para determinar a cor de um objeto visível estão ligados à ideia de condições normais de observação, em particular, à ideia de um observador normal que vê o objeto em condições normais de iluminação. É essencial, para o que torna inteligível que palavras de nossa linguagem de algum modo expressem conceitos ou tenham um significado, que nosso conceito de cor esteja integrado em uma concepção do mundo como compreendendo objetos físicos, cujas superfícies visíveis são, em circunstâncias adequadas, objetivamente (ou seja, correta ou incorretamente) caracterizáveis como sendo de uma particular cor. Em um emprego secundário, podemos aplicar conceitos de cor para, por exemplo, imagens residuais ou para sensações causadas pela pressão sobre os olhos, mas, segundo McDowell, o uso primário é essencialmente um elemento de um esquema conceitual que resulta em uma visão do mundo, à medida que o estado de coisas, para cuja descrição é usado, é um estado de coisas que o falante compreende como tendo lugar objetivamente, independentemente de seus atos judicativos. A ideia de um objeto aparentando ter uma cor, por exemplo, parecendo vermelho, é inteiramente parasitária da prática compartilhada de empregar conceitos de cor em juízos objetivos de cor.

A LASSIDÃO DO CONCEITO DE NATUREZA

Segundo a concepção sugerida por McDowell, o que um sujeito obtém de uma experiência é que algo é o caso; o conteúdo de uma experiência é algo expresso por meio de uma proposição, que essencialmente representa um estado de coisas objetivo. Um sujeito que desfruta uma experiência nesse sentido compreende a si mesmo como cônscio, na experiência, de um estado de coisas que existe independente de sua experiência. No entanto, McDowell reconhece que há sérios obstáculos para reconhecermos essa concepção de experiência como uma concepção à nossa disposição na filosofia. Nas seções anteriores, examinamos o modo como o comprometimento com uma forma coesa de realismo poderia fazer com que a concepção da experiência como abertura para o mundo de McDowell parecesse insatisfatoriamente idealista, bem como a resposta que fornece para isso. McDowell sugere que o apelo ao que vê como uma forma profundamente problemática de realismo é uma expressão de uma forma de dualismo que constituiu um dos arcabouços de pressuposições do pensamento pós-cartesiano: o dualismo de razão e natureza. Um dos objetivos centrais do trabalho de McDowell é criticar a concepção de natureza que forma uma das metades desse dualismo e sugerir, em seu lugar, uma concepção do mundo natural na qual o conceito de razão e o conceito de natureza não são mais inimigos um do outro. McDowell alega que, uma vez estabelecida essa concepção "mais laxa" da natureza, teremos dado espaço para a ideia de uma capacidade perceptiva natural que é moldada pela estrutura caracteristicamente racional de um sistema adquirido de conceitos.

Como vimos no início, McDowell sustenta que a espécie de compreensão que é apropriada às performances de um agente racional é logicamente distinta da forma de compreensão apropriada nas ciências naturais. O contraste fora expresso em termo de uma forma de compreensão que torna uma ocorrência inteligível situando-a no espaço lógico das razões e uma forma de compreensão que torna uma ocorrência inteligível situando-a no espaço lógico da natureza. McDowell mantém que essas são duas maneiras diferentes e logicamente distintas de tornar um evento inteligível: vendo-o como o desempenho de um agente racional que detém racionalmente o controle de sua vida, em oposição a vê-lo com um fenômeno cuja ocorrência é explicável por uma lei natural. McDowell sugere que esse claro contraste entre as duas formas de inteligibilidade ou espaços lógicos não estava disponível antes dos tempos modernos. A distinção nítida entre natureza e razão não havia sido anteriormente feita, e a tensão entre a ideia de capacidades normativas e a ideia de poderes naturais não era, por conseguinte, sentida.

Aceitar que há duas maneiras, logicamente distinta, de tornar as coisas inteligíveis é aceitar que os conceitos que são empregados quando situamos algo no espaço das razões – juízo, crença, intuição, etc. – não podem ser capturados em termos de conceitos que são empregados quando situamos algo no espaço da natureza. É isso que McDowell quer dizer com a ideia de que a razão é *sui generis*: conceitos que são governados pelo ideal constitutivo da racionalidade constituem uma região conceitual autônoma, que não pode ser explicada ou compreendida em termos de conceitos que estão fora dessa região. Isso não é, contudo, equivalente a aceitar um dualismo de razão e natureza. O dualismo de razão e natureza depende de aceitarmos também a suposição ulterior que a natureza é equivalente ao tema das ciências naturais, ou seja, do que é inteligível no âmbito da lei. Uma vez aceita essa suposição, a experiência não pode ser concebida de modo a tornar inteligível como pode agir coercitivamente sobre as crenças, visto ser uma capacidade natural. Portanto, o dualismo de razão e natureza e a concepção de natureza pressuposta por ele são as fontes reais de nossa incapacidade de ver como uma possibilidade a concepção de experiência que McDowell recomenda.

McDowell reconhece que há duas maneiras de responder a essa dificuldade. Uma maneira é negar que o espaço lógico de razões constitua um domínio conceitual autônomo. Isso seria abraçar uma forma de naturalismo, mantendo a concepção pós-cartesiana da natureza. Essa não é, porém, uma via que tem algum apelo para McDowell, que aceita ser a forma de inteligibilidade que situa ocorrências no espaço lógico de razões *sui generis* no sentido reclamado. Seu objetivo é chegar a uma concepção alternativa de natureza, uma concepção que permita nos sentirmos à vontade com a ideia de que capacidades racionais ou conceituais são *sui generis*, não explicáveis em termos dos recursos conceituais das ciências naturais, e com a ideia de que, ainda assim, elas podem ser compreendidas como capacidades naturais de certa espécie de animais. McDowell crê que, uma vez dado esse passo, não haverá mais nenhuma dificuldade em aceitar uma concepção da percepção humana como uma capacidade na qual habilidades conceituais já estão em operação e, assim, como uma forma de abertura ao mundo. É nesse ponto que McDowell apela para a ética de Aristóteles como um protótipo filosófico da forma de naturalismo que quer sugerir. A concepção de McDowell da relação entre mente e mundo pode ser vista como uma forma generalizada da concepção aristotélica da relação entre o agente ético e a realidade ética. Assim, a espécie de realismo ético que McDowell encontra na ética de Aristóteles espelha a forma de realismo que constitui a forma laxa de naturalismo de McDowell, e que nos permite conceber a experiência como uma forma de abertura ao mundo.

O REALISMO ARISTOTÉLICO

Como vimos antes, para McDowell, essa forma de realismo aristotélico acompanha a suspeita contra a ideia de termos uma apreensão da noção do que constitui um fato, independente dos recursos conceituais que entendemos estarem disponíveis para a expressão de proposições verdadeiras. McDowell defende que não dispomos de um ponto privilegiado a partir do qual possamos questionar o que constitui um fato, um ponto externo à perspectiva, a partir da qual determinamos o que é verdadeiro e o que é falso. Segundo a compreensão de McDowell, essa é uma posição esposada também por Aristóteles. Aristóteles se põe, de maneira não autoconsciente, em nosso ponto de vista humano e na perspectiva ética com a qual esse nos brinda. A partir dessa perspectiva, fornece uma explicação naturalista de como resulta que um ser humano venha a ter aquele enfoque, ou a ter seus olhos abertos para os fatos éticos. Aristóteles pensa isso como uma forma de realização cognitiva, que é adquirida por um processo de hábito e treino, que desenvolve maneiras de ver e responder ao mundo. Essas maneiras de ver e de responder constituem o que Aristóteles chama *segunda natureza*. A ideia de McDowell é que podemos ver isso como um modelo para a aquisição, de maneira mais geral, de capacidades conceituais: um ser humano maduro vem a ter uma perspectiva perceptual do mundo por meio de certo tipo de treinamento em práticas nas quais é fundamental a aquisição de maneiras de ver e responder a estados de coisas compreendidas como se dando independentemente de atos judicativos.

McDowell quer que aceitemos a atitude mais laxa de Aristóteles perante o que constitui o mundo, e que usemos a explicação aristotélica da educação ética como um modelo para a compreensão da transição que um ser humano faz, da posição em que não tem nenhum acesso a fatos relevantes, até a posição em que seus olhos se abriram para eles. Para lograr isso, McDowell tem de empreender um trabalho que Aristóteles não tinha: tem de articular uma concepção da experiência como abertura ao mundo que não era mais vista como uma posição possível na tradição filosófica definida por uma concepção cientificista da natureza. Para realizar essa tarefa, recorre não a Aristóteles, mas a Kant. Empregou a ideia kantiana que intuições sem conceitos são cegas e conceitos sem intuições são vazias para motivar novamente uma forma de realismo aristotélico, no qual fatos são tornados manifestos na experiência e a realidade é objetiva no sentido seguinte: é concebida como algo que é do modo que é, independentemente de qualquer agente julgá-lo ou experimentá-lo como sendo dessa maneira. Essa é a espécie de objetividade que está conectada à ideia de estarmos certos ou errados acerca de como as coisas são e a estarmos submetidos à obrigação permanente de assegurar que nossas crenças e ações respondem apropriadamente a como as coisas são. Não tem nenhum sentido, todavia, que o que é objetivo, segundo a compreensão aristotélica dessa noção, seja algo que possa ser apreendido ou caracterizado, ou compreendido, independentemente do ponto de vista humano a partir do qual ele se revela como um estado de coisas objetivo, como parte do mundo independente. O que vale como um fato e, assim, como parte do tecido do mundo, é, para McDowell, o que quer que valha como tópico de um juízo correto ou incorreto. Não é exigido que o tema de um juízo correto deva ser apreendido fora da perspectiva conceitual na qual é formulado o juízo. Alega que isso não é tornar a realidade dependente de nosso pensamento dela; é simplesmente reconhecer que fatos objetivos são pensáveis e podem ser compreendidos em uma experiência por uma criatura com as capacidades conceituais exigidas.

CONCLUSÃO

O projeto de *Mind and the World* é apresentar um quadro para a reflexão filosófica no qual as questões centrais da filosofia tradicional, inclusive a obsessão com o problema do ceticismo sobre o mundo exterior, tornam-se obsoletas. McDowell alega ter fornecido uma compreensão da relação entre a mente e o mundo na qual a discussão cética tradicional pode ser devidamente ignorada. Essa alegação é manifestamente muito mais modesta que a alegação de ter respondido cabalmente ao ceticismo; isso teria exigido dele que demonstrasse, de um ponto de partida aceitável para o cético, que há um mundo exterior e que temos conhecimento dele. McDowell não apenas não alega responder ao cético nesse sentido, mas também defende que nenhuma resposta dessa espécie é possível. No entanto, não crê que, ao conceder isso, torne a resposta que oferece filosoficamente insatisfatória ou uma petição de princípio, pois sua alegação é que a habilidade do cético de preocupar-nos e confundir-nos depende de operarmos com o arcabouço filosófico que ele, McDowell, rejeita. A principal motivação para o arcabouço alternativo, que McDowell fornece, é tornar inteligível nossa compreensão ordinária de nós mesmos como tendo pensamentos que se vinculam à realidade. A afirmação é, ao dar sentido ao pensamento empírico e ao aceitar a concepção de natureza e de experiência que McDowell privilegia, pomo-nos, ao mesmo tempo, em posição de ignorar as preocupações céticas da tradição pós-cartesiana.

McDowell defende que o problema tradicional do ceticismo sobre o mundo exterior emerge do contexto da tendência tradicional de interiorizar o mental: ver a mente como um domínio interno cuja disposição é inteiramente transparente para o sujeito de quem é a mente. McDowell defende que o passo desastroso, que conduz à interiorização fatal do espaço das razões, é o passo dado em resposta ao argumento da ilusão. Se vejo que algo é assim – digamos, que há uma mão à minha frente –, isso seria normalmente entendido como me dando razão para julgar que há uma mão. Mas, prossegue a reflexão, é certamente o caso que, ao julgar que isso é uma mão, estou assumindo que isso é uma mão com base em parecer-me haver uma mão à minha frente. E, evidentemente, as coisas podem parecer ser o caso sem que sejam. Pode me parecer que há uma mão à minha frente em um sonho ou em uma alucinação. Se as coisas no domínio subjetivo são inteiramente transparentes para o sujeito, então parece que o que McDowell chama "a primeira posição no espaço das razões" deve ser meramente que me parece que há uma mão à minha frente, ou seja, algo que fica aquém de minha admissão do fato de haver uma mão à minha frente. Formular o juízo que há uma mão em minha frente deve agora ser concebido como uma inferência que faço com base em parecer-me que isso é assim. No entanto, é claro que essa inferência é garantida apenas com a suposição de que minha experiência atual é um guia confiável sobre como as coisas estão na realidade. Nesse momento, as hipóteses céticas começam a atacar, pois parece que, apenas se estiver em posição de excluí-las, estarei justificado a julgar algo acerca do que é o caso com base em minha experiência. McDowell argumenta que, uma vez dado o passo da interiorização em resposta ao argumento da ilusão, não há maneira de tornar inteligível nossa capacidade de conhecer o mundo.

Um dos aspectos centrais no arcabouço alternativo de McDowell é que o mental é concebido em termos de capacidades que são compreendidas essencialmente como envolvendo o mundo. Assim, a experiência é concebida como a capacidade de apreender fatos, de ver, por exemplo, que há uma mão à minha frente. A questão é: como McDowell preserva essa concepção da experiência frente ao argumento da ilusão? No caso de engano – por exemplo, caso esteja apenas sonhando com uma mão –, simplesmente me parece que vejo uma mão à minha frente; nesse caso, minha experiência é uma questão de mera aparência. McDowell defende que aceitar essa explanação do caso enganoso não nos dá nenhuma razão para aceitar que uma descrição do caso não enganoso é limitada da mesma forma. É verdade que no caso não enganoso parece-me estar vendo uma mão à minha frente, mas nesse caso a aparência deve-se ao fato de haver uma mão à minha frente, que se faz presente para mim e, McDowell argumenta, pode ser corretamente descrito como o caso de ver que há uma mão à minha frente. Assim, casos de parecer-me que há uma mão à minha frente podem ser formados por dois tipos bem diferentes de estados mentais: em um caso, é uma espécie de estado no qual simplesmente me parece estar vendo uma mão (uma questão de mera aparência) e, no outro, uma espécie de estado no qual apreendo na experiência o fato de haver uma mão à minha frente. No último caso, a experiência não fica aquém do fato. Há, como McDowell formula, um máximo denominador comum que constitui o conteúdo de ambos, do caso enganoso e do caso não enganoso.

McDowell vê o que é conhecido por "disjuntivismo" como mostrando-nos como separar a intuição correta, segundo a qual como as coisas são subjetivamente não pode depender de como as coisas são em um domínio absolutamente externo ao subjetivo, da exigência errônea que o sujeito seja capaz de oferecer uma demonstração não capciosa de que é assim que as coisas são subjetivamente. Como as coisas são subjetivamente depende de se estar percebendo que as coisas são assim e assim ou meramente sonhando que as coisas são assim e assim. Não é uma questão de como as coisas são em um domínio absolutamente externo, mas não se segue disso que o sujeito deva estar em posição de fornecer uma demonstração, que não seja uma petição de princípio, de que está vendo uma mão, e não sonhando estar vendo uma mão. McDowell defende que, se isso for aceito, estaremos em posição de reconhecer que, quando estou no estado de ver que há uma mão à minha frente, isso é, em si mesmo, uma posição satisfatória no espaço de razão, que justifica o juízo segundo o qual há uma mão à minha frente, sem necessidade de nenhum apoio advindo de crenças gerais acerca de como estamos situados no mundo. Minha visão de uma mão à minha frente é um encontro com o mundo que, outras coisas mantidas iguais, assegura meu juízo de que é uma mão. Evidentemente, somos falíveis; isso, como diz McDowell, é algo com o que devemos aprender a conviver. Se houver uma razão especial para pensar que esteja enganado ou iludido, tenho a obrigação, como um agente epistêmico responsável, a proceder aos exames apropriados. No entanto, se não houver nenhuma razão especial de dúvida, naqueles casos nos quais a experiência é uma questão de aprender como são os fatos, a experiência fornece razões para julgar; constitui um modo direto de contato cognitivo com o mundo, que fornece um fundamento satisfatório para a crença. Essa compreensão, McDowell alega, permite tornar inteligível a ideia de nós mesmos como sujeitos de conhecimento e escapar da ideia que é apenas respondendo às duvidas céticas que podemos compreender como o conhecimento do mundo é possível.

Adicionalmente, McDowell defende que apenas se aceitarmos essa concepção da razão como envolvendo o mundo, de modo que a conformação do espaço de razões é exatamente a do mundo como o encontramos na experiência, podemos pensar de maneira apropriada o mundo como tendo uma conformação ou constituído de estados com conteúdos, racionalmente ligados uns aos outros de algum modo. Se não concebermos a razão como uma capacidade que envolve o mundo, então toda a ideia de conteúdo – e assim de aparências – estará ameaçada. A realidade, defende McDowell, é essencialmente anterior, na ordem da compreensão, às aparências: não podemos dar o passo da interiorização, que fornece o arcabouço essencial para o ceticismo, sem tornar as próprias noções de conteúdo e razões ininteligíveis. Assim, temos um arcabouço filosófico no qual nosso sentimento de que devemos sempre remover as dúvidas céticas antes de sermos capazes de formular um juízo justificado acerca do mundo matéria declina. Não se trata de McDowell ter mostrado que podemos responder ao desafio cético, mas que temos um arcabouço filosófico bem motivado no qual desapareceu o sentimento de que é exigido que respondamos o desafio cético se nossa habilidade de conhecer o mundo deve ser inteligível.

NOTA

1. Reimpresso em Donald Davidson, *Subjective, Intersubjective, Objective*. Oxford: Oxford University Press, 2001, p. 137–53.

REFERÊNCIAS

Mind and World [MW]. Cambridge, MA: Harvard University Press, 1994.

Uma seleção de outras obras de McDowell

Book symposium on *Mind and World*, in *Philosophy and Phenomenological Research* (1998).
Meaning, Knowledge and Reality. Cambridge, MA: Harvard University Press, 1998.
Mind, Value and Reality. Cambridge, MA: Harvard University Press, 1998.

12 SINGER
LORI GRUEN

> *Os filósofos apenas interpretaram o mundo, cabe transformá-lo. (Marx)*

Peter Singer pode muito bem ser o mais influente filósofo vivo da história recente. Certamente, é o mais controverso. Os debates tendem a segui-lo ao redor do mundo, e é exatamente isso que ele e sua obra procuram provocar – a reavaliação racional de muitas crenças que nos são caras. Encorajar a reconsideração de atitudes morais populares é a tarefa que os filósofos sempre assumiram, gerando frequentemente alguma espécie de excitação. Embora a turbulência que Singer cause não seja tão extrema como aquela que conduziu finalmente à prisão e à morte de Sócrates, Singer tem se sujeitado a mais que apenas desacordos calorosos. Ocasionalmente, os protestos paralisaram o debate e silenciaram a discussão, congressos nos quais falaria foram cancelados na Áustria e na Alemanha, e foi até mesmo atacado fisicamente (*On Being Silenced in Germany* [Sendo silenciado na Alemanha], 1991). Quando foi anunciado que fora indicado para professor Ira W. DeCamp de bioética na Universidade de Princenton, a comoção foi praticamente incontrolável. Os principais jornais americanos divulgaram histórias, descrevendo-o como o "homem mais perigoso do planeta", foi apelidado de "professor morte", e muitos o comparavam aos nazistas.[1] Steve Forbes, outrora candidato a presidente e membro do conselho administrativo de Princenton, insistiu com o presidente da instituição para que rescindisse a contratação. Apesar da gritaria, Singer mudou-se da Universidade Monash, em Melbourne, para assumir seu novo cargo em Nova Jersey, onde sua correspondência era examinada em busca de explosivos e outras substâncias perigosas e era acompanhado por guarda-costas no campus da *Ivy League**, que estava repleta de protestos. Embora as coisas tenham se aquietado desde a sua chegada nos Estados Unidos em 1999, isso não é por que as pessoas tenham aceitado suas posições.

Singer nasceu em 1946, em Melbourne, Austrália, e ainda faz de Melbourne seu domicílio por um semestre todos os anos. Foi educado na Universidade de Melbourne, onde estudou direito, história e filosofia. Após ter obtido o título de mestre em 1969, foi a Oxford, onde seu trabalho de tese, sob a orientação de R. M. Hare, tornou-se seu primeiro livro, *Democracy and Disobedience* (*Democracia e desobediência*) (1973). Também foi durante sua estada em Oxford que Singer começou a pensar criticamente acerca do âmbito de nossas obrigações morais e a desafiar noções tradicionais do que é eticamente importante e por que é.

Muito do furor contra a filosofia de Singer nasce de sua crítica às posições que sacralizam a vida. Singer defende que não apenas tais posições são eticamente problemáticas, como também que aqueles que alegam ter todas as vidas humanas como sagradas não fazem isso de maneira consistente. Vê alguns daqueles que esposam a sacralidade da vida humana como "hipócritas" – apelam para a posição quando convém a seus fins e ignoram-na quando não convém (*The Presidente of Good and Order* [*O presidente do bem e da ordem*]). Também provocou mais que umas poucas desaprovações por suas posições acerca da igualdade, pois defende que interesses iguais devem ser igualmente considerados, quer seu detentor seja um homem negro, uma mulher branca, resida próximo ou distante, quer seja um adolescente ou um idoso tamanduá. Se um indivíduo estiver sofrendo, não importa sua localização ou sua espécie, seu sofrimento deve ser levado em conta. Seus argumentos de que os abastados são moralmente obrigados a dar àqueles que vivem na pobreza levou alguns a questionarem se podemos levar uma vida significativa e ainda assim sermos éticos. Singer crê que viver conforme nossas obrigações éticas de atender ao sofrimento dos outros é precisamente o que dá significado a nossas vidas. Aqueles que trabalham para fazer do mundo um lugar melhor saberão que fizeram algo para além deles mesmos, e é fazendo algo para além deles mesmos que se pode encontrar satisfação em sua própria vida. (*How Are We to Live?* [*Como temos de viver?*]).

O livro de Singer, *Animal Liberation* (*Liberação do animal*) (1975) iniciou o movimento moderno pelos direitos dos animais, mas sua alegação de

---

* N. de T.: "Liga da hera", expressão empregada para fazer referência conjunta às oito tradicionais universidades americanas: Brown, Columbia, Cornell, Dartmout College, Harvard, Pensilvânia, Princeton e Yale.

que animais merecem ser eticamente considerados, embora convincente para milhares, conduziu alguns a desprezá-lo por ter ido longe demais. Ironicamente, as posições de Singer causaram controvérsias no próprio movimento que ajudara a dar início. Por exemplo, em uma conversa com um pesquisador de Oxford, que criara sintomas semelhantes aos do Mal de Parkinson em macacos para estudar os distúrbios de movimento, Singer sugeriu que alguns desses trabalhos poderiam ser justificados.[2] Muitos no movimento pelos direitos dos animais ficaram chocados, outros desgostosos. Um *site* radical da *Web* exclamou: "O homem fala asneiras, quanto antes for refutada a ideia de que ele tem algum lugar no moderno movimento pelos direitos dos animais, melhor".[3] Outros ficaram surpresos pela indignação, reconhecendo corretamente que Singer nunca fora realmente um proponente dos direitos dos animais, porque é, afinal de contas, um utilitarista.

Antes de examinarmos mais profundamente as posições de Singer sobre vida, morte e sofrimento, que são as fontes de tais controvérsias, é importante compreender a teoria ética utilitarista que dá forma a suas conclusões sobre o âmbito de nossas obrigações morais e das decisões que frequentemente somos forçados a tomar acerca da vida e da morte.

UTILITARISMO

O utilitarismo como fora formulado inicialmente pelo filósofo e reformador social Jeremy Bentham (1748-1832) sustenta que, ao considerar o que fazer, deve-se encetar a ação que, dadas as opções disponíveis, resultará em maior felicidade que sofrimento para todos os envolvidos. Esse princípio utilitarista clássico, embora enunciado em linhas gerais, tem diversas implicações, as quais convêm explicitar. Em primeiro lugar, o utilitarismo é consequencialista: a correção ou incorreção de uma ação é determinada apenas pelas consequências que a ação produz. A ação correta (ou a regra ou a política) é aquela que conduz às melhores consequências. Que as consequências devam ser as melhores ou maiores significa que a teoria visa à maximização. Um utilitarista está comprometido em tentar promover as melhores consequências possíveis, dadas as opções que lhe são franqueadas. Não basta promover alguns bons resultados se, fazendo mais, resultados ainda melhores advêm. A teoria é também uma teoria agregadora – ou seja, a ação correta será determinada pela soma de todas as consequências boas que resultam da ação (e, em seguida, subtraindo dessa soma quaisquer consequências más). A teoria também é imparcial – como observou outro utilitarista, William Godwin (1756-1836), nada há de especial acerca dos pronomes "mim" e "meu". Utilitaristas clássicos creem que todo mundo que é afetado por uma ação deve ter esse efeito incluído no cálculo utilitário da correção da ação. Como Bentham formula: "Cada um vale por um, ninguém por mais que um".

Para ilustrar como um utilitarista raciocinaria sobre a ação correta, considere a seguinte espécie de caso. Você é um bombeiro que está diante de um prédio em chamas. Você vê que há ainda duas pessoas em locais diferentes do terceiro andar e, dada a natureza do incêndio, parece claro que apenas uma delas poderá ser salva. Do lado direito do prédio, está a filha do chefe de bombeiros, que não fora capaz de escapar do apartamento ao intensificar-se o fogo; do lado esquerdo, está um diplomata em visita à cidade para informar sobre o sucesso de delicadas negociações com o líder de um país que anteriormente estivera isolado do resto do mundo e cujos governantes são conhecidos por sérias violações dos direitos humanos e pela xenofobia crescente e potencialmente violenta. Se você salvar a filha do chefe, você se tornará um herói na sede dos bombeiros e poderá até mesmo ser promovido. Nas poucas ocasiões em que a encontrara, achou-a simpática e afetuosa e deixá-la morrer no incêndio terá um efeito negativo significativo em sua saúde mental, pelo menos, a curto prazo. Se salvar o diplomata, você estará lhe dando a oportunidade de continuar a realizar progressos com essa nação perturbada e poderá ajudar desse modo a evitar novas torturas e mortes e, talvez, também a eclosão de uma perigosa guerra. Quem você deve salvar?

Segundo a perspectiva utilitarista clássica, você deve salvar o diplomata. Ao salvá-lo, estará criando melhores consequências e, assim, fazendo mais bem que salvando a filha do chefe. E, embora lhe seja pessoalmente penoso, isso não deve pesar de um ponto de vista ético. Salvar o diplomata e, assim, evitar ulteriores violações dos direitos humanos e uma guerra provavelmente conduz a uma maior felicidade e a menor sofrimento para mais pessoas – essas são consequências melhores que as alternativas.

Obviamente, problemas éticos reais enfrentados antes por pessoas concretas no mundo que por personagens no capítulo de um livro são raramente simples como esse exemplo. Normalmente, há muito mais para pensar e muitas questões a serem consideradas. Os utilitaristas não são descuidados com as dificuldades associadas ao pôr a teoria em prática. Embora Bentham pudesse ter tido uma visão francamente simplificada de como os agentes éticos executariam o cálculo utilitário (pensou que viria a ser inventado um medidor de utilidade, semelhante ao termômetro, salvo que mediria a felicidade), seu princípio parece ter a virtude de contribuir para aumentar o bem-estar social. Ao contrário de outras teorias éticas, o utilitarismo é direto e praticável – faça o que promove a utilidade geral – e frequentemente aqueles que elaboram as políticas públicas se apoiam nele, os quais, por necessidade, devem negligenciar algumas nuanças, uma vez que a política é um instrumento não aguçado.

Ao longo do tempo, a teoria foi revisada de vários modos, em parte para enfrentar a percepção de que simplifica demasiadamente os complexos problemas éticos. A teoria de valores que subjaz ao utilitarismo também foi se alterando, conforme filósofos e economistas questionaram qual é precisamente a "utilidade" que deve ser promovida. Mesmo entre os primeiros utilitaristas, havia um debate sobre qual valor deveria ser maximizado pela ação correta. Bentham era um hedonista simples. Para ele, a felicidade deveria ser promovida, não importando qual sua origem, nem qual seu conteúdo. Preocupava-se com a quantidade e com a força dos prazeres, e não com suas qualidades. Se uma pessoa fosse mais feliz assistindo ao *basebol* que outra, ouvindo Beethoven, e se estivéssemos em uma situação em que poderíamos permitir apenas que um desses indivíduos fruísse de seus prazeres, estaríamos certos em promover a felicidade do torcedor de *basebol*. Outros dentre os primeiros utilitaristas, John Stuart Mill (1806-73) e Henry Sidgwick (1838-1900) tinham visões mais desenvolvidas da utilidade. Mill distinguia entre prazeres superiores e inferiores. Defendeu que, quando a maioria das pessoas educadas, pessoas que verdadeiramente experimentaram diferentes tipos de prazeres, devem escolher entre, digamos, o prazer de criar algo bonito que granjeie admiração e respeito social, e o prazer de ficar sozinho, comendo chocolate e vendo *reality shows* na televisão, a maioria escolheria o primeiro em detrimento do segundo. Assim, para Mill, o utilitarista deve maximizar prazeres superiores. Sidgwick, que também era uma espécie de hedonista, fez outra distinção: não são exatamente os prazeres superiores ou a felicidade que os utilitaristas devem maximizar, mas o que ele chamou "consciência desejável", um estado mental complexo que corresponde à experiência de, de fato, ter satisfeito um desejo que se queria satisfazer.

Singer foi influenciado pelos utilitaristas clássicos. Tal como Bentham, acreditava que devemos levar em conta as consequências de nossa ação sobre todos aqueles que experimentam prazer ou dor como resultado daquela ação e que a contabilidade exige que interesses iguais sejam tratados igualmente, não importando quem os detenham. Seres sensitivos têm interesses, particularmente interesses em experimentarem prazeres e evitarem dores. Uma vez que a maioria dos animais, humanos e não humanos, são seres sensitivos, capazes de sentirem prazer e dor, a felicidade e o sofrimento da maioria dos animais, humanos e não humanos, devem ser levados em conta. Rochas, plantas e ecossistemas, como não são sensitivos, não têm interesses que podem ou devam ser levados em conta. Singer frequentemente cita o poderoso texto de Bentham em apoio a suas próprias posições sobre o âmbito das preocupações éticas:

> Pode chegar o dia em que o restante da criação animal adquira aqueles direitos que nunca deviam ter-lhes sido subtraídos, salvo pelas mãos da tirania. Os franceses já descobriram que a negritude da pele não é razão para que um ser humano seja abandonado sem remissão aos caprichos de um opressor. Pode chegar o dia em que será reconhecido que o número de patas, a rudeza da pele ou as terminações do sacro sejam razões igualmente insuficientes para abandonar um ser sensitivo a um destino

igual. Que outra coisa traçaria a linha insuperável? É a faculdade da razão ou talvez a faculdade do discurso? Mas um cavalo adulto ou um cachorro é incomparavelmente mais racional, bem como um animal mais conversável que uma criança de um dia, uma semana ou mesmo um mês de idade. Mas suponha que fosse de outro modo, o que isso avaliaria? A questão não é "eles podem *raciocinar*?", nem "eles podem *falar*?", mas "eles podem *sofrer*?". (Bentham citado em Singer, *PE* 49-50)[*]

Embora os interesses de todos os seres sensitivos devam ser considerados sob um ponto de vista ético, Singer, tal como Mill e Sidgwick, pretende permitir que diferentes tipos de interesses e diferentes atitudes perante esses interesses importem para a determinação do que vale como uma ação eticamente justificável. Singer está preocupado não apenas com os interesses em evitar dor e experimentar o prazer, mas também com interesses e desejos projetados para o futuro. Quando você ou eu temos nossos desejos futuros frustrados, o desapontamento e o sofrimento mental que pode resultar são diferentes daqueles que resultariam para um ser que não tem o conceito de futuro. Sem um conceito de tempo ou de existência no futuro, não se pode sofrer um tipo peculiar de dano – o de ter os interesses futuros contrariados.

Isso é particularmente importante na consideração da questão de matar, um tópico que tem sido fonte de muitas das controvérsias geradas por Singer. Muitos argumentaram que uma das mais sérias deficiências do utilitarismo clássico é que não pode fornecer uma explicação da natureza errada do matar. Se uma pessoa for morta secretamente e sem dor, então não há nenhum dano, porquanto não há dor a ser levada em conta, e, assim, aparentemente nada há de eticamente objetável no matar. Pode causar tristeza aos amigos e familiares ou, se não for mantido em segredo e as pessoas descobrirem que elas também podem ser mortas sem dor, pode gerar medo e ansiedade. Mas esses são "efeitos colaterais" do matar e podem ser sobrepujados, no cálculo utilitário, se o matar, de fato, promover um bem maior. Assim, nada há de diretamente errado em matar sem dor, e isso choca a maioria das pessoas como problemático. Como observa Singer: "Deve-se ser um utilitarista clássico obstinado para não ser perturbado por essa excentricidade" (*PE* 79).

Singer, embora certamente obstinado, advoga uma modificação do utilitarismo clássico para evitar essa estranha conclusão. Sua versão de utilitarismo, "utilitarismo da preferência", julga as ações não somente por suas tendências a maximizarem a felicidade e minimizarem a dor, mas também por seus papéis na promoção dos interesses ou na satisfação das preferências (e na evitação de violações de interesses ou frustrações de preferências). Para

---

[*] N. de T.: *An Introduction to the Principles of Morals and Legislation*, cap. 17. (Trad. bras.: São Paulo, Abril Cultural, p. 63, Coleção Os Pensadores).

um utilitarista da preferência, é errado matar um ser que tem uma preferência explícita por continuar existindo e pode, até mesmo, ser errado matar um ser que tem desejos e preferências que se estendem para o futuro, mesmo se não expressam explicitamente uma preferência por continuarem vivos. Seres que têm a habilidade de formular preferências pela existência continuada, ou que são capazes de se verem como existindo ao longo do tempo são consideradas "pessoas". Da mesma forma que muitos filósofos, Singer emprega o termo "pessoas" para significar seres que atingiram certo nível de sofisticação cognitiva. Pessoas são autoconscientes e automotivadas e reconhecem-se como indivíduos que perduram no tempo. Alguns seres humanos não são pessoas nesse sentido filosófico (por exemplo, fetos, crianças recém-nascidas, e pessoas com sérias deficiências cognitivas), e alguns seres não humanos podem ser pessoas (por exemplo, grandes macacos e golfinhos). Mudando de uma teoria hedonista de valores para uma teoria de valores da satisfação de preferências, Singer é capaz de acomodar o que está errado com matar secretamente e sem dor uma pessoa. Seres que não são pessoas têm interesses e preferência por evitar dor e, assim, o resto sendo igual, é errado causar-lhes dor e sofrimento. No entanto, pessoas desejam evitar não apenas a dor, mas também a morte; portanto, não é apenas errado causar-lhes sofrimento, *ceteris paribus*, mas também é eticamente problemático matá-las.

ÉTICA PRÁTICA

Postos os fundamentos teóricos do utilitarismo preferencial de Singer, podemos voltar nossa atenção para suas implicações específicas em três áreas da ética prática nas quais Singer teve um grande impacto.

Animais[4]

Dado que o utilitarismo preferencial de Singer está interessado em promover a máxima satisfação de preferências acima das frustrações, consideradas todas as coisas, decorre que essa teoria se aplica a todos aqueles que podem ter preferências, o que inclui animais não humanos. Alguns não humanos, como os grandes macacos, golfinhos e elefantes, são tidos como tendo conjuntos relativamente complexos de preferências e podem ser considerados como pessoas. Há provas crescentes que esses animais têm memórias extensas, que podem elaborar estratégias e planos, que podem se engajar em comportamentos sociais complexos e que possuem práticas culturais que podem transmitir a outros, tudo o que fornece apoio para a posição segundo a qual eles têm percepção de si mesmos como existindo ao longo do tempo. Podemos nunca saber se são capazes de formularem explicitamente o desejo pela existência continuada, mas têm preferências que se estendem ao futuro, preferências que são frustradas quando são mortos. E, em estado selvagem, grandes macacos, elefantes e golfinhos são mortos em proporções alarmantes. Os cientistas preveem que os orangotangos, grandes macacos que vivem apenas em Bornéu e em Sumatra, estarão extintos da natureza por volta de 2015 se a destruição insustentável das florestas indonésias continuar no ritmo atual. Os gorilas na África estão sob sério risco, bem como os bonobos. As populações de chipanzés também estão em grande declínio. Os maiores macacos e elefantes africanos são vítimas da destruição de seu *habitat* e do comércio ilegal de partes de seus corpos. Golfinhos também estão em perigo, uma vez que são apanhados em redes de pesca do atum e são mortos por outras formas de incursões humanas no mar. O massacre dessas pessoas não humanas, na visão de Singer, é tão eticamente objetável quanto seria o massacre de pessoas humanas se realizado para satisfazer gostos exóticos ou para aumentar os lucros de corporações.

Embora, de uma perspectiva utilitarista, seja eticamente problemático matar animais não humanos em estado selvagem, particularmente aqueles que podem ser considerados pessoas, pelo menos muitos animais selvagens são donos de suas vidas, livres de dores e frustrações humanamente impingidas até aquele desafortunado encontro com os humanos. Para bilhões de animais que vivem sob alguma forma de cativeiro humano, a situação é muito mais perturbadora, sejam ou não seres com a mesma espécie de capacidades que as pessoas. Como seres sensitivos, o sofrimento deles é importante, e, no presente, o alto nível de sofrimento de animais não humanos no cativeiro é quase impensável.

Estima-se que a cada ano 10 bilhões de animais são abatidos ou morrem em fazendas de confinamento nos Estados Unidos, estimativas globais põem o número de animais criados e abatidos na criação intensiva na faixa de 26 bilhões.[5] Esse é um número desconcertante e, embora algumas dessas mortes sejam talvez indolores, a maioria dos animais enviados para o massacre sofrem ao serem transportados e enquanto esperam em fila serem abatidos. Muitos são pendurados de cabeça para baixo em uma esteira e apenas ocasionalmente suas gargantas são cortadas de modo que suas mortes sejam instantâneas. Ainda que animais usados como alimento sejam abatidos sem dor, métodos intensivos de criação usados na maior parte do mundo industrializado (e crescentemente sendo copiados por nações em fase de industrialização) causam sofrimentos extremos. A maioria dos animais são confinados em ambientes fechados por toda a vida, em áreas que os impedem de se movimentarem; são lhes negados as interações sociais próprias da espécie, inclusive a de serem capazes de criarem seus filhotes, que são removidos no nascimento; e são sujeitos a uma variedade de procedimentos dolorosos – caudas e orelhas são cortadas, machos são castrados sem anestesia, animais são marcados com ferro em brasa, pássaros têm seus bicos cortados com facas quentes. As vidas dos animais empregados na alimentação são cheias de sofrimentos, e os matadouros frequentemente não trazem alívio imediato porquanto muitos sobrevivem sangrando até a morte, com dores até finalmente perderem a consciência.

É difícil de justificar, em bases utilitárias, que esse vasto número de criaturas sensitivas sofra tanto assim a fim de fornecer alimentos baratos para os seres humanos. Se as consequências negativas para a saúde, para o meio ambiente e outras consequências negativas das criações intensivas forem levadas em conta, o cálculo parece simples. Uma vez que há opções disponíveis saborosas, nutritivas, baratas e muito menos destrutivas, comprar e comer carne, laticínios e ovos de criações intensivas é eticamente errado.

A magnitude do sofrimento que os animais suportam torna os argumentos de Singer acerca de nossas escolhas alimentares particularmente agudos. A maioria das pessoas pode renunciar a comer animais por muito tempo e assim contribuir diretamente para a felicidade geral. No entanto, há ainda outras maneiras nas quais os animais sofrem no cativeiro e, embora Singer esteja mais preocupado com os tormentos causados pela criação intensiva, esse sofrimento adicional também precisa ser considerado de um ponto de vista ético. Por exemplo, a cada ano, nos EUA, 20 a 40 milhões de animais e pássaros são usados para propósitos da pesquisa médica, um número que é equivalente a "menos da metade dos abates em dois dias nos matadouros americanos", e há sérias preocupações éticas acerca dos benefícios para os seres humanos resultantes dessa pesquisa (*WWE* v).

Singer defendeu uma maneira particular de avaliar quando um experimento com um animal não humano é ou não justificável. É o que chamarei o "teste utilitarista não especista" ou TUNE. Segundo o TUNE, um experimento seria justificável se e apenas se:

1. De todas as opções em aberto, o experimento gera mais prazer ou benefício que dor ou custo, no cômputo geral, para todos os afetados (essa é a avaliação diretamente utilitarista).
2. A justificação do experimento não depende de preconceitos irrelevantes de espécies ou especismo. Interesses iguais devem ser considerados igualmente, não importando de quem sejam.

Formulado assim, TUNE parece permitir que se dê uma determinação relativamente clara acerca de quando um experimento pode ser justificado.

Considere o experimento a que se fez alusão antes e que fez com que alguns proponentes dos direitos dos animais ficassem indignados com Singer. Um pesquisador experimental de Oxford alegou que 40.000 pessoas que sofrem de sintomas semelhantes ao do Mal de Parkinson foram ajudados graças a danos cirurgicamente causados nos cérebros de cem macacos de outro modo sãos. Os macacos foram testados por um período de tempo após seus cérebros terem sido danificados e, posteriormente, foram abatidos sem dor e seus cérebros estudados. Os macacos viveram em pequenas gaiolas, em recinto fechado, onde não lhes era permitido interagir uns com os outros ou envolverem-se em nenhum dos comportamentos típicos da espécie, mas lhes era fornecido alimento e água e eram anestesiados nos procedimentos cirúrgicos dolorosos.

TUNE condena essa pesquisa? Para responder a essa questão, tem-se que, inicialmente, calcular prazeres e dores por meio de espécies. Assumindo que os fatos sejam como expostos, haveria um grande benefício para 40 mil humanos com um grande custo para 100 macacos.[6] No entanto, mesmo com tais consequências boas, é necessário mais para determinar se a pesquisa é justificável. Precisaríamos saber se essa era a única maneira de conseguir esse grande saldo de prazeres sobre dores e, talvez, mais importante, teríamos que estabelecer se o uso de macacos não estava fundado em raciocínios especistas. Raciocínios especistas colocam interesses e necessidades de sua própria espécie acima de interesses semelhantes de outras espécies, baseados apenas na pertença à espécie. Um especista favorece os interesses humanos meramente porque são humanos. Essa espécie de raciocínio é tão preconceituosa como o raciocínio racista ou sexista, pondo os interesses dos membros de uma raça ou de um gênero acima dos interesses semelhantes de outros. Ter nascido de certa raça, gênero ou espécie não é um fator ético relevante na determinação de como agir; o que importa é a capacidade de sofrer. Na determinação se um raciocínio especista está atuando, Singer sugere: "Você deve se perguntar: penso que esse experimento é tão importante que eu seria capaz de executá-lo em seres humanos de um nível mental similar se essa alternativa estivesse franqueada para mim?".[7] Se o experimento não for justificável, quando feito com um ser humano com as mesmas capacidades mentais de um macaco, então uma forma indefensável de preconceito de espécie está atuando e o experimento não seria justificado, mesmo se conduz a boas consequências. Para justificar qualquer experimentação, em humanos ou não humanos, as duas partes de TUNE devem estar satisfeitas. Segundo Singer, a prática institucional de pesquisa animal, assim como todos os usos institucionais de seres sensitivos, é grandemente influenciada pela tendenciosidade da espécie; portanto, a maioria dos experimentos não satisfaz a segunda cláusula de TUNE. "Pesquisadores experimentais mostram tendenciosidade a favor de suas próprias espécies sempre que realizam experimentos em animais não humanos com propósitos que não pensam que justificaria o uso de seres humanos com nível igual ou inferior de sensitividade, consciência, sensibilidade, e assim por diante. Se essa tendenciosidade fosse eliminada, o número de experimentos executados em animais seria grandemente reduzido" (*PE* 59). Ademais, cresceriam os trabalhos visando a desenvolver meios alternativos de obter o conhecimento para promover a saúde e o bem-estar, o que, por sua vez, aumentaria as consequências boas com menos sofrimento. Assim, embora algumas formas de experimentação em não humanos que não são pessoas poderia ser justificadas pelo TUNE, a maioria dos experimentos executados atualmente não são eticamente permitidos.

As posições de Singer acerca de nosso tratamento de animais não humanos não conduzem a conclusões absolutas. Singer não se opõe a toda experimentação; alguns experimentos em humanos e não humanos podem ser defensáveis se passam o TUNE. Tampouco sua posição exige que evitemos sempre comer animais, mas que evitemos consumir produtos que produzem o sofrimento de animais quando há opções disponíveis. Embora Singer seja um advogado resoluto do vegetarianismo – especialmente entre aqueles que vivem nas nações ocidentais industrializadas –, essa defesa não é baseada em raciocínios absolutos. Sua posição ética é crítica da maneira como animais não humanos são maltratados na maioria das sociedades. O interesse de um animal não humano em evitar o sofrimento deve ser considerado em qualquer deliberação moral, assim como o interesse humano em evitar o sofrimento deve ser considerado. E o interesse de uma pessoa na existência continuada também deve ser considerado se estiver envolvido matar, seja a pessoa humana ou um chipanzé (*Writings on an Ethical Life* [*Escritos sobre uma vida ética*]). Quando todos os interesses relevantes são considerados, alguns usos de não humanos e talvez alguns usos de humanos podem ser eticamente permitidos, dependendo das alternativas disponíveis e das consequências boas produzidas. No entanto, o número de casos nos quais o uso de animais pode ser justificado é muito pequeno comparado ao nível atual de sofrimento que causamos.

Eutanásia[8]

A distinção entre pessoas e não pessoas tem importantes implicações para uma posição que sustenta ser sagrada toda vida humana. Pessoas são aqueles seres humanos e não humanos que têm a capacidade de projetar seus desejos no futuro e que têm um interesse na existência continuada; eles são seres que reconhecem, em algum sentido, o valor de suas vidas. Não pessoas são todos aqueles humanos e não humanos que são sensitivos, mas cujas capacidades mentais estão limitadas ao aqui e agora, se tanto. Alguns seres sensitivos podem experimentar apenas prazer e dor e não ter uma percepção maior do que estão experimentando salvo que estímulos dolorosos são desagradáveis.[9] Eles não são o tipo de criaturas que reconhecem a si mesmos e, assim, não podem ver suas vidas como valiosas. No entanto, causar dor a esses indivíduos ou permitir que sofram é moralmente objetável, sobretudo se não há um bem maior que resulte de suas dores e de seus sofrimentos. No caso de crianças seriamente incapacitadas, por exemplo, aquelas que nunca se desenvolverão em pessoas e cujas breves vidas serão miseráveis, Singer defendeu que é melhor, de um ponto de vista ético, matá-las sem dor, assumindo que seus pais estejam preparados para tomar essa decisão sob a condução e o conselho de seu médico. Isso é claramente a coisa certa a fazer se a criança, de outro modo, se desidratará e morrerá de inanição se "a natureza seguir seu curso". A morte por denegação causa sofrimento desnecessário, um sofrimento que poderia ser facilmente evitado pela eutanásia indolor da criança.

Entre todas as suas posições, as discussões de Singer sobre a eutanásia de crianças incapazes suscitou as objeções mais vociferantes. Infelizmente, as críticas, feitas principalmente por ativistas dos direitos de incapazes, erram o alvo. Singer não está escolhendo as crianças deficientes como aqueles com respeito aos quais pode ser moralmente permitido matar de maneira indolor – como vimos, pode ser moralmente justificado e ocasionalmente exigido, a depender das circunstâncias, matar de maneira indolor qualquer ser que não seja pessoa. O imperativo moral de evitar sofrimento desnecessário poderia justificar a eutanásia em muitas situações – de adultos com danos cerebrais graves, de doentes terminais que querem morrer, bem como de crianças com deficiência séria. A crítica que os defensores dos direitos dos incapazes de que Singer os quer mortos é claramente errada, uma vez que um utilitarista preferencial julgaria que tirar a vida daqueles que podem expressar um desejo pela existência continuada é, *prima facie*, no mínimo, errado. O utilitarismo preferencial de Singer, ao contrário do utilitarismo hedonista, reconhece não apenas prazeres e dores no cálculo moral, como também a satisfação de preferências. Se um indivíduo tem a preferência por uma existência continuada (com todas as outras preferências que uma existência continuada poderia satisfazer), então seria errado, *ceteris paribus*, matar sem dor esse indivíduo. Se os parentes e os médicos desses adultos incapacitados tivessem determinado, antes que esses indivíduos tivessem alguma preferência, que suas vidas não seriam dignas de serem vividas, então a morte antes que se tornem pessoas poderia ser justificada. Mas essa determinação dependeria das consequências globais, bem como das expectativas de vida da criança e de sua família.

Imagine que você tenha dado à luz uma criança com um caso grave de *spina bifida*. Durante os testes pré-natais, seu médico a informa que seu feto tem um defeito no tubo neural, mas ninguém sabe com certeza quão grave será a deficiência e, uma vez que crianças com formas mais moderadas de *spina bifida* podem, agora, ter uma vida relativamente feliz e significativa, você decide não encerrar a gravidez. Infelizmente, a área da coluna que não se fecha em seu filho calha ser próxima ao pescoço, o que significa que a criança será completamente paralítica da cintura para baixo, o trato digestivo e os músculos abdominais serão fracos e ela será incapaz de controlar o intestino e a bexiga. Ademais, a criança é hidrocéfala – ou seja, há um aumento de fluido espinhal no cérebro que já causou algum dano cerebral e será fatal se não for executada uma cirurgia para implantar um dreno cerebral. As condições de seu filho são suficientemente graves para que as perspectivas de que venha a levar uma vida independente, significativa, sejam remotas. Ademais, a criança estará sujeita a diversas cirurgias e passará boa parte do tempo com dor e desconforto. Você deve decidir se quer que o médico implante ou não o dreno.

Enquanto está tomando a decisão, você ouve o choro de um bebê no quarto ao lado. Você vai até lá e sorri para a nova mãe e sua família e, por acaso, escuta-a lamentar o fato de o recém-nascido ter um defeito no coração, e embora seja saudável em outros aspectos, morrerá em questão de dias se não for encontrado um novo coração. E você descobre que o coração de sua criança é compatível com a outra criança e dará a essa criança a oportunidade de viver uma vida plena, saudável. Após pensar cuidadosamente, decide que não quer que a cirurgia de implante do dreno seja executada e, desse modo, permitirá que seu bebê morra e pedirá que o coração de seu filho seja dado ao bebê do quarto ao lado.

Singer nunca duvidou que tais decisões sejam penosas para pais, familiares, médicos e outros profissionais da saúde que as tome. O que questiona é a ideia segundo a qual manter seres humanos vivos resulte sempre em um bem, não importando qual seja o custo. Defende que a qualidade de vida é mais importante do ponto de vista ético que a crença, frequentemente indefensável, na sacralidade da vida humana. A adesão à doutrina da sacralidade da vida causou e continuará a causar sofrimento desnecessário. Quando encara a perspectiva de uma vida inteira de cuidados e despesas com indivíduos que apenas sofrerão, ou indivíduos que não têm consciência de si mesmos, nem de sua família ou daqueles que cuidam deles, Singer defende que pais e a equipe médica devem ser capazes de pôr fim a essas vidas. A permissão de matar certos seres humanos, em certas circunstâncias cuidadosamente monitoradas, é ainda maior quando a morte pode contribuir para a qualidade de vida de outrem.

Pobreza[10]

Para Singer e muitos utilitaristas, a meta da ação ética, reduzir o sofrimento e promover o bem-estar, é a responsabilidade daqueles que estão em situação de fazer algo, sejam ou não essas pessoas direta e causalmente responsáveis pelos sofrimentos. Para a maioria dos utilitaristas, quando as consequências são as mesmas, causar o sofrimento é indistinguível de não conseguir evitá-lo. Atualmente, há uma quantidade enorme de sofrimento e morte que não está sendo evitada. Já discutimos o sofrimento desnecessário de animais não humanos e o sofrimento terminal que poderia ter um fim pela eutanásia. A pobreza é outra fonte de sofrimento animal para a qual geralmente não fazemos muito. Enquanto os ricos são mais ricos que antes, estimadamente dez milhões de crianças morrem todo ano, cerca de trinta mil por dia, de causas relacionadas à pobreza. Pessoas que estão em uma situação na qual poderiam fazer algo para salvar essas crianças geralmente não fazem isso, porque a maioria das pessoas não pensa que ajudar os necessitados, mesmo os desesperadamente necessitados, seja uma responsabilidade moral individual. Singer defende que isso está errado. Aqueles de nós que vivemos vidas confortáveis devem fazer tudo que for possível para minimizar o sofrimento e promover o bem-estar, ajudando a eliminar a pobreza, a fome e as doenças facilmente evitáveis. Uma maneira de eliminar, ou pelo menos reduzir drasticamente esse sofrimento, é aquelas pessoas com dinheiro disponível para bens supérfluos darem esse dinheiro para os necessitados.

Em seu artigo, extremamente influente e antológico, *"Famine, Affluence and Morality"* ("Fome, riqueza e moralidade"), originalmente publicado em 1972, Singer apresenta um claro argumento do porquê de aqueles que têm mais do que necessita deveriam estar fazendo mais para ajudar a eliminar os sofrimentos resultantes da pobreza. Seu argumento procede da seguinte maneira:

1. O sofrimento e a morte por pobreza absoluta e falta de alimento, proteção e cuidados médicos são ruins.
2. Se estiver em seu poder impedir algo ruim de ocorrer, sem sacrificar nada de importância comparável, você deve fazê-lo.
3. Dado nosso nível de riqueza, podemos fazer muito mais sem grande sacrifício.
4. Devemos fazer mais do que estamos fazendo atualmente.

Singer não argumenta em favor da primeira premissa, mas afirma que aqueles interessados em pensar nossas obrigações éticas para com os outros concordariam que essa forma de sofrimento é realmente ruim. Para apoiar sua alegação na premissa (2), pede que consultemos nossas intuições acerca de um caso no qual nos deparamos com uma criança que se afoga em um lago raso. Posso estar um pouco atrasado para um compromisso e posso estar calçando meus melhores sapatos, mas ver a criança se afogando e não fazer nada seria afrontoso. A coisa certa a fazer nesse caso é entrar no lago e retirar a criança. Eu posso irritar aqueles com os quais estava comprometido a encontrar e estragarei meus melhores sapatos, mas isso é de pequena importância moral se comparado à vida de uma criança. Embora não tenha contribuído em nada para pôr a criança nessa situação, não fazer nada para salvá-la implica um sério erro moral.[11] Uma vez que aceitemos isso e reconheçamos que nosso nada fazer para ajudar a minimizar o sofrimento causado pela pobreza é análogo a passar ao largo da criança que se afoga no laguinho, é difícil não aceitar a conclusão de que devemos fazer mais, de fato, muito mais, para evitar o sofrimento e a morte por causas relacionadas à pobreza.

Obviamente, o que precisamente devemos fazer exige informações sobre a eficácia das organizações de ajuda, sobre as chances de nossa contribuição chegar realmente àqueles em necessidade e sobre o que outros indivíduos, organizações e estados estão fazendo. Isso levou alguns a argumentarem que o caso da criança se afogando não é inteiramente análogo ao caso da criança morrendo de fome em outros lugares do mundo.[12] Quando pulo no lago, salvo diretamente a criança e sei que minha ação impede sua morte; quando mando um cheque para uma organização de combate à miséria, tal como a *Oxfam* (a organização que Singer apoia), não tenho uma percepção imediata que minha ação realmente resultou em algo bom. Felizmente, muitas organizações que combatem a miséria, tal como a *Oxfam*, tem um histórico muito sólido. É verdade que algumas organizações de ajuda são menos eficazes e gastam mais em despesas administrativa que na ajuda direta aos necessitados; assim, é uma boa ideia investigar um pouco antes de enviar o cheque. Se o enviar o cheque faz ou não as pessoas se sentirem tão bem quanto se tivessem salvado uma criança se afogando não mina o poder do argumento de Singer. Evidentemente, o prazer auferido ao fazer algo certo é parte do cálculo utilitarista. Todas as consequências da ação para todos os afetados por ela devem ser levadas em conta, e isso inclui o agente. Mas a magnitude de satisfação pessoal que se obtém ao ajudar alguém próximo não se compara ao sofrimento e à morte que se pode evitar ajudando os necessitados que estão distantes. Como Singer argumenta, favorecer alguém próximo em detrimento de alguém longe, *ceteris paribus*, é envolver-se com uma forma eticamente injustificável de discriminação. Assim como favorecer sua própria espécie, seu gênero ou sua raça é injustificável do ponto de vista ético, também é favorecer quem está na proximidade física.

Nossa responsabilidade de fazer algo acerca do sofrimento não é mitigada pelo fato de não sermos direta e causalmente responsáveis pelo sofrimento, facilmente evitável, relacionado à pobreza.[13] Não cremos que o passante que deixar a criança se afogar está fornecendo uma justificativa ética ao dizer "mas eu não joguei a criança no lago". Mas o que dizer do passante que afirma ter pensado que outrem cuidaria da criança. Liam Murphy argumentou que, embora tenhamos uma responsabilidade moral individual por coisas que podemos não ter causado diretamente, ela é temperada por uma responsabilidade moral igual de todos os outros que estão em posição de ajudar. Temos a responsabilidade de fazer a nossa parte, assumindo que outros também farão a parte deles.[14] Singer rejeita essa posição de partilha justa e nos leva a considerar uma versão, ligeiramente modificada, do cenário no qual uma criança está se afogando em um lago:

> Imagine que não seja uma criança pequena que caiu, mas 50 crianças. Estamos em 50 adultos, sem parentesco com as crianças, fazendo piquenique no gramado ao redor do lago. Podemos facilmente entrar no lago e salvar as crianças... O teórico da "partilha justa" diria que se cada um de nós salvar uma criança, todas as crianças serão salvas e, assim,

nenhum de nós tem a obrigação moral de salvar mais de uma. Porém, o que ocorre se metade preferir manter-se limpo e seco a salvarem as crianças? É aceitável que os restantes parem após terem, cada um, salvo uma criança, sabendo que fizeram a sua parte justa, mas que metade das crianças vão se afogar? (*WSBG*)

Não podemos assumir, porque há outras pessoas em torno, que elas farão a coisa certa. Se não fizerem e nós também não fizermos, crianças morrerão. Embora o fracasso deles seja condenável, o fracasso de outros não minimiza as obrigações que indivíduos têm de ajudar a salvar tantos quantos forem possíveis.

Todavia, há uma importante questão acerca de quanto se deve fazer, dado que algumas pessoas têm muito mais dinheiro que outras. Singer recentemente fez alguns cálculos, baseados na riqueza das famílias americanas e chegou a uma descoberta assombrosa – se começamos com os super-ricos (aqueles que ganham acima de um milhão de dólares por ano) e descermos até aqueles que ganham pelo menos 92 mil dólares anualmente, e coletarmos o dízimo proporcionalmente, de modo que seja "improvável que alguma contribuição imponha uma privação significativa a alguém", chega-se a um total anual de "404 bilhões de dólares – de apenas 10% das famílias americanas" (*WSBG*). Essa soma é três vezes a do programa *Metas de Desenvolvimento do Milênio* para diminuir pela metade a pobreza extrema e a proporção de pessoas sofrendo de fome até 2015. E esse montante não inclui contribuições de governos e outros indivíduos ricos de todo o mundo. Basicamente, se aqueles que são afortunados dessem uma mera fração de suas rendas anuais para o combate à miséria, muitos sofrimentos humanos e mortes seriam evitados.

UMA VIDA SIGNIFICATIVA

Embora haja muitos detalhes das posições teóricas e práticas de Singer que geraram críticas, uma das críticas mais significativas à sua obra e, de fato, às obras de utilitaristas em geral é que a visão é demasiadamente exigente. Formulando simplesmente, parece que, para conduzir uma vida ética, teríamos que sacrificar muitas das coisas que atualmente tornam nossa vida significativa. Embora Singer creia que devamos nos separar de nossas preocupações pessoais, vendo-as situadas entre muitas preocupações igualmente importantes, parece que isso resultaria em vivermos uma vida empobrecida, desprovida de satisfação pessoal, de atividades interessantes e aprazíveis, e de relacionamentos. Por exemplo, para fazer o que é certo, pode nos ser exigido agir de maneira que contradiz diretamente respeitar e atender àqueles que nos são mais próximos e queridos. Quando é o aniversário ou de uma pessoa amada ou de uma criança ou de um amigo, normalmente pensamos em comprar um presente, mas o dinheiro que gastaríamos no presente certamente poderia fazer muito mais bem àqueles menos afortunados. Mesmo gastar tempo com nossos amigos e familiares, indo ao cinema ou a um jantar festivo poderia ser gasto melhor com os necessitados. Podemos ser afortunados o suficiente para termos familiares e amigos que prefeririam que enviássemos o dinheiro para uma organização de ajuda ou para um grupo de proteção aos chipanzés em nome deles, ao contrário de receber um presente, ou trabalhar numa cozinha de sopa, em vez de ir ver um filme; mas, ocasionalmente, mesmo aqueles indivíduos muito altruístas acham que ganhar um presente pessoal de alguém amado ou passar o tempo de lazer juntos é mais significativo. Quando uma teoria nos conta que não podemos justificar essas ações e que podemos até mesmos estar fazendo algo moralmente errado ao comprarmos presentes ou frequentarmos os cinemas, a teoria parece ser por demais exigente para nós, meros mortais.

Singer é cônscio dessas preocupações e, por não ser um purista, não alega ser um exemplo moral, admite que devemos nos esforçar o melhor que pudermos. A maioria das pessoas, a maior parte do tempo, no entanto, não estão fazendo nada próximo do melhor que podem fazer. Quando raciocinamos cuidadosa e imparcialmente sobre nossos papéis na contribuição para um mundo melhor, um mundo com menos dor e morte desnecessárias, devemos reconhecer que a maioria pode fazer muito mais para pôr fim ao sofrimento humano e não humano. Não é necessário concordar inteiramente com a filosofia utilitarista para perceber que, em um mundo como o nosso, a ética nos exige mais.

Os filósofos desafiam as crenças comuns há tempos e frequentemente os desafios tornaram nossas vidas coletivas melhores. Os desafios que Peter Singer lança podem parecer extremos, podem exigir sacrifícios pessoais e podem envolver privações iniciais. Porém, se enfrentarmos tais desafios, contribuiremos para um mundo com menos dor, menos miséria e mais felicidade. Realmente, faremos do mundo um lugar melhor e, ao mesmo tempo, tornaremos nossas vidas também mais significativas.[15]

NOTAS

1. Esse epíteto era de particular mau gosto, uma vez que três avós de Singer foram mortos pelos nazistas em campos de concentração.
2. Esse diálogo aconteceu em um documentário da BBC sobre o conflito acerca de uma nova instalação de pesquisa biomédica na Universidade de Oxford entre cientistas e ativistas dos direitos dos animais. Ver, por exemplo, www.insidehighered.com/news/2006/12/04/singer.
3. Ver www.arkangelweb.org/international/uk/20061127singer.php.
4. Ver *Animal Liberation* (1975), *Animal Factories* (1980), *The Great Ape Project* (1993), *The Way We Eat* (2006).

5. Calculado segundo informações do *"Worldwatch and Compassion in World Farming"*.
6. Eu digo, assumindo que os fatos sejam tais como expostos, porque presumivelmente muitos animais a mais foram necessários para o desenvolvimento desse peculiar modelo primata do Mal de Parkinson e mais muitos outros necessários para treinar os cientistas que executaram as manipulações no cérebro. Ademais, alguns macacos teriam morrido de diversas complicações advindas ou da cirurgia ou de alguma outra fonte, e podem não ter sido incluídos nessa exposição.
7. *Daily Princetonian*, 8 de dezembro de 2006.
8. Ver *Practical Ethics* (1979), *Should the Baby Live?* (1985), *Rethinking Life and Death* (1995).
9. Alguns seres humanos são mantidos vivos em um estado chamado "vegetativo", que nem mesmo é sensitivo.
10. Ver *Practical Ethics* (1979), *How Are We to Live?* (1997), *One World: Ethics and Globalization* (2002), *What Should a Billionaire Give – and What Should You?* (2006).
11. Singer avançou um pouco mais sua posição sobre os sapatos sujos: "Se pelo custo de um par de sapatos pudermos contribuir para um programa de saúde, em um país em desenvolvimento, que tem boas chances de salvar a vida de uma criança, devemos fazer isso" (*WSBG*).
12. Dale Jamieson (ed.), *Singer and His Critics*. Oxford: Blackwell, 1999.
13. Thomas Pogge (*World Poverty and Human Rights*, Cambridge: Polity, 2002) argumentou que, de fato, somos responsáveis porque nossas riquezas advêm do regime de comércio global e de outras práticas de globalização que perpetuam a pobreza.
14. Liam Murphy, *Moral Demands in Non-Ideal Theory*. Oxford: Oxford University Press, 2000.
15. Gostaria de agradecer aos editores desse volume e a Robert C. Jones por valiosos comentários a versões preliminares desse ensaio.

REFERÊNCIAS

Animal Factories (with James Mason). New York: Crown, 1980.

Animal Liberation: A New Ethics for our Treatment of Animals. New York: New York Review, 1975; 2. ed., 1990.

Democracy and Disobedience. Oxford: Oxford University Press, 1973.

"Famine, Affluence, and Morality" *Philosophy and Public Affairs* 5/1 (1972).

The Great Ape Project: Equality Beyond Humanity (with Paola Cavalieri). London: Fourth Estate, 1993.

How Are We to Live? Ethics in an Age of Self-interest [*HWL*]. Oxford: Oxford University Press, 1997.

"On Being Silenced in Germany" *New York Review of Books* 38/14 (August 15, 1991); reimpr. em *Writings on an Ethical Life*.

One World: Ethics and Globalization. New Haven: Yale University Press, 2002.

Practical Ethics [*PE*]. Cambridge: Cambridge University Press, 1979.

The President of Good and Evil: The Ethics of George W. Bush [*PGE*]. New York: Dutton, 2004.

Pushing Time Away: My Grandfather and the Tragedy of Jewish Vienna [*PTA*]. New York: Ecco Press, 2003.

Rethinking Life and Death: The Collapse of Our Traditional Ethics. Oxford: Oxford University Press, 1995.

Should the Baby Live? The Problem of Handicapped Infants (with Helga Kuhse). Oxford: Oxford University Press, 1985.

The Way We Eat: Why Our Food Choices Matter [*WWE*]. New York: Rodale, 2006.

"What Should a Billionaire Give – and What Should You?" [*WSBG*], *New York Times Magazine*, 17 de dezembro 2006.

Writings on an Ethical Life [*WEL*]. New York: Ecco Press, 2000.

ÍNDICE

A

ação, 73-79, 127-128
agir/agentes, 155, 205-206
Anaximandro, 12
animais/direitos dos animais, 241, 246, 250-251
Anscombe, E., 66
argumento, 11-12, 183-185
argumentos transcendentais, 105-106
Aristóteles, 12, 171-172, 196, 225-228, 235-237
Austin, J., 16, 17-18
Ayer, A. J., 15, 22

B

Beethoven, L. van, 244
beneficência, 211-217
Bentham, J., 242-244
Borradori, G., 185
Boyle, R., 12
Bradley, A. C., 13
Brueckner, A., 107
Buda/Budismo, 194, 211-212
Burnyeat, M., 191

C

capitalismo, 55
Carnap, R., 15, 22, 26-29, 30-33, 36-37, 66-67, 81
causa/causalidade, 74-79, 127-134
ceticismo, 79-81, 150, 175-181, 191, 236-238
ceticismo moral, 58
ciência/método científico, 12-13, 17-19
Círculo de Viena, 26

computadores, 125-134
conclusão repugnante, 213-216
condições de verdade, 68-69, 72-74, 178-181
conhecimento, 13, 20-21, 26-35, 79-81
consciência, 109, 244
consequencialismo, 155-157, 205-206, 217-218, 242-243
contingência, 109
continuidade e conexões psicológicas, 209-212
contrato social, 48-49, 58, 159-160
contratualismo, 218-219
Cosmides, L., 140-141
cosmologia, 202-203
cultura, 23-25, 112-113, 161-162, 191

D

Davidson, D., 19-20, 22, 41-42, 64-84, 108
Dennett, D., 125
deontologia, 155-157, 186
Derrida, J., 105-106
Descartes, R., 12, 17-21, 80-81, 85-86, 88-89, 113-114, 179-180
desejos, 156-157, 203-204
desigualdades, 52-53
desobediência civil, 57-58
Dewey, J., 110-111, 120-122
Diamond, C., 152-153
direitos, 45-46
dor/sofrimento, 244
dualismo, 18-21
Duhem, P., 32-33
Dummett, M., 15

D

economia/economistas, 52-53, 186, 243
educação, 52-53
empirismo, 26-35, 80-81, 226-228
Epicuro, 12
epistemologia, 20-21, 26-35, 79-81, 109, 191
equidade, 45-46, 254
especismo, 248
essência, 168-169
ética/teoria ética veja também moralidade, 59, 145, 154-155, 185, 202, 241
eutanásia, 250-252
existencialismo, 86-87
explicação pelo mais próximo continuador, 192-196

F

família, 52-54
Feynman, R., 172-173
filosofia analítica, 13, 104-105, 150, 183-184
filosofia continental, 16-17, 105
filosofia da mente, 19-22, 105-106, 109, 148
filosofia linguística, 119-121
filosofia política, 189
física, 32, 163-169
fisicalismo, 149
Fodor, J., 22, 125-143
Franklin, B., 169-170
Frege, G., 15-17, 67, 165-167, 170-171
Freud, S./freudiano, 114-117, 190

G

Gall, F. J., 135-137
Gandhi, M., 58
Gauguin, P., 98-99
Gauthier, D., 212-213
"gavagai", 35-36
Gödel, K., 165-166, 172-173
Godwin, W., 242-243
Goodman, N., 77-79, 145
Green, T. H., 13

H

Hailwood, S., 183-184, 190
Hampshire, S., 66
Hare, R., 241
Harman, G., 212-213
Harsanyi, J., 48-49, 55
Hart, H. L. A., 50-51
hedonismo, 244
Heidegger, M., 14-15, 105, 110-112, 115-117
Hempel, C., 183-185
hermenêutica, 110-111
Hobbes, T., 189, 192-193, 196
Hume, D., 12-13, 16, 74-75, 113-114, 155, 166-167, 202-203
Huygens, C., 12

I

idealismo, 145
identidade pessoal, 89-93, 113-114, 147, 192-193, 206-207
igualdade, 51-52, 159-161, 202-203, 241, 244
igualitarismo, 146, 160-161
imparcialidade/razões imparciais, 47-48, 157-158, 216-218, 242-243
intenções, 76-77, 128
interesse próprio, 48-49, 204-205
interesses, 47-48, 92-95, 244

J

James, H., 92-93
James, W., 121-122
justiça, 44-45, 187
justiça internacional/assuntos internacionais, 59

K

Kant, I./kantismo, 13, 49-50, 58, 86-87, 94-97, 105, 107, 154-155, 157-159, 161-162, 195, 202-203, 217-223, 236-237
Keats, J., 114-115
King, M. L., 57-58
Korsgaard, C., 210-212
Kripke, S., 20-22, 152-153, 163-182, 199
Kuhn, T., 198

L

Larkin, P., 113-115
Lewis, D., 17-18, 20-21, 41-43
liberalismo, 50-51, 60, 118-119, 159-160
liberdade, 46-47
liberdade/libertarianismo, 50-51, 190

linguagem, 22, 34-37, 64-74, 169-181
Locke, J., 12, 89-91, 113-114, 189
lógica, 11-12, 15, 38-41, 132-134, 180-182

M

Mackie, J., 212-213
máquina de experiências, 187
matar, 245
materialismo eliminador, 105-106
McDowell, J., 14, 22, 152-153, 225-239
memória, 209-210
Mente-corpo, 147
metafísica, 19-21, 36-39, 145, 157-158, 163-170, 181-182
Mill, J. S., 13, 187, 244
monismo anômalo, 77-79
Moore, G. E., 13, 121-122, 188
moralidade/filosofia moral, 16, 22-23, 85-89, 91-100, 235-237
morcegos, 148
Morgenbesser, S., 183-184
Murphy, L., 254
Myers, R., 191

N

Nagel, T., 19-20, 22-23, 144-162
natureza, 29-32, 225-230, 233-235
necessidade/verdade necessária, 164-165, 198-199
Neurath, O., 30
Newton, I., 12, 150
Nietzsche, F., 105, 114-115, 222-223
normatividade, 202-203
Nozick, R., 20-21, 56, 183-201, 205-206

O

objetividade, 202-203
ontologia, 38-41
oportunidades iguais, 57
Oxfam, 254

P

Parfit, D., 22-24, 113-114, 202-224
pessoas, 246
Platão, 12, 14, 20-21, 51-52, 85-86
pluralismo, 58-59
pobreza, 252-255
política/teoria política, 189
Popper, K., 198

posição original, 47-48, 60
positivismo lógico, 15, 19-20, 26-28, 32-33, 36-37, 80-81, 163-164, 181-182
pós-modernismo, 117-118
possibilidade/mundos possíveis, 19-20, 42-43, 163-172
pragmatismo, 106, 119-122
prazer, 244
preferências/utilitarismo preferencial, 245
princípio da caridade, 72-74, 78-80
princípio da diferença, 55
princípios distributivos, 48-49, 56
privacidade, 162
Problema de Newcomb, 194-195, 200
Proust, M., 117-118, 122-123
psicologia, 73-79, 125-143
Putnam, H., 16-18, 152-153, 199

Q

Quine, W. V., 15, 17-18, 20-21, 42-45, 69-73, 81-82, 88-89, 108, 138-139, 145

R

rastreador de verdade, 20-21, 191-197
Rawls, J., 22-23, 44-61, 145, 161-162, 186, 205-206
razão prática, 202
razões, 202-203
Reagan, R., 187
realismo, 144-145, 148
realismo, metafísico e normativo, 153-154, 161-162
reciprocidade, 51-52, 57-59
relativismo/teorias relativistas, 145, 161-162, 197-198, 205-206
Rorty, R., 14, 16-19, 104-124
Rousseau, J. J., 159-160
Russell, B., 13, 15-17, 121-122, 170-171
Ryle, G., 17-18, 121-122

S

sacralidade da vida, 241, 250-252
Sartre, J.-P., 14
Scanlon, T., 212-213
Searle, J., 125
Sellars, W., 108, 227-228
Shakespeare, W., 19-20

Sidgwick, H., 13, 187, 202, 205-206, 210-211, 244-245
significado da vida/significado na vida, 47-48, 196, 255-256
Singer, P., 22-23, 240-258
Skolimowski, H., 37-38
sociedade/sociedades, 44-45
Sócrates, 12, 16, 239-240
Sófocles, 97-98
Strawson, P., 16, 105, 107
subjetividade, 147
subjetivo/objetivo, 144-145

T

Tarski, A., 67-68
teleologia, 186
tempo, 206-207, 245
Thatcher, M., 187
Thoreau, H., 58
Tooby, J., 140-141
tradução, 34-35
transplante de cérebros, 192-193, 206-211

U

utilitarismo/utilidade, 48-49, 55-56, 86-87, 94-97, 187, 242-243, 245
utopia, 158-159, 190

V

valor/valores, 13, 26-27, 58, 144-146, 188, 203-204
ver também ética
verdade, 28-34, 67-69, 72-73, 185, 197-198
verdade analítica, 28, 32-35, 164-166
véu da ignorância, 47-48, 60
virtude, 45-46
vontade livre, 147, 196

W

Williams, B., 18-19, 22-23, 85-104, 111-112
Wittgenstein, L., 14-18, 22, 66, 108, 110-112, 147, 152-154, 163, 175-181, 232-233